수업관찰분석과 수업연구

수업관찰분석과 수업연구

주삼환, 이석열, 김홍운, 이금화 공저

한국학술정보㈜

핀란드는 OECD 국제학력평가 PISA에서 몇 년째 계속 1위이고 국가경쟁력 1위, 지속가능성 경쟁력 1위라고 하여 세계의 주목을 받고 있다. 인구 5,400만의 극지 소국이 왜 이렇게 모든 면에서 세계 1등을 하고 있는가? 여러 가지 원인이 있겠지만 그 중의 중요한 하나는 '우수한 교사'때문이라는 것이다. 핀란드에서는 교사자격증을 따면 석사가 된다. 석사라야 교사가 되는 것이 아니라 교사가 되면 석사가 되는 것이다. 그래서 모든 교사는 다 석사이다. 교사가 되는 과정에서 강조 되는 것은 '가르치는 것'이 아니라 '연구하는 것'이다. 핀란드 교사는 가르치는 방법, 교수법을 공부한다기 보다는 연구법을 배우는 것이다. 즉 핀란드 교사는 국가로부터 '주어진 것(givens)'을 가르치는 것이 아니라 자신이 '연구해서 (made)' 가르치는 것이다. 단순히 가르치는 교사가 아니라 연구하는 '연구자'인 것이다. 핀란드에서는 교사를 우수하게 길러 놓고는 모든 것을 교사에게 맡기고 최대의 존경심을 보내는 것이다. 자율성과 책임성, 존경심을 핀란드 교사의 대명사라고 할 수 있을 것이다. 돈으로 존경심을 나타내는 것이 아니라 정신적, 심리적, 자율성과 책임성으로 존경을 표시하는 것이다.

필자는 우리나라 교사가 핀란드 교사 이상으로 존경받기를 고대한다. 우리나라 교사도 연구하는 교사가 되어야 한다. 연구중에서도 가장 중요한 연구는 '수업연구'이다. 교사가 수업에서 주제를 잡아 연구하여 수업개선을 하도록 도와주는 것이 '수업장학'이라고 할 수 있다. 수업을 연구하는 데 있어서 가장 중요한 자료는 '수업관찰' 자료이다.

이 책에서는 수업관찰을 하여 자료를 수집하고 그 관찰자료를 분석하여 수업연구를 하는 방법을 제시하고 있다. 연구하는 교사와 연구를 도와주는 장학자에게 귀중한 참고가 될 것으로 본다.

2009. 7. 저자대표
주삼환

머리말

21세기를 일컬어 지식정보사회라 한다. 양질의 정보에 접근·확보하고, 이를 잘 조직·저장·활용하는 나라가 새로운 세기를 주도하게 된다.

지식과 정보는 교육에 의하여 창출된다. 그래서 세계 선진 여러 나라들은 새로운 세기에 대비하여 교육에 더욱 관심을 기울여 왔다. 그것이 교육개혁이란 거대한 흐름으로 나타났고 그 초점은 교육의 질 향상에 있다. 양질의 교육 서비스를 국민들에게 제공해 주는 나라가 새로운 정보사회의 최후의 승자가 된다는 판단에서 세계는 지금 교육개혁과 교육의 질 경쟁에 열을 올리고 있는 것이다.

교육의 질은 곧 수업의 질이라고 할 수 있다. 40분 또는 45분, 50분 한 시간 한 시간의 수업의 질에 의하여 정보사회의 주도권과 삶의 질이 결정된다.

수업의 질을 높이기 위해서는 교사들이 하고 있는 수업 행위에 대하여 반성적 사고를 하고, 반성적 실천(reflective practice)을 해야 한다.

이 책은 바로 교사로 하여금 반성적 수업 행동을 하게 하여 그들이 하고 있는 수업의 질을 보다 더 향상시키는 데 도움을 주고자 마련된 것이다. 교사가 하고 있는 수업을 본인 스스로 또는 동료교사나 다른 장학자의 수업관찰과 분석의 도움을 받아서 수업개선을 해 나가는 데 필요한 방법과 자료를 제공해 주기 위해서 쓰였다.

이 책은 교육에서 가장 중요한 수업(授業)에 관한 것으로 수업 관찰과 분석에 의한 수업연구 방법에 초점을 두었다. 그래서 교육 대학이나 사범대학, 교직과정의 교사 양성 교재로 쓰일 수 있다. 특히 교육실습·교생지도에 도움이 될 것이다. 그리고 자신과 동료 교사의 수업을 관찰하여 스스로 개선하고자 하는 모든 교사들에게 유용하게 쓰일 것이다. 그리고 교사의 교수기술 향상을 돕고자 하는 교장·교감·부장교사·장학자를 위해서 장학론의 핵심 부분으로 쓰일 것이다.

이 책은 모두 5개 장으로 구성되었는데 그림과 같이 수업관찰의 개념⇒수업관찰의 접근방법⇒수업관찰의 실제⇒수업평가⇒수업연구의 과정 틀을 가지고 썼다.

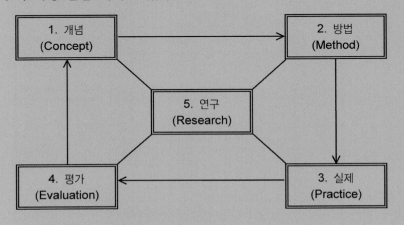

제1장에서는 수업관찰의 개념을 비롯하여 기초적인 이론을 제시하였으며, 제2장에서는 수업관찰의 계량적·질적 두 접근 방법을 간단히 소개하였으며, 제3장은 이 책의 핵심으로 가능한 한 많은 수업관찰과 분석의 구체적인 사례를 실었다. 여기 약 60여 개의 수업관찰 양식과 도구를 필요에 따라 응용하여 사용하면 객관적인 자료 수집과 수업개선에 많은 도움이 될 것이다. 실제수업이나 녹화된 수업을 보면서 여기 제시된 도구를 적용해 보면 좋을 것이다. 제4장에서는 수업관찰 자료를 바탕으로 한 수업평가의 문제를 다루었다. 마지막으로 제5장은 수업관찰과 분석을 연구의 수준으로 격상시키기 위한 연구법의 기초를 제시하였다. 연구적으로 수업함으로써 수업의 질은 개선될 수 있다. 앞으로의 교사는 단순한 가르치는 자가 아니라 연구자·연구원의 수준으로 격상되어 수준 높은 수업을 해야만 할 것이다.

　이 책은 충남대학교 대학원 교육행정 전공과정의 장학론 코스에서 4～5년간에 걸쳐 수업관찰과 분석에 관련된 자료를 수집하고 창의적으로 만들어 낸 것을 저자들이 2년여에 걸쳐 계속적으로 토의하고 다듬어서 지어 낸 합동작품이다. 저자들의 대부분은 현장교사로서 현장개선에 조금이라도 도움이 되는 책을 써야겠다는 의도에서 팀을 구성하여 시작하였다.

정보사회에서는 팀 정신이 중요한 문화가 되어야 한다. 학생들도 팀 정신으로 협동학습을 하고, 교사도 개별학생을 팀 정신으로 가르쳐야 제대로 가르치고, 교육행정도 계층이 다른 학생, 학부모, 교사, 교장, 교육감, 교육부장관이 하나의 수직적 행정팀이 되어 행정을 해야 제대로 행정서비스를 하게 된다.

팀에 의하여 책을 만들었으나 아직도 부족한 점이 너무 많다. 앞으로 계속 고쳐 나갈 것이다.

이 책에서 다룬 수업관찰과 분석에 관한 정보가 우리나라 교사의 수업의 질 향상에 유용하게 쓰여 21세기 정보사회를 위한 한국교육 발전에 작은 보탬이라도 된다면 저자 팀의 큰 보람이 되겠다.

이 책을 8년여 걸쳐 애용해 준 독자들의 성원에 힘입어 새로운 이름으로 한국학술정보(주)에 의하여 새롭게 출판하게 되었다. 그동안 애용해 준 독자에게 감사하고, 꼼꼼히 개정판의 교정을 봐 준 충남대학교대학원 교육행정전공 박홍희 선생의 노고를 기억하고자 한다.

2005년 9월 전자판을 내면서
저자대표 주삼환

목 차

V

수업 연구 방법

수업관찰의 개념

교사들이 학교에서 생활하는 시간의 대부분은 수업에 사용된다. 학습자인 학생들이 교사의 안내나 지도를 받아야 하는 것처럼, 교사들도 수업방법에 대한 다른 사람의 조력이 필요한 것은 당연하다. 아무리 잘 가르치는 교사라 하더라도 개선의 여지는 있으며, 특정의 교수 방법이 아무리 효과적이라 해도 그 방법에도 개선의 여지는 있게 마련이다. 수업개선은 교사의 영원한 도전이다.

본 장에서는 수업관찰의 개념을 분명히 하기 위해서 ① 수업의 개념, ② 수업의 전개 과정, ③ 수업관찰의 의미, ④ 수업관찰의 기준, ⑤ 수업관찰의 과제를 살펴보겠다.

'수업'이란 용어는 흔히 '교수'라는 용어와 혼용하여 사용하고 있다. 학자에 따라서는 교수와 수업을 같은 개념으로 보기도 하고 교수와 수업을 엄격히 구분하여 사용하기도 한다.

가. 수업과 교수

'수업(授業)'과 '교수(敎授)'를 영어와 대비시켜 보면 수업은 'instruction'에, 그리고 교수는 'teaching'으로 구분하여 사용하는 것이 일반적인 관례이다. 그러나 그 반대로 instruction을 '교수'에 teaching을 '수업'으로 대비시키기도 한다(이성진, 1985; 진위교, 1983). 또한 이 두 용어는 그 개념의 범위에 있어서는 다소 차이를 보이고 있다. Gage와 Corey(1967)는 teaching을 instruction에 비하여 넓은 의미를 내포하는 것으로 파악하여, teaching은 instruction 보다 덜 분명하고 무의도적으로 가르치는 행위까지 포함하는 총칭적인 용어인 반면, instruction은 계획적이고 체계적이며 의도적인 행위로 한정하였다. 그리고 Corey는 instruction을 teaching의 한 특수한 형태로 규정하고, instruction을 주로 사용하였다.

한편 Gagné와 Briggs(1979)는 teaching을 협의로, instruction을 광

의로 파악한 다음, instruction이라는 용어를 선호했다.

수업에 대한 정의는 학자에 따라 다르나 일반적으로는 특정 시간에 교사와 학생의 상호작용이라고 보는 견해가 많은 것 같다. 그러므로 여기서는 수업은 instruction으로 이해를 하고, teaching은 교수로 본다. 그리고 이 둘의 관계는 Gage와 Corey의 견해처럼 수업(instruction)을 교수(teaching)의 한 특수한 형태로 규정한다.

나. 교수와 학습

학교에서는 가르치는 일뿐만 아니라 배우는 일도 중요하다. 교사의 입장에서 보면 가르치는 일이 되지만 학생의 입장에서 보면 배우는 일이 되기 때문이다. 교육의 목표나 내용이 훌륭해도 그것이 학습자에게 전달되어 학습자의 행동이 변하지 않는다면 아무 소용이 없다. 결국 교수의 목적은 학습을 촉진시켜서 학습의 효과를 높이는 데에 있다. 그러므로 교수와 학습은 이론상으로는 이를 분리해서 생각할 수 있으나, 실제에 있어서는 하나의 과정으로서 상호 밀접한 관계가 있다.

교수는 교사가 학습자로 하여금 명시된 조건 아래에서 명시된 행동을 나타내게 하거나, 일정한 상황에 대한 반응으로 그러한 행동을 할 줄 알게 하기 위하여 그의 환경을 의도적으로 조작하는 과정(Corey, 1967: 6)이다. 그래서 교수는 교사가 학습자의 학습목표 달성을 위해 계획적으로 조직화해 놓은 과정 또는 학습목표 달성을 위하여 사용하는 방법이나 기술 등을 의미하는 것이다. 그러므로 교수는 학습자로 하여금 특정한 조건 또는 일정한 상황에 대한 반응으로 특정한 행동을 나타내도록 학습하게 하거나 또는 그 특정행동에 참여할 수 있도록 개인을 둘러싼 환경을 계획적으로 조직하는 과정이라고 할 수 있다(임창재, 1994: 99).

학습의 개념은 세 가지로 나누어 볼 수 있다. 첫째, 학습이란 경험 이나 숙련에 의하여 일어나는 비교적 영속적인 행동의 변화라고 보 는 견해(Morgan, 1979: 112)이다. 둘째, 학습이란 강화(reinforcement) 를 받은 연습의 결과로서 자극과 반응과의 결합(S - R Bond)이라고 보는 견해(Kimble, Garmezy & Zigler, 1980)이다. 그리고 셋째, 학습 이란 개체가 주어진 상황 내에서 경험을 반복함으로써 그 상황에 대 한 개체의 행동과 행동 잠재력이 변화하는 것으로 학습을 장의 재구 조화(reorganization of field) 또는 인지과정과 인지구조(cognitive structure)의 체제화라고 보는 견해이다. 학습이 경험이나 훈련에 의 해서 이루어지는 행동의 변화라 본다면 여기서 행동은 비교적 영속 적이고 진보적인 행동으로서 외형적인 행동뿐만 아니라 내면적인 행 동의 변화까지 포함한다. 단, 이 같은 행동 변화는 개체의 생득적 반 응경향이나 성숙(신체적 변화) 또는 일시적 상태(가령, 약물·피로 등)에 기인하지 않아야 한다(Bower & Hilgard, 1981: 11).

교수와 학습을 엄격히 구분하기는 어려우나 다음과 같은 점들이 그 기준이 될 것이다.

첫째, 교수는 일정한 목표를 갖고 의도적인 작용 속에서 이루어 지지만 학습은 목표가 있을 수도 있고 없을 수도 있기 때문에 의 도적인 경우뿐만 아니라 무의도적인 경우에서도 이루어진다.

둘째, 교수는 작용하는 것이며, 학습은 작용결과 나타나는 학생 행동의 변화를 뜻한다(김종서, 1985: 15). 우리는 어떤 목표나 의도 를 가지고 학생에게 작용을 하게 된다. 이 작용이 처음에 의도한 대로 나타날 수 있는지를 알아보기 위해서는 자료 수집이 필요한데 이것은 수업관찰을 통해서 이루어진다. 수업관찰을 통해서 수집된 자료를 분석하여 이를 진단하는 과정이 바로 수업 평가에 해당한다.

셋째, 교수에서 한 가지로 가르치지만 학습에서 학습자는 제각기 다르게 배운다. 그래서 교사의 교수 행동은 조정하고 수정할 수 있으나 학생의 학습 행동은 직접 조정하기 어렵다. 따라서 교사의 행동을 어떻게 조정하고 수정하면 학생들이 계획한 대로 학습을 할 수 있느냐에 대한 연구가 필요하다.

넷째, 교수는 처방적(priscriptive)이지만, 학습은 기술적(descriptive)이다. 교수는 학습의 문제점을 찾아내어 이를 고치기 위한 처방적 행동이라고 할 수 있다. 또한 목표에 접근시키기 위한 행동도 일종의 처방적 행동이라고 할 수 있다. 그러나 학습은 학생 행동의 변화한 모습을 있는 그대로 기술할 뿐이다(김종서, 1985: 16).

다. 수업의 정의

지금까지 살펴본 수업과 교수 및 교수와 학습의 개념에 근거해서 본서가 의도하는 수업의 정의를 밝히면 다음과 같다.

흔히 교수와 수업을 혼동하여 사용하는 경우가 있을 뿐만 아니라 교수가 수업의 전부인 것으로 생각하기도 한다. 그러나 교수는 교사의 가르침으로 수업의 한 부분일 뿐 전부는 아니다. 본래 교수는 교사가 중심이 되어 교과 내용을 학습자에게 전달하는 역할을 강조하고, 학습은 학습자가 전달된 지식을 자신의 행동 변화를 수반하도록 내면화시키는 역할을 강조한다. 그래서 보는 입장에 따라 교사에게는 가르치는 목적으로 학습자에게는 배우는 목적으로, 또 교사에게는 가르치는 방법으로 학습자에게는 배우는 방법으로 보이게 된다. 그러므로 교사가 가지고 있는 목적 및 방법은 학습자가 가지고 있는 목적 및 방법과 합치되어야 한다. 만일 교사와 학습자 간에 간격이 있다고 할 때 수업의 효율성은 기대하기 어려운 것이다. 왜냐하면 가르치고 배우는 실제적인 경험적인 관계(수업)는 교육의 핵심으로 어떤 의도나 계획에 따라 교사와 학습자 간의 상호작용을 의미하기 때문이다. 교사와 학습자는 가르치고 배우는 내용을 매개로 하여 삼각관계를 형성한다. 따라서 학습자를 무시한 교사와 내용과의 만남, 또는 교사를 무시한 학습자와 내용 간의 만남은 진정한 의미의 수업이라고 할 수가 없다. 마찬가지로 내용, 즉 가르치고 배우는 자료를 무시한 채로 교사와 학습자 간의 만남이란 수업의 경험적 관계가 아니다.

이와 같이 수업을 교수의 한 특수한 형태로 보지만 교수만으로 교육이 의도하는 학습자의 바람직한 행동변화는 이루어질 수 없게 된다. 따라서 수업이란 의도한 목표가 정해져 있고 이 목표를 달성하기 위한 교사의 교수 활동과 학습자의 학습 활동이 교육내용(학습내용)이나 교수 매체를 통해서 상호작용으로 이루어지는 일련의 과정을 말한다. 교수와 학습 활동으로 형성되는 수업의 개념을 정리하면 다음과 같다(임창재, 1994: 97-98).

① 수업이란 목표를 달성하기 위해 교사의 교수 활동과 학습자의 학습 활동이 교실에서 실제적이고도 구체적으로 실시되는 것이다.
② 수업이란 학습 활동이 일어나도록 학습자의 내·외적 조건을

체계적으로 조성하는 것이다.

③ 수업이란 학습을 통해서 행동이 변화되도록 일련의 상황을 통제하거나 조작하는 과정이다.

④ 수업이란 학습자가 특정한 조건하에서 특정하게 행동하는 것을 배울 수 있도록 학습자 개인의 환경을 조성하는 과정이다.

⑤ 수업이란 학습자가 의도된 지식, 기능, 신념을 합리적으로 조정하는 과정이다.

⑥ 수업이란 교수와 학업을 줄인 용어로 교학상장(敎學相長)의 상호작용 상황을 의미한다.

이와 같이 수업은 교육의 목적을 달성하기 위해서 교사와 학습자가 교육내용을 가지고 상호 작용하는 교육의 핵심적 활동이라고 할 수 있다.

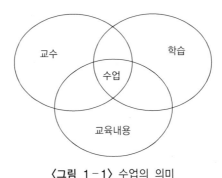

〈그림 1-1〉 수업의 의미

  수업이 어디에서 시작하여 어디에서 끝나는가를 명확히 기술하기
란 용이한 일이 아니다. 그렇다고 수업의 진행이 맹목적이고 무계
획적으로 이루어질 수 있는 것은 아니다. 정확한 목적의 설정과 그
목적의 달성을 위한 학습내용의 선정 그리고 선정된 내용을 중심으
로 학습이 진행되어야 한다. 최종적으로 이것을 바탕으로 학습자가
어디까지 성취했는지를 알아보기 위해서 평가가 이루어져야 한다.

  그동안 소개된 수업절차에 대한 견해는 다양하다. 수업절차에
관한 여러 견해 중에서 자주 논의되는 이론들은 Broudy & Palmer
의 수업절차, 한국교육개발원의 수업절차모형, Gagné의 수업단계
모형, Glaser의 수업절차모형 등이다. 이 중에서 특히 Glaser의 수
업절차모형은 단순하면서도 명료하다.

  Glaser는 수업과정을 수업목표의 설정과 진술, 출발점 행동의 진
단과 확인, 수업절차의 선정과 실행, 학습 성과의 평가와 사정의 4
단계로 구분하였으며, 이 네 단계는 하나의 흐름으로 끝나는 것이
아니라 각 단계에 대한 피드백(feedback)이 이루어진다. 이러한 절
차를 도식화하면 다음과 같다.

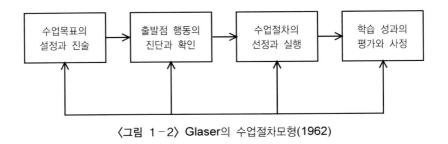

〈그림 1-2〉 Glaser의 수업절차모형(1962)

여기서는 Glaser의 수업절차모형을 응용하여 수업준비 단계, 수업전개 단계, 수업평가 단계로 나누어 기술한다.

가. 수업준비 단계

교사들은 수업준비 단계에서 그 시간의 수업목표를 명확하게 설정하고 진술한다. 수업 내용을 구조화하고 학습 전개를 위해 학습지도안을 작성한다. 특히 학습내용은 학생들의 개인차를 고려해야 하기 때문에 학생들의 출발점 행동을 진단한다.

1) 수업목표의 설정과 진술

가) 수업목표의 개념과 기능

수업목표(instructional objectives)는 수업과정을 통해 학습자가 달성해야 할 성취행동 또는 학습 성과이며 이를 설정·진술·명시하는 일은 여행자나 운전자가 행선지를 결정하는 것과 마찬가지이다. 수업을 포함한 교육 활동을 통해서 육성하려는 행동적 성과의 수업목표(더 넓은 일반적인 용어로서 교육목표로 호칭하기도 함)를 분류하는 체계가 그동안 많이 소개되었다(Bloom, 1956; Krathwohl, 1964; Gronlund, 1976; Harrow, 1972 등).

수업목표가 분명할수록 충실한 수업 활동이 가능하다. 수업목표가 명확하고 상세하면 교사는 주어진 수업 시간을 낭비하지 않고, 학습자도 자기의 학습계획을 세울 수 있기 때문이다. 수업목표가 지니고 있는 기능을 다음과 같이 정리할 수 있다.

○ 수업목표는 교육과정에서 의도하고 있는 목표를 성취시킬 수 있는 학습경험을 선정하는 데 기준이 된다.
○ 수업목표는 학습자로 하여금 학습을 촉진하도록 하는 기능을 한다.
○ 수업목표는 수업평가의 기준이 된다.

나) 수업목표의 진술

수업목표의 진술방법은 학습내용과 기대되는 학습자의 행동이 동시에 진술되어야 한다. 그리고 수업과정에서 의도하는 행동, 실행조건 그리고 도달기준이 포함되어야 한다. 예를 들면 Mager는 수업목표의 진술에서 세 가지 요건을 강조하고 있다. ① '행동징표'로서 한 단위의 수업과정을 통하여 도달 – 성취하려는 수행행동을 가시적이고 측정 가능하게 명시하는 일이다. ② '조건'으로서 수행행동이 나타나야 할 중요한 조건 또는 장면을 기술하는 일이다. ③ '수락기준'으로서 행동 또는 성취가 성공적인지 아닌지를 판정하기 위한 기준 또는 준거를 명시하는 일이다.

Mager의 세 가지 요건에 의한 수업목표 진술의 예를 들면 다음과 같다.

"인간의 귀에 관한 해부도가 주어지면② 학생은 100% 정확하게③ 각 부분의 명칭을 지적할 수① 있다."
"학교에 있어서 교과목이나 학년수준에 관계없이② 학생은 학습을 촉진하는 조건 다섯 가지③와 학습을 저해하는 조건 다섯 가지③를 기술할 수① 있다."

수업목표를 진술하는 데 주의해야 할 점을 제시하면 다음과 같다(임창재, 1994: 129).

첫째, 교사가 해야 할 행동을 수업목표로 진술하지 않는다.

"소리의 원리를 설명해 준다." "자연보호의 중요성을 이해시킨다."와 같은 진술은 교사의 행동을 설명하는 것으로서 이것은 목표가 아니라 학습자 행동의 변화를 위한 절차나 수단에 해당된다. 따라서 이와 같은 진술은 학습자 행동 특성의 방향제시도 되어 있지 않으며, 평가기준도 없는 것이다.

둘째, 학습의 과정을 수업목표로 진술하지 않는다.

"교통표지판을 배우게 한다." 이와 같은 진술문은 학습자가 배워야 할 것은 제시되어 있으나 수업 후에 무엇을 할 수 있어야 하는지의 학습 결과인 행동 특성이 진술되어 있지 않다.

셋째, 내용이나 주요 제목을 수업목표로 열거하지 않는다.

"공해문제와 자연보호", "식생활과 건강관리"와 같은 경우는 단순한 교과의 주제에 불과하다.

넷째, 한 목표 속에 둘 이상의 학습 결과를 포함시키지 않는다.

"낙하의 법칙을 이해하고 이를 효과적으로 적용한다." 이와 같은 경우는 이해한다와 적용한다의 두 가지 학습 결과를 포함하고 있다.

2) 학습지도안 작성

교육은 목적적인 활동이기 때문에 목적을 효과적으로 달성하기 위해서는 세밀한 계획이 있어야 한다. 학습지도안은 교사의 교수와 학습자의 학습 활동을 효과적으로 진행하기 위한 조직적이고 구체적인 수업진행 계획을 의미한다. 따라서 학습지도안은 한 시간 동안의 구체적인 수업 활동이기 때문에 수업효과를 좌우하는 중요한 계획이다. 따라서 교사는 학습지도안을 작성하는 데 있어서 학습내용과 시간 계획 그리고 실습계획을 고려하여야 하며 학생들의 학습에 대한 흥미, 욕구, 능력에 맞게 작성하였는지, 다른 단원이나 다른 교재와의 관련성은 어떠한지를 검토해야 한다.

학습지도안이 갖추어야 할 조건을 제시해 보면 다음과 같다(임창재, 1994: 135).

○ 적절하고 구체적인 수업목표를 정한다.
○ 학습자의 능력과 흥미 등을 고려해야 한다.
○ 수업전개 요령과 유의사항을 명시한다.
○ 이용 가능한 다양한 실례를 준비한다.
○ 효율적인 발문을 구상한다.
○ 수업 내용을 충분히 연구한다.
○ 전 시간의 수업과 관련을 갖도록 한다.
○ 학습자의 출발점 행동을 조사하여 명시한다.
○ 수업의 계열을 논리적으로 조정한다.
○ 학습자의 흥미에 따라 변동될 수 있도록 신축성 있게 한다.
○ 수업 내용에 적합한 수업과정을 선택한다.

○ 수업의 각 단계별 시간을 예상한다.

○ 적절한 요약을 한다.

학습지도안은 수업의 내용과 방법에 따라서 다양하기 때문에 구체적인 형식의 제시는 생략한다.

3) 출발점 행동 진단

출발점 행동(entering behavior)이란 새로운 단원이나 학습 과제를 학습하기 전에 학습자가 이미 획득하고 있는 지식, 기능, 태도 등을 의미한다. 한 단원의 수업이 시작될 때 학습자가 가지고 있는 능력, 태도, 흥미 등은 그 단원의 학습을 위한 출발점 행동이 되며, 그 단원의 학습을 위한 투입행동이다. 그러므로 수업목표를 효과적으로 달성하기 위한 방법 중의 하나는 수업에 임하는 학생들의 출발점 행동을 잘 진단하고 출발점 행동의 정도에 따라 수업 활동을 전개하는 것이다. 출발점 행동의 진단요소는 선수학습 능력의 정도·사전학습 성취 수준·수업 내용과 학생 특성에 따른 집단 분류·학습결손의 원인 진단 등이 있다. 출발점 행동진단을 통해 학습자 개개인의 전체적인 학습 분위기와 해당 과목에 대한 선호도 그리고 우수한 학생과 그렇지 못한 학생을 미리 잘 파악하여야 한다.

나. 수업전개 단계

수업전개 단계에서는 크게 도입, 전개, 정리 및 평가 등으로 나누어 볼 수 있다. 각 단계별로 구체적인 내용을 보면 다음과 같다.

1) 도입

도입단계에서는 학습자들이 수업 내용을 이해하고 참여하려는 태도를 조성해 주어야 한다. 교사는 학생들이 주의력을 집중하여 유지하도록 학습 분위기를 조성해야 한다. 따라서 교사는 학습자의 흥미를 자극하고 학습의욕을 환기시켜 동기를 유발하도록 한다. 효율적인 교사는 학생들이 수업과정에 열중하도록 하며 그날 배울 것과 배우는 이유를 학생들이 짐작할 수 있도록 한다(Barnes, 1981; Hartley & Davies, 1976, Montague, 1987; Schuck, 1981). 도입단계의 내용을 정리하면 다음과 같다.

○ 수업 환경 및 학습 분위기 조성
○ 전 시간 수업 내용 및 주제와 관련된 경험의 상기
  • 선수학습과의 관련 지도가 필수적으로 이루어져야 한다. 새로운 지식은 친숙한 지식과 관련될 때 이해가 잘된다.
○ 수업주제 제시(수업목표는 세분화된 행동적 용어로 진술) 및 동기 유발
  • 사전 질문으로 수업목표를 유도 가능: "여러분은 밤하늘의 별자리에 대해 아는 것이 있습니까?" "밤하늘의 별자리를 주의 깊게 관찰해 보려고 노력해 본 적이 있습니까?"
○ 수업목표 또는 학습 결과의 명확한 제시
  • "이 수업을 마칠 때 여러분은 계절이 바뀌어도 우리 지역의 별자리를 찾을 수 있어야 합니다."
  • "이 단원을 마칠 무렵은 어느 음식물에 단백질이 함유되

어 있는지, 자신이 좋아하는 음식물에 적당한 단백질이
있는지, 그리고 적당한 단백질을 공급받지 못하는 사람에
게는 무슨 일이 일어나는지를 알 수 있을 것입니다."

여기서 특히 유의하여야 할 점은 바로 동기 유발이다. 동기 유발
에 의해서 그 수업의 성패가 달려 있다고 해도 과언이 아니다. 학습
자의 동기 유발을 위한 방안을 몇 가지 제시해 보면 다음과 같다.

○ 학습 동기 유발은 학습목표를 개인적인 욕구와 결부시켜 줄
  때 효과적이다. 학습 동기 유발을 위해서는 학생들이 달성해
  야 할 단계적 학습목표를 세분화하여 정확히 인식시켜 주어야
  한다. 즉, 학습목표가 구체적이고 실제적인 것으로 제시될 때
  그 목표에 개인적 욕구를 투사(投射)시키기가 쉬운 것이다.
○ 학생의 흥미, 욕구 혹은 적성에 부합되도록 학습내용과 실습
  계획을 작성하는 것이 좋다. 흥미나 적성에 부합되는 학습
  과제일수록 동기 유발이 강해진다.
○ 학습 결과에 대한 정보의 인지는 동기 유발에 영향을 미친
  다. 학습의 결과, 시험의 성적 등을 알려 주었을 때 학습 효
  과가 크다.

2) 전개

전개 단계에서는 본시의 학습목표 달성을 위한 역동적인 학습지
도 방법이 적용되어야 한다. 여기서는 교사의 설명과 학생 이해수
준의 파악, 토론의 유도와 진행, 학생의 질문과 학생 질문에 대한

답변, 수업속도의 조절 등이 이 단계에서 중요한 교사 행동 요소가 된다(Barnes, 1981). 교사의 취향이나 특성에 따라서, 학습 과제의 성질에 따라서, 그리고 학생들의 특성에 따라서 수업 내용 전개가 논리적이고 체계적이 되어야 한다. 전개 단계에서 다루어야할 일반적인 내용을 제시하면 다음과 같다.

○ 수업목표와 관련된 수업 활동이 이루어져야 하며, 수업목표를 기준으로 목표 달성도를 파악하는 형성평가(예: 발문)가 이루어져야 한다.

○ 학생 활동이 활발히 진행되어야 하며, 학생들의 탐구력과 창의력을 기를 수 있는 방법으로 진행되어야 한다.

○ 학생의 반응에 대한 보상과 강화책이 강구되어야 하며, 무관심이나 질책을 통한 부정적인 피드백보다는 칭찬을 통한 긍정적 피드백이 더욱 효과적이다. 왜냐하면 칭찬과 격려는 성공감을 갖게 하여 다음의 문제 해결에 자신감을 주게 된다. 학생이 틀린 대답을 했을 경우 구체적으로 틀린 곳을 지적하여 격려가 섞인 칭찬을 해 줌으로써 자기의 결점을 찾게 하고 계속적인 학습 활동이 되게 한다. 필요에 따라서는 집단 사고로 돌려서 각자 다시 생각할 기회를 갖게 한다.

○ 수업의 흐름이 끊기지 않아야 하고 개인차에 알맞은 과제제시와 학습 지도가 이루어져야 한다.

○ 좋은 발문(질문)의 요령을 터득하여 학생들의 사고력이나 문제해결력을 기르는 방향으로 수업이 진행되어야 하며, 그러기 위해서는 정보재생 발문(세종대왕은 몇 대 왕이지? 측우기는 누가 만들었지?)보다는 추론발문이나 적용발문이 많아

야 한다. 예를 들면 추론적 질문의 경우는 "집합 A가 집합 B의 부분집합이 되는 까닭은?" "오존층이 파괴되면 이 지구에 어떠한 영향을 줄까?" "우리나라에 6·25가 일어나지 않았다면 어떻게 되었을까?" 등이 있다. 적용적 질문은 "태양열을 우리 생활에 이용할 수 있는 곳은 어디일까?" "삼각함수를 우리 생활의 어디에서 찾을 수 있을까?" 등이 있다.

또한 질문을 효과적으로 하기 위한 이 밖의 유의사항을 살펴보면 다음과 같다. 전체적으로 "대답해 볼 사람" 하고 질문을 하게 되면, 대개 대답이 특정한 학생에게 집중되는 경향이 있으며 여러 번 지정된 학생도 대답을 자신이 독점했다는 생각 때문에 대답을 하지 않는 경우가 발생될 수 있다. 그러므로 한 학생에게 질문을 하려고 하면 학생을 지명한 다음에 질문을 하지 말고 질문을 한 후 조금 있다가 한 학생을 지명해야 한다. 왜냐하면 질문을 먼저 하면, 학생 전체가 지명될 가능성이 있기에 전부가 답을 잘하기 위해서 질문에 긴장하고 답을 찾으려고 한다. 질문은 정해진 순서대로 하면 그날 정해진 학생만 답변할 준비를 하기 때문에 가능한 한 피하는 게 좋다. 또한 질문은 번호를 부르지 말고 이름을 부르는 것이 더욱 바람직하다. 이름을 부를 때 더욱 친근감을 줄 수 있다.

○ 학생들의 학습 이해를 돕기 위하여 여러 가지 시청각 기자재를 활용한다.
○ 교사가 수업 중에 사용하는 용어가 적절해야 한다. 구체적인 내용을 보면 다음과 같다.
  • 교사가 사용하는 어휘는 학습자들이 사용하는 어휘로 사용한다.

- 교사가 전달하는 내용은 학습자들이 생각하는 것에 가깝도록 하기 위해 학습자들의 경험 범위의 사건을 주요 소재로 한다. 학습자들 자신이 생각할 수 있는 기회를 주면서 설명한다. 학습자들의 흥미 또는 호기심을 일으킬 수 있도록 말한다.
- 교사는 전달하고자 하는 내용을 한 문장으로 길게 사용하기보다는 가능한 한 짧은 문장으로 나누어서 전달한다.

○ 판서는 구조화하여 학습자의 시청각 기능을 통한 적극적 전이와 파지가 잘 이루어지도록 한다. 구체적인 방법을 들어보면 다음과 같다.

- 판서는 학습내용에 따라서 계획적인 판서를 하여야 한다.
- 요점은 간결하게 또한 목표에 밀착된 판서가 되도록 한다.
- 판서는 교사의 독점물이 되지 않아야 하며, 특히 학생의 참여가 고려되어야 한다.
- 판서는 정해진 시간에 학습자로 하여금 필기를 하도록 하여야겠지만, 가능한 한 듣고, 보고 하면서 필기하는 훈련을 겸하는 것이 좋다.
- 학습내용에 따라 색분필을 사용할 수 있어야 한다. 그러나 지나친 색분필의 사용은 학습자를 혼란시킬 수도 있다.
- 흑판이 너무 어둡거나 빛이 반사되는 일이 없도록 광선을 잘 조절하여야 한다.
- 글자 외에 그림, 사진, 도표 등을 가급적 많이 이용하는 것이 좋다.
- 학생들에게 판서 시간을 주기보다는 유인물(복사물)로 대신하여 가능한 한 교사와 학생의 상호작용이 계속적으로

이루어지도록 한다.

○ 자발적인 학습참여와 발표력을 기르고 전인교육의 장으로 수업 분위기를 유도해야 한다.

○ 교사는 학습자의 동일시 대상임을 자각하여야 하며, 잠재적 교육 과정의 중요성을 깊이 인식하여야 한다. 수업 중에 일어나는 제반 환경이 의도하지 않았지만 은연중에 학생의 교육 결과에 미치는 효과를 강조하기 위한 개념이 바로 잠재적 교육과정(latent curriculum)이다.

3) 정리 및 평가

정리단계는 수업을 마무리하는 단계로서 교사는 두 가지 일, 즉 내용의 요약과 평가를 한다(Armento, 1977, Write et al., 1970). 중요한 점을 강조하여 요약하거나 성취 정도를 평가할 때 반드시 수업목표와 결부시켜야 한다. 그리고 차시수업에 대한 예고를 통해서 학생들의 차시수업에 대한 호기심과 동기 유발을 유도한다.

가) 내용의 요약

요약은 수업 내용을 파악하지 못한 학생이라 하더라도 중요한 내용이 무엇이었는지를 알 수 있도록 구체적인 것이어야 한다. 수업을 마무리할 때 요약해서 제시해 주면 학업 성취가 증가한다는 사실을 실증적으로 규명한 연구가 있다(Write, 1970; Armento, 1970).

나) 평가

평가는 목표달성 여부를 확인시켜 줄 수 있는 것이어야 한다.

다) 차시수업 예고 및 차시수업 동기 유발

본시 학습과 연관을 지어서 다음의 수업을 예고한다. 다음 수업의 과제나 준비사항을 제시해 줌으로써 다음 수업을 위한 기대심을 불어넣는다.

다. 수업평가 단계

학습 결과의 평가는 본질적으로 수업목표의 달성 여부를 확인하고 보다 적절한 수업방안을 마련하기 위한 자료의 수집과정이어야 함을 강조하고 있다. 따라서 수업이 효율적이기 위해서는 평가가 수업의 본질에 충실하게 이루어질 것이 요구된다. 왜냐하면 이러한 평가는 학생의 학업 성취도 파악과 교사 자신의 교수 행동에 대한 이해와 반성의 자료로 활용되기 때문이다. 이에 대한 구체적인 내용은 4장 수업평가에서 자세히 다룰 것이다.

가르치는 일(교수)과 배우는 일(학습)은 인류의 역사 이래 계속적으로 진행되어 온 과정으로 오늘날의 문명의 바탕이 된다. 그러나 실제적인 교수-학습에서는 수업 결과가 항상 성공적이지 않기 때문에 보다 더 성공적인 수업을 위해서 교수-학습의 개선이 요구된다.

교사는 교사 나름대로 열심히 가르치지만 실제 좌절과 회의를 겪는 경우가 많고, 학생들 또한 나름대로 열심히 배우려고 하지만 실망하는 경우가 많다. 즉 교사들은 '어떻게 가르칠 것인가? 어떻게 가르치는 것이 잘 가르치는 것일까? 잘 가르치는 방법이 무엇인가? 잘 가르칠 수 있는 기술이라도 있는 것일까? 아니면, 그저 열심히 정성을 다해서 가르치면 되는 것일까?'라는 의문을 가질 수 있다. 이러한 의문은 역시 학생에게도 마찬가지로 적용된다. 어떻게 배워야 하는가? 그저 열심히 정성을 다해 배우기만 하면 되는 것일까? 이러한 의문에 대한 해답은 계속해서 제시되었다. 그러나 수업이나 교수의 영향에 관한 이론 및 실증적 연구는 현재 다른 어떤 분야의 연구보다도 발전하지 못하였다(손충기, 1993: 163－164). 이 점을 황정규(1992: 1)는 다음과 같이 지적하고 있다.

　　교육현상을 탐구하는 우리 학문공동체의 인식이 확산되고 심화되어 가는 것에 반하여 교육학(혹은 교육)에서 가장 핵심적 과제로 도전했어야 할 교수

(teaching 혹은 instruction) 이론에 관한 관심과 인식은 오랜 침묵 속에 침잠되어 왔던 것이 아닌가 하는 회의를 갖게 한다.

교사가 지각한 수업 행동은 학생이나 관찰자가 지각한 것과 적어도 어떤 측면에서는 다르다는 사실이 연구를 통해서 밝혀졌다 (Ehman, 1970; Wolfson & Nash, 1968; Cooper & Good 1983; Weinstein, 1983). 그러나 그동안 우리는 이런 것을 설명하려는 노력이 부족하였다.

교과에 대한 교사의 전문적 지식과 학생의 우수성에 의해서 잘 가르치고 잘 배울 수 있겠지만, 무엇보다도 중요한 것은 교사와 학생들 간의 상호작용 속에서 촉진적인 수업이 이루어질 때 가장 잘 가르치고 배울 수 있다. 결국 수업관찰도 어떻게 하면 수업이 잘 실행될 수 있을까를 연구하기 위해서 행해지는 수업개선의 한 가지 방법이다.

가. 수업관찰의 중요성

수업관찰은 교수 방법 개선을 위한 수업과정에 관한 자료 수집과 분석 및 평가에 가장 보편적으로 활용되고 있는 수단이다. 수업관찰이 필요한 이유는 교수 방법과 학습방법에 대한 연구의 기초 자료를 제공하는 데 많은 비중을 담고 있기 때문이다. 특히 교사의 교수행위는 기술적(descriptive)인 데 그치는 것이 아니라, 진단적이고 처방적인 기능을 지닌다. 보다 나은 수업기술의 향상은 주관적이고 인상적인 관찰보다는 어떤 모형에 입각한 과학적인 방법을 통하여 진단되고 처방될 때 그 효과가 있음을 감안한다면, 수업관찰에 의한 자료 수집은 수업개선을 위해 필수적이라고 하겠다.

수업이 예술로서 표현되는 경우가 종종 있다. "Teaching is an Art"라는 용어는 우리에게 익숙해진 글귀이다. Highet는 그의 저서 "예술로서의 수업(The Art of Teaching, 1959)"에서 수업은 과학이라기보다는 예술이라고 했다. 그에 의하면 수업은 체계적으로 평가되거나 사용될 수 없는 정서를 수반한다고 했다. 또 Gallagher(1970: 30)나 Axelord(1973)도 교수행위를 기예로 묘사하였다. 그 이유는 가르치는 일은 즉각적인 재치와 자발성, 형태·형식·공간·리듬 등의 다양성, 그리고 방법에서의 적절성 등을 매우 복잡하게 요구하기 때문에 컴퓨터까지도 그 방법을 나타낼 수 없다. 그렇다면 수업은 과연 예술일까? 훌륭한 수업은 훌륭한 예술에서처럼 창의적인 기능을 필요로 하는가? 중요한 사실은 Highet도 수업을 예술이라고 주장하면서도 동시에 과학적으로 효율적인 수업의 특성과 능력을 상세화하고 있다는 점이다.

Gage(1985)도 가르치는 일은 예술인 동시에 과학이라는 것을 여러 번에 걸쳐 설명했다. 여기서 의미하는 바는 가르치는 일은 복잡하고 창의적이기 때문에 '응용 예술'이라고 강조한다. 동시에 가르치는 일은 또한 경험적인 원리나 법칙에 의해 안내를 받아야 하므로 예술이면서도 과학이라는 것이다. 가르치는 과정은 상황, 교과, 학생집단, 연령 등이 매우 다양하고 복잡하기 때문에 그 방법을 단순하게 요약해서 말할 수 없다. 그렇다면 어떤 수업이 훌륭하고 효과적이고 성공적인 수업인가에 대한 대답을 할 수 없고, 이에 대한 우리의 사고는 소용없는 것일까? 이에 대해 Gage(1985)는 가르치는 일은 또한 과학적인 기초를 가질 수 있고, 수업에는 예측 가능성과 통제를 할 수 있는 엄격한 법칙을 담은 과학적 바탕이 존재한다고 주장했다.

그러므로 수업에 대한 계속적인 연구가 필요하고 수업을 구성하는 여러 가지 요인들이 효과적인 상호 관계를 맺도록 하기 위한 가장 기본적인 행동이 수업관찰을 하는 것이다. 결국 수업을 직접 관찰함으로써 수업의 다양한 측면 및 제반 관련 요인들을 직접 기술(記述)하고, 수업 과정에 관한 다양한 자료를 수집해야 한다. 그러나 "왜 관찰자의 견해는 교사들의 인식과 다르게 나타나는가?" "왜 관찰자는 이런 일을 하는 것으로 보았는데 교사는 다르게 인식하고 있는가?"라는 문제에 부딪치게 된다. 교사나 관찰자 또는 학생들이 보는 입장에 따라 수업에 관한 관찰 결과가 다르다면 어떤 자료를 선택하여야 하는가? 수업에 관한 자료가 다르게 나타나는 이유는 학생과 관찰자가 교사의 구체적인 행동을 평가하는 데 거의 훈련이 되어 있지 않고, 급속하게 일어나는 사건을 아주 많이 관찰해야 하기 때문이다(Good & Brophy, 1984: 47). 그러므로 수업관찰에 대한 체계적인 도구와 이를 정확하게 파악해 낼 수 있는 훈련 과정이 필요하다. 이러한 수업관찰을 통해서 얻어진 자료는 객관적으로 신뢰할 수 있으며, 교사의 수업 방법 개선에도 이용될 수 있다.

나. 수업관찰의 목적

수업관찰을 하는 목적은 무엇인가? 학생들에게 그들이 배워야 할 내용을 유의미하고 가치로운 방식으로 학습할 수 있도록 수업하고자 할 때, 이를 방해하는 요인과 더욱 촉진시켜야 하는 부분은 어떤 것이고, 실제로 어떻게 확인할 것인가? 이에 대한 해답을 구하고자 실시하는 것이 바로 수업관찰이다.

수업관찰은 장학활동의 핵심요소가 되며 장학의 핵심은 수업 방법 개선에 있다. 장학의 핵심인 수업 방법 개선을 위해서는 ① 교사의 교수행위 변화를 위하여 계획적·공식적으로, 그리고 직접적으로 도와주고, ② 교사와 학생 사이에서 상호 작용하는 교육과정을 잘 마련하도록 노력하고, ③ 교육 자료와 학습 환경을 개선해야 한다(주삼환, 1991: 23). 장학은 교사의 교수행위(teacher performance)를 향상시킬 수 있도록 도와주는 것이다. 따라서 장학은 교사의 수업개선에 일차적인 초점을 둔다. 결국 장학은 교사의 교수행위를 개선시킴으로써 교수효과성, 즉 학생의 학습 결과를 극대화시키고자 하는 노력이다(주삼환, 1991: 179).

효율적인 수업이 되기 위해서는 많은 상호작용 요인들뿐만 아니라 때때로 예측 불가능한 요인들도 고려해야만 한다. 여기에서 주로 사용하게 될 수업관찰이란 용어는 수업을 분석·진단하기 위하여 자료를 수집하는 제반 행위를 말한다. 관찰자로 하여금 미리 준비된 관찰 도구와 방법 및 절차에 의거하여 교사의 행동, 학생의 행동, 교사와 학생 간의 상호작용, 수업전개 양태, 자료의 활용 등 수업 활동 전반을 체계적으로 기록하도록 하는 것을 말한다. 그러므로 수업관찰을 통해서 수업에 대한 분석 자료를 바탕으로 보다 효과적인 수업 계획과 구조를 세울 수 있도록 하는 것이다. 결국 수업관찰은 교사의 장점과 개선의 필요영역을 진단하고 학습 곤란의 상황을 발견하며 객관적 자료를 수집하는 데 두어야 한다(주삼환, 1991). 수업관찰을 통해서 얻어진 자료는 수업목표를 보다 더 효과적으로 성취할 수 있는 학습 환경을 조성하는 기초 자료가 된다.

다. 수업관찰의 기본전제

수업관찰은 그 방법이 과학적이며, 논리적이어야 한다. 이를 위해서 수업관찰의 기본전제를 열거하면 다음과 같다.

첫째, 수업관찰의 범위나 내용을 분명히 해야 한다. 수업이 전개되는 일련의 진행과정은 단순한 것 같지만 실제로 다양하고 복잡하다. 한 명의 교사가 같은 내용을 같은 학생들에게 아무리 되풀이해서 수업을 해도 똑같은 수업은 나올 수 없다. 아무리 좋은 관찰 도구를 갖고 있다고 하더라도 교사와 학생의 상호작용 속에서 이루어지는 수업을 종합적으로 관찰하는 데에는 어려움이 뒤따른다. 물론 수업 장면을 녹화하는 방법처럼 수업의 전 영역을 기록하는 방법이 있지만 이것도 역시 렌즈의 범위에 따라 다소 한계가 있을 수 있다. 그러므로 수업관찰을 할 때, 교사의 수업개선 과제와 관련하여 관찰하고자 하는 범위와 내용을 결정하고 이를 효과적으로 관찰할 수 있는 관찰 도구를 준비해야 한다. 만일 그렇지 않고 종합적으로 관찰하려고 한다면 오히려 관찰 결과의 자료는 초점이 없고 산만한 느낌을 주기 때문에 정확한 수업 진단과 분석을 어렵게 할 것이다. 누가 수업관찰자(자기 자신, 동료교사, 교감, 교장, 장학 담당자 등)가 되든지 또는 어떤 수업 관찰 도구를 사용하든지 간에 수업 관찰을 하고자 할 때는 관찰 가능한 범위 내에서 어떤 활동이나 어떤 내용을 관찰할 것인지를 정확하게 초점을 맞추어야 한다. 만일 다수인이 협동하여 1인의 수업을 관찰하고자 할 때는 수업 활동이나 내용을 분류하고 분류된 것을 분담하여 관찰한 다음 이를 종합하는 방법도 좋은 예가 될 것이다.

둘째, 수업관찰 방법은 관찰 결과가 객관적이고 신뢰할 수 있는 자료를 수집할 수 있는 방법이어야 한다. 여기에서 객관적이고 신뢰로운 자료라 함은 수업관찰자 간의 의견일치도를 말한다. 신뢰도를 높이기 위한 수업과정 분석에서는 특히 다음의 두 가지 점에 유의해야 할 것이다. 그 하나는 관찰 기준을 명확히 하는 일이다. A 관찰자는 대단히 잘된 수업이라고 보는 데 비하여 B 관찰자는 반대의견을 제출하는 경우를 흔히 보는데, 이는 관찰 기준의 차이에서 오는 문제점이다. 이와 같은 현상은 흔히 일어나는 것이며, 수업연구평가회에서 벌어지는 갑론을박(甲論乙駁)의 모습은 바로 이 문제 때문이다. 이런 경우에는 명확한 관찰 기준을 제시할 필요가 있다. 다음으로는, 관찰행동이 불분명한 데서 신뢰도가 낮아진다. 예를 들면, 언어행동(verbal behavior)의 분석은 그 신뢰도가 비교적 높지만, 표정·머리 움직임·학생이 있는 곳으로의 접근 등의 비언어적인 교사 행동은 그 행동이 분명치 않아서, 이를 관찰 기록한 경우에 신뢰도가 낮아질 가능성이 많다(김종서, 1985: 59 - 60).

셋째, 수업관찰 결과를 객관적이고 과학적인 방법으로 기록하고 해석할 수 있는 관찰 방법이나 도구를 선정해야 한다. 종래의 관찰기록 방법은 관찰한 사실과 이를 해석하는 것을 혼동하는 오류를 범하고 있다. 표현방법이 사실과 해석을 혼동한 예와 그렇지 않은 예를 간단히 들면 다음과 같다.

〈표 1-1〉 수업관찰기록방법의 예

표현방법이 사실과 해석을 혼동한 예	표현방법이 사실과 해석을 구분한 예
"교사의 질문에 대하여 학생들은 관심을 표시하지 않고 장난만 하고 있었다."	• 사실: "교사질문에 거수한 학생은 60명 중 5명이었고, 옆의 학생과 잡담을 하는 학생이 15명이 있었다." • 해석: "이것은 아마도 교사질문에 관심이 없다는 표시이며, 결과적으로 장난하는 학생이 많아진 것 같다."

사실과 해석을 구분하여 표현하기 위해서는 문장적인 표현보다는 수량적 표시, 도시법(圖示法), 체크리스트, 기계에 의한 기록 등이 좋을 것이다. 특히 처음 수업관찰을 시도하는 경우나 수업관찰에 대한 충분한 지식이 없을 때는 수업의 내용이 얼마나 타당한지를 문장으로 표시하는 방법보다는 수업관찰 결과를 객관적인 자료로 제시할 수 있는 기호나 부호를 통한 계량적 방법을 선택하는 것이 좋다. 이는 주관적이며 인상적인 논쟁에서 탈피할 수 있는 방법이기도 하다. 대부분의 수업에 관한 연구가 객관적인 자료를 기초로 한 것이 아니라, '경험의 교환적 방법'을 채택하고 있기 때문에 연구수업이 형식으로 끝나는 경우가 있다. 만약에 수업관찰 후 자료를 정리하여 이를 검토하는 데 '나의 생각', '나의 경험', '내가 본 바', '나의 느낌' 등에 의해서 수업을 진단하고 해석한다면 수업관찰은 잘못되었다고 볼 수 있다. 올바른 수업관찰을 하였다면 '이 표에서 보는 바와 같이', '이 수치가 뜻하는 것은', '이 통계치의 의미는' 등과 같이 객관적인 자료를 토대로 해야 할 것이다.

넷째, 수업관찰의 결과는 수업자에게 확인되고 스스로의 수업 행동을 교정하는 데에 도움을 주어야 한다. 우리나라에서 연구수업이 많이 이루어지고 있으나, 이 연구수업은 수업결과를 제3자가 해당 교사에게 확인시키는 구실을 하지만, 이로 인하여 교사 자신이 자기의 교수 행동을 고치는 데에는 그렇게 큰 공헌을 못 하는 것 같다. 가장 큰 이유는 교사 자신이 자기 방어적인 행동을 하기 때문이라고 본다. 제3자의 충고나 지적을 받아들이기에 앞서서, 자기의 행동을 정당화하기 위한 근거를 찾아서 방어하려는 태도를 취하는 수가 많다. 정당화할 수 있는 어떤 근거가 마련될 수 있다는 것은 제3자의 충고나 지적이 주관적이고 인상적이며 문장 표현적이기 때문일 것이다.

이와 같은 종래의 수업관찰 방법에서 벗어나 새로운 접근이 모색되어야 하며, 이러한 접근은 어떤 형태를 취하든지 교사의 수업행동 교정에 직접적으로 영향을 미치는 것이 되어야 할 것이다. 즉 기록으로써 객관적인 자료가 제시되고 이에 입각하여 수업관찰이 이루어져야 할 것이며, 관찰 결과는 곧 수업기술 향상에 도움을 주어야 할 것이다(김종서, 1985: 61).

다섯째, 한 가지의 수업관찰 방법만으로 수업 전체에 관한 평가를 하는 것은 삼가야 할 것이다. 과학적인 방법은 그 특징의 하나로서 '사실' 이상의 해석을 가하지 않음에 있다. 어떤 한 가지의 방법으로 특정한 수업관찰을 하여 미리 설정된 기준에 적합한 결과가 나왔다고 하여서, 그 수업이 곧 잘된 수업이라고 단정하는 것은 삼가야 할 것이다. 왜냐하면 관찰된 그 부분은 대단히 좋을지 모르나, 관찰되지 않은 다른 부분에 큰 결함이 있다면 그 수업은 종합적으로 '잘된 수업'이라고 평가하기는 어렵기 때문이다. 즉 "하나를 보면 열을 알 수 있다."라는 논리를 전개시키지 않도록 해야 할 것이다. 수업과정 분석의 어떤 모형이든 수업 전체를 파악할 수는 없으며, 하나 또는 몇 가지의 측면에 국한되어 있다는 제한점을 전제로 해야 할 것이다(김종서, 1985: 62 – 63).

여섯째, 수업관찰 방법은 실용적인 목적에 부합되어야 한다. 실용성을 고려치 않고 수업과정 분석 자체에 관한 이론을 발달시킬 수도 있다. 그러나 이 방면의 연구가 현장개선을 궁극적인 목적으로 삼는다면 그것은 실용성을 전제로 해야 할 것이다. 실용성이 전제된다면 간편할수록 좋은 관찰 도구가 될 수 있다. 간편하면서도 수업과정의 여러 측면을 종합적으로 볼 수 있는 모형의 정립을 위한 탐색을 해야 할 것이다.

　일곱째, 수업관찰 도구는 계속적으로 학교 현장에서 개발·적용되어야 한다. 수업관찰 결과 교사의 교수 행동이나 학생의 학습 행동이 바람직한 방향으로 나왔다 하더라도 학생들의 학과성적 향상이나 태도변화에 별다른 영향을 미치지 못하였다면, 수업관찰 분석기준이 어딘가 잘못되어 있음을 나타낸다고 보아도 좋을 것이다. 수업관찰 방법은 여러 가지가 있을 수 있지만 중요한 것은 이런 관찰 도구가 일방적인 제시에만 그치고 실험적인 자료의 뒷받침이 없다면, 이러한 관찰 도구는 하나의 가시적인 효과만 갖게 될 것이다. 그동안 연구수업에서 활용되어 온 수업관찰 도구의 경우는 대체로 추상적이고 주관적인 판단이 크게 작용했을 소지가 많다. 그러므로 계속적으로 수업관찰 도구를 개발하여 이를 현장에서 적용하고 그 결과가 학생들의 행동변화와는 어떤 관련이 있는지에 대한 증거를 제시할 필요가 있다.

라. 수업관찰상의 유의점

　수업관찰자는 수업진행 상황을 객관적인 입장에서 자료를 수집해야 하지만 수업전개가 빠른 속도로 진행되기 때문에 수업 상황을 정확히 기록하기는 쉽지 않다. 그러므로 수업관찰은 관찰자의 훈련 정도와 적절한 관찰 도구가 있어야만 보다 효과적인 수업관찰을 할 수 있다. 수업관찰은 다음과 같은 사항에 유의해야 한다.

　첫째, 수업관찰은 사전에 준비된 계획에 따라 합리적으로 이루어져야 한다. 그렇지 않고 수업관찰을 그저 호기심이나 구경거리로 여기고 재미로 한다면 수업관찰은 수업자나 관찰자 모두에게 도움이 되지 않을 뿐만 아니라 수업하는 교사들도 남에게 수업을 공개하는 것을 꺼리고 수업관찰을 허용하지 않게 된다.

둘째, 객관적이고 사실적인 태도로 관찰해야 한다. 객관적이란 관찰자의 편견이나 의견이 개입되지 않는 상태를 말한다. 관찰이나 기록은 객관적이어야 하고 해석과 지도 조언 등은 주관적인 것이 개입되는 것이므로 관찰과 해석을 엄격히 구별해야 한다. 또 사실적이란 그 수업 사태 이전의 경험을 배제하고 언제나 현재 진행되고 있는 상황만을 관찰·기록해야 한다. 즉 관찰자가 관찰대상에 대한 후광효과(後光效果)에 의해 잘못된 관찰이 될 수도 있다.

셋째, 수업관찰자는 수업 분위기에 영향을 주는 언행을 해서는 안 된다. 객관적 자료를 얻기 위해서는 수업자와 학습자가 평상시의 수업 분위기를 유지하도록 해야 하며 수업관찰을 의식하여 심리적으로 위축되거나 흥분되지 않도록 유의해야 한다.

넷째, 관찰자는 수업을 냉정한 자세로 관찰해야지 수업자나 학습자의 입장이 되어 수업 상황에 몰입되어서는 안 된다. 관찰자의 흥미와 관심 있는 부분만 집중적으로 기록하는 오류를 범해서는 안 된다.

다섯째, 정확한 기록을 위해서는 한 사람보다는 몇 사람이 역할을 분담하여 기록하는 것이 좋다. 또 같은 내용을 여러 사람이 관찰기록함으로써 누락된 부분을 보완해 줄 수 있다.

문행숙(1993)은 수업관찰의 내용과 방법에 따라 있어야 할 관점과 유의점을 다음과 같이 제시했다.

① 수업 장면이 일어나기 이전의 준비가 어떠한가를 파악해야 한다.

② 바라고 있는 중요한 학습목표, 이미 학습한 사실, 앞으로의 학습 전개 계획에 대해서 알고 있어야 한다.

③ 수업이 진행되는 동안 발견되는 사항을 기록할 객관적인 수업관찰지(관찰 도구)를 마련하고 가능한 한 객관적이고 분석적인 관찰에 주안점을 두어야 한다.

④ 참관하여 관찰하는 목적을 명확히 하고 관찰할 중요사항에 대하여 미리 메모를 해 두어야 한다.

⑤ 수업의 흐름을 주의 깊게 살피면서 단위 시간 내의 학습목표가 어떻게, 얼마나 달성되는가에 관심을 두어야 한다.

⑥ 교사나 학생 활동의 일시적이고 좁은 사항에 집착하기보다는 교수·학습의 목표나 핵심내용과 관련하여 교사의 수업 행동이나 학생 활동이 어떻게 연결되고 있는가를 주의 깊게 살펴야 한다.

⑦ 수업을 담당하는 교사나 학생에게 방해가 되지 않도록 하고 또 학습 분위기를 압박하거나 긴장을 고조시키지 않도록 유의해야 한다.

⑧ 관찰한 기록은 가능한 한 요령을 체득하여 간단명료하게 하되 객관적인 사실을 분석적, 통계적 기록과 그에 따른 관찰자의 의견을 약술해 주는 것이 좋다.

⑨ 수업관찰 결과의 협의 시에는 자유로운 의사소통을 할 수 있는 허용적인 분위기를 조성하며 진행하되, 상대방을 공박하거나 비난하는 언어적 표현을 절대로 삼가야 한다.

수업은 매우 복잡한 활동이기 때문에 객관적이고 정확한 수업관찰을 하기가 쉽지 않다. 그러므로 수업관찰의 목적을 충실히 달성하기 위해서는 관찰자는 그에 대한 철저한 사전 준비와 노력이 요청된다. 보다 효과적인 수업관찰을 위해서 수업관찰 방법이 지닌 잠재적인 장점과 단점(문제점)을 제시하고(배호순, 1991: 156－158), 수업관찰을 활용할 수 있는 기준을 제시하면 다음과 같다.

가. 수업관찰 방법의 장점 및 단점

먼저 수업평가 자료 수집 상황에서 관찰 방법이 지니고 있는 장점은 다음과 같다(Payne, 1974).

○ 수업 상황에서 학생 및 교사의 사회적, 정서적, 대인관계 면에서의 적응에 관한 자료를 수집하기에 적합하다.
○ 교사의 관련 정보를 활용하는 능력을 검증할 수 있는 자료를 수집하는 데 유용하다.
○ 교사의 수업에 관한 능력 및 수업의 효과에 관한 신뢰롭고 유용한 자료를 수집하기에 적합하다.

○ 다양한 수업 상황, 수업 내용, 교사 및 학생의 개성, 연령 수
   준 및 교육 수준에 크게 구애받지 않고 활용할 수 있는 자료
   를 수집할 수 있는 방법이다.

○ 객관적인 표준화 검사 결과나 다양한 검사 결과를 보완하여
   타당한 평가 자료로 활용할 수 있는 가치 있는 자료 수집 방
   법이다.

○ 수업에 관한 질적 자료와 양적 자료를 동시에 수집하기에 적
   합한 방법이다.

○ 수업에 작용하는 다양한 변인에 관한 신뢰 있는 자료 수집
   방법이다.

반면에, 수업관찰 방법은 그 활용이 용이하지 않고 그에 대한
준비 및 사전 훈련이 필요하기 때문에 여러 가지 부수적인 제한점
과 문제점이 야기될 가능성이 많다. 이 방법이 지닌 문제점을 정
리하면 다음과 같다.

○ 관찰 결과를 해석하기 위한 분명한 준거와 방법이 결정되어
   있지 않은 경우에는 평가자마다 각기 다르게 해석하거나 활
   용할 수 있다.

○ 관찰기록에 관한 사실과 견해를 혼동함으로써 관찰 결과를
   잘못 해석할 수 있다.

○ 관찰에 임하기 전에 무엇을 관찰해야 할 것인가를 명료하게,
   그리고 구체적으로 정하지 않고 관찰하는 경우에는 관찰 결
   과가 무용지물이 될 수 있다.

○ 관찰 결과를 잘못 해석하여 근거 없는 결과를 추론하거나 비

약하여 엉뚱한 결론을 추론할 수 있다.

○ 주어진 상황이나 전제 조건을 고려하지 않고 관찰된 행동 및 사실만을 중심으로 해석하여 빈약한 결론을 추론할 수 있다.

○ 소수의 제한된 행동에 근거하여 우연히 발생할 수도 있는 신뢰롭지 않은 자료를 바탕으로 엉뚱하게 추론하거나 일반화할 수 있다.

○ 관찰된 행동에 작용한 교사와 학생의 요구, 태도, 기대, 편견 등을 고려하지 않은 채로 기록된 행동과 그 빈도만을 단순화하여 해석할 수 있다.

○ 관찰된 교사와 학생의 행동이 여러 복합적인 요인의 작용결과라는 점을 무시하고 관찰 행동의 인과관계를 지나치게 단순화하여 해석할 수 있다.

수업관찰에서 예상되는 잠재적인 문제점들을 사전에 보다 체계적으로 준비하고 대비해야 할 필요가 있다. 그리고 관찰 결과를 적절하게 활용할 수 있도록 구체적인 관찰 결과의 활용 계획을 수립할 필요가 있다.

나. 수업관찰의 기준

수업관찰은 수업개선 활동에서 항상 중요한 위치를 차지하고 있다. 과거의 수업관찰은 학습자의 학습 결과보다는 교사의 활동에 지나치게 많은 관심을 가졌다. 오늘날의 수업관찰은 학생의 다양한 학습과 학생들의 학습을 도와줄 수 있는 교사의 교수 방법에 집중되고 있다.

수업관찰 기준을 제시하기 위해서는 ① 수업관찰을 위한 준비사항, ② 수업관찰을 위한 지침, ③ 수업관찰의 원리와 기법이 필요하다. 이러한 것을 근거로 해서 수업관찰의 기준을 제시하고자 한다.

① **수업관찰을 위한 준비사항(Hoy & Dull, 1981: 212; Harris 1985: 151)**
○ 목적을 확인한다.
○ 참여한 다른 참여자들이 수용할 수 있는 목적을 설정한다.
○ 관찰 시간을 설정한다.
○ 관찰 도구를 설정한다.
○ 관찰 절차를 검토한다.
○ 교사를 안심시킨다.
○ 피드백(후속활동)을 제공할 준비를 한다.

② **수업관찰을 위한 지침(Dull, 1981)**
○ 교과 내용을 계획하고 실천하는 데 학생의 학습 목적과 기대되는 학습 행동에 강조점을 두는가?
○ 학생들이 기대하는 학습 행동을 성취하기 위하여 사용하는 학습 자료가 의미 있고 유용한가?
○ 학생들을 동기 유발시키는 데 사용하는 수업 전략이 있는가?
○ 수업 분위기는 학생 학습에 적절한가?(예를 들면 게시판, 학생 참여)
○ 학생들의 학습에 있어서의 어려움을 발견하고 도와주기 위한 방법을 찾는가?
○ 학생의 요구, 흥미, 능력에 관심을 보이는가?

○ 교육목표와 학습 결과가 일치하는가를 평가하는 데 관심을 갖는가?

③ **수업관찰의 원리와 기법(Goldhammer, 1980)**

○ 말하는 것(축어적인 형태)과 행동하는 것을 가능한 한 많이 기록한다.

○ 수업과 관련되는 해석(comments)은 원자료(raw data)와는 별도의 면에 기록한다.

○ 비언어적 행동의 표현은 가능한 한 사실적이고 객관적으로 기록한다. 예를 들어, "철수는 연필을 씹고 있었다." "영희는 동수에게 노트를 건네주었다." "동수는 영희의 노트를 읽어보지도 않고 책상 안으로 집어넣었다."와 같은 내용은 "아이들이 꽤 지겨워한다."와 같은 것보다 훨씬 낫다.

○ 교실에서 관찰자의 위치는 학생들에게 방해가 되어서는 안 된다.

○ 교사와 관찰자가 공통적인 견해를 나누지 않는다면 관찰은 수행할 필요가 없다.

○ 관찰기록은 보통 교사의 요구에 대하여 접근할 수 있는 것이어야 한다.

○ 관찰하는 동안에 관찰자는 수업을 진행하는 데에 방해를 하지 않아야 한다.

○ 관찰자는 계속 진행되는 사태들을 재확인하기 위해서 부수적으로 시간을 기록한다.

○ 처음부터 끝까지 계속적으로 기록하는 것이 아니라면, 전체 사태에서 해당되는 특정 사태만을 선택하는 것이 더 효과적이다.

○ 교실에서의 교사와 학생의 위치를 그림으로 나타내는 것이

유용하다. 특히 장학에서는 교사 대 학생, 학생 대 학생의
상호작용 형태를 파악하는 것이 대단히 중요하다.

위와 같은 내용을 근거로 해서 성공적인 수업관찰을 위한 기준
을 제시하면 다음과 같다.

○ 관찰자는 고정된 시간에 수업관찰을 하기보다는 다소 융통적
  으로 하는 것이 좋다. 예를 들어 교사의 요청에 의해서 수업
  관찰을 하는데, 정해진 시간 계획에 의해서 하기도 하고, 때
  로는 정해지지 않은 시간 계획에 의해서 하기도 한다.
○ 관찰자는 수업관찰 동안에 교사와 학습자의 요구를 파악하려
  고 한다.
○ 관찰자는 우선적으로 현직 연수 프로그램 계획을 세우는 데
  이용할 수 있는 정보를 수집하도록 노력해야 한다.
○ 관찰자는 신임교사들이 교수에 자신감, 이해력, 그리고 교수
  능력을 향상시킬 수 있도록 처음 몇 년 동안은 특별한 주의
  를 기울여야 한다.
○ 관찰자는 수업관찰을 하기 전에 교사와 래포(rapport)를 형성
  하려고 해야 한다.
○ 관찰자는 수업관찰 프로그램의 계획과 운영에 교사를 포함시
  켜야 한다.
○ 관찰자는 수업 방문 중에 학생들 간 또는 교사와 학생들 간
  에 바람직한 인간관계를 확인하려고 해야 한다.
○ 관찰자는 사전에 참여하기로 되어 있지 않은 경우에 수업관
  찰 동안 침묵을 지켜야 한다.

○ 수업관찰 방문시간은 상황과 관찰목적에 맞게 조절해야 한다.

○ 관찰자는 방문 후에 시간과 장소를 정해서 교사와 관찰자 간의 일치 정도를 교사와 확인해야 한다.

○ 관찰자는 교사가 사용하는 방법과 기술이 학생의 성장과 발달에 유익하고 그 학습과정이 적절한지를 주목해야 한다.

○ 관찰자는 교사의 분명한 수업목표와 수업 활동 간에 관계를 평정해야 한다.

○ 관찰자는 교사가 보여 준 성격이나 기법 등에서 교사의 장점을 강조함으로써 교사로 하여금 자신감을 갖도록 한다.

○ 관찰자는 수업 활동에서 동료로서 인식되도록 교사나 학생들과 유대를 가져야 한다.

○ 관찰 절차나 기법은 교사와 관찰자가 협동적으로 결정해야 한다.

○ 관찰 절차는 교수 − 학습 상황에 맞추도록 한다(Dull, 1981).

다. 수업관찰의 방해 요인

효과적인 교수 − 학습이 이루어지기 위해서 수업개선을 통한 수업의 질을 향상시켜야 한다는 목소리는 비단 오늘날의 문제만은 아니다. 그러므로 교사는 잘 가르치고 학습자는 잘 배우도록 하여야 한다는 것은 동서고금을 막론하고 가장 보편적인 원칙이라고 할 때 보다 효과적인 수업이 되기 위해서 수업을 개선하고 발전시켜야 하는 당위성에 더 이상 의문을 가질 필요가 없다. 결국 이러한 수업개선 노력은 교실로부터 출발한다는 것은 우리 모두가 잘 알고 있는 사실인 바, 교실에서의 수업관찰은 수업의 질적 향상을 위한 중핵적인 요소라 하겠다.

그럼에도 불구하고 수업관찰은 오랫동안 형성된 타성과 인습에 의해서 공식적인 요식행위로 이루어져, 일시적인 문제해결만을 가져올 뿐 진정한 수업개선과는 거리가 멀었다. 이와 같은 현상은 여러 가지 요인들이 매우 복잡하게 작용하였는데, 그 원인을 네 가지로 구분하면 다음과 같다.

첫째, 교사 자신들의 개인적 태도나 가치관 또는 신념에서 연유된다. 자신의 수업을 관찰할 필요성을 거의 느끼고 있지 못하거나, 수업공개 후에 얻게 될 타인의 지적과 불이익, 수업공개에 대한 막연한 불안감과 같은 것이다. 경우에 따라서는 가만히 있으면 아무런 지적도 없고, 오히려 막연한 인정까지 받을 수 있는데 괜히 노출시킬 필요가 없다고 생각하게 된다. 또한 교사의 교수행위는 교사의 자율성에 해당하는 고유한 전문적 영역이기 때문에 자신의 수업에 대한 평가에 대해서 거부감을 나타내는 태도도 결국 수업관찰을 기피하게 한다. 심지어 수업 시간에 교감이나 교장이 지나가면서 잠시 수업을 관찰하는 것조차도 못마땅해하거나 불쾌하게 생각하는 교사들이 많다. 오히려 이러한 교사들에게 수업개선이 더 절실히 필요할지도 모른다. 교직을 전문직으로 인정하고 이에 대한 자존심을 갖고 학생들을 가르치고 있다면 우리는 전문적인 능력을 더욱 기르기 위해서 스스로의 노력을 경주해야 할 것이다. 이제 교사는 더 이상 교실에서 혼자라는 생각에 고민하면서 외로움을 느낄 필요가 없다.

둘째, 학교조직 특성에 관련된 여러 가지 방해 요인이 있다. 교사들의 과중한 업무와 연구를 위한 시간의 부족, 수업개선에 필요한 재정적 지원의 결핍, 학교조직체 속에 내재하여 있는 심리적·

사회적 분위기, 학교 내 행정의 관료화와 제도적인 경직성 등이 교사의 수업관찰 의지를 약화시키는 결과를 초래하였다. 또한 지난 날에 비하여 그 규모가 훨씬 커진 학교조직 속에서 구성원 상호 간의 복잡한 인간관계의 어려움이나 각기의 세분화된 전공교과 영역 간의 장벽으로 인해서 수업관찰을 위한 협동과 합의가 쉽게 이루어지지 못하였음을 부정하기는 어렵다.

셋째, 사회제도적인 방해 요인도 간과할 수 없다. 우리나라와 같이 초·중등교육의 의미를 대학 입학 준비에 두고 있는 학부모들의 태도나 가치관은 근본적인 수업과정에 대한 관심보다는 점수로 나타난 결과에만 관심이 집중되고 있다. 이와 같은 현상 때문에 교사들은 수업관찰에 대한 의지와 용기를 상실해 가고 있다. 결국 진정한 의미에서의 수업개선에 대한 노력이 사회적으로 이해되고 지원받지 못하였을 때, 학교만의 또는 교사들만의 수업관찰을 통한 수업개선 노력은 활성화되기가 어렵다.

넷째, 수업관찰에 대한 오리엔테이션과 수업관찰을 위한 기술의 부족도 하나의 원인으로 작용하였다. 비록 수업개선의 의지와 욕구를 갖고 있다 하더라도 우선적으로 수업관찰을 통한 수업개선의 자료를 수집해야 하는데 수업관찰의 방법과 전략에 대한 지식이 미흡하여 수업관찰을 하지 못한 경우도 있었을 것이다. 그만큼 교사들에게 수업관찰은 보편화되지 못하였고 또한 장학담당자들마저도 실제 수업관찰에 대한 전문적인 지식과 경험이 갖추어지지 않은 상태에서 실무를 담당하다 보니 진정한 의미의 수업장학(instructional supervision)이기보다는 단순히 행정 관료적인 감독과 통제로 흐르는 경향을 부인할 수 없다.

수업관찰의 궁극적인 과업은 교수효과성을 향상시키는 것이다. 교수효과성은 수업의 질을 높이는 것이고, 수업의 질 관리는 교수의 질 관리에 달려 있다. 교수의 질이 학습 과제에서의 학생의 성적에 미치는 영향은 어떤 요인보다 직접적이고 상호 작용적이며 강력한 영향을 미치고 있다는 점에서 대부분의 학자들이 동의하고 있다. 하지만 구체적으로 어떤 교수 요인이 그러한 영향을 미치는가에 대한 개념적 모형이나 실제적 증거는 대단히 부족하다(황정규, 1992b). 이러한 지적은 Centra & Potter(1980)의 견해와 동일하다. 이들은 교사의 수업 행동에 대한 연구가 학생의 학업 성취와 관련하여 다른 요인, 예컨대 학교환경 요인, 교사의 특성 요인, 학생 특성 요인 등에 비하여 크게 미흡한 것은 첫째, 수업에 관한 연구가 체계적이지 못한 점, 둘째, 개념적으로 빈약한 점, 셋째, 방법론적으로 정교하지 못한 점 등에 기인하는 것으로 진단하고 있다.

1950년대 이후 미국에서는 교사 또는 교수행위의 효과성(teacher or teaching effectiveness)에 대한 관심이 나타나면서 교사가 어떻게 하면 '보다 더 잘 가르칠 수 있느냐'에 대해 연구를 하기 시작했다. 1952년에 미국교육연구협의회(American Educational Research Association)에서는 교사의 효과성 기준위원회(Committee on Criteria of Teacher Effectiveness)를 구성하여 교수의 효과성 판정을 위한 패러다임을 연구하였다. 비교적 최근까지의 연구를 보면 교수의 효과성, 즉 교사가 얼마나 잘 가르치느냐는 것은 학습자들의 학습 능력을 얼마나 증진시키고, 학습 기회를 얼마나 신장시키며, 그리고 학습 요인을 얼마나 확대시켜 줄 수 있느냐에 좌우되는 것이다.

교수효과성이란 교사가 이룩한 결과, 즉 학생이 어떤 특정한 교육목표를 향해 나아간 정도를 말한다(Medley, 1982). 이 정의에 의하면 교수효과성은 교사의 수행에 의해서 측정되는 것이 아니라 학생의 행위에 의해서 측정될 수 있다. 그런데 학생이 이루어 내는 학습 결과는 교사가 통제할 수 없는 변인들에 의해서 영향을 받게 마련이므로 교수효과성은 교사 개인의 안정된 특성으로서가 아니라 교사가 갖고 있는 어떤 특성과 교사 자신이 일하는 상황에 따라 달라지는 다른 요인들 간의 상호작용의 결과로 간주될 수 있다. 결국 교수효과성은 교사의 행동 특성이 아니라 학생의 학습 행동(결과)에 의해 결정된다.

한편, 교사의 교수행위(teacher performance)는 교실 안이나 밖에서 학생을 가르칠 때의 교사의 행동을 의미한다. 교사수행은 교수효과성과는 다르다. 교수효과성은 교사가 맡은 학생의 행동에 의하여 정의되는 반면, 교사수행은 교사의 행동에 의하여 정의된다. 교사수행은 교사의 특성과 교수 상황의 상호작용 결과라는 점에서 교수효과성과 비슷하므로 교수효과성이 추측될 수 있는 근거로서 흔히 이용된다.

교사 능력(teacher competence)은 교사가 소유하고 있는 일련의 지식, 능력, 신념을 의미한다. 교사 능력은 교사가 어떤 상황에서 다른 상황으로 옮길 때에도 변하지 않는 안정된 특성이라는 점에서 교사수행이나 교수효과성과 다르나, 교수효과성이 추측되는 근거로 이용되어 왔다는 점에서 교사수행과 비슷하다(윤기옥, 1986: 301).

결국 교사의 교수효과성은 수업관찰을 통해서 교사의 수업 기술적 능력향상이 선행되어야 한다. 물론 여기에 교사의 태도, 가치관, 정서, 성장배경, 경험, 교육과 훈련 그리고 그 외의 여러 가지 인성적 특징들이 복합적으로 어우러져야 하는 것은 당연하겠다. 그리고 교수행위의 효과성은 학습자나 학교의 제반 여건에 의해서도 크게 영향받게 되고 이를 분석, 진단할 수 있는 자료 수집은 수업관찰에 달려 있다. 결국 수업 관찰을 통한 정확하고 객관적인 자료 수집이 있어야만 교수의 효과성과 수업의 질이 높아 갈 수 있는 것이다.

수업관찰의 접근방법

본 장에서는 수업관찰의 체계적인 접근방법으로 계량적 접근방법과 질적
접근방법을 중심으로 살펴보겠다.

·············· 1. 계량적 접근방법

20세기의 교육연구법은 19세기의 프랑스 철학자 Comte의 영향을 많이 받았다. Comte는 인간의 사고가 신학적 단계, 형이상학적 단계, 실증적(과학적) 단계라는 세 단계를 거쳐서 발전한다고 보았다. Comte의 학문적 배경을 기초로 Stenvens(1912)는 계량적 접근방법을 사용하여 수업을 관찰하였다. 그의 연구 결과에 따르면, 수업 시간의 약 64%는 교사가, 나머지는 학생이 말을 하는 것으로 나타났으며, 대부분의 교사 질문은 정보회상만을 요구하는 것들이었다.

미국에서 행해진 초기의 계량적 방법은 '암송학습(暗誦學習: recitation lesson)'에 초점을 두었는데, 암송학습이란 교사가 정보를 일방적으로 제공하는 형태이다. 1920~1930년대는 '집중력 (attentiveness)'에 초점을 두었고, 관찰자는 교실 전방에서 얼마나 많은 학생들이 교사에게 주의를 기울이는지를 관찰하였다. 이러한 연구들은 미숙한 점이 있었지만 후속 연구의 중요한 토대가 되었다.

이어서 등장한 것은 '언어상호작용분석법'이었다. 언어상호작용분석법은 교사와 학생들이 무슨 말을 주고받는지에 중점을 둔 것이다. 초기의 수업관찰 연구자들은 교사가 어떤 종류의 말을 하는지 파악하기 위해서 범주체계(category systems)를 고안하는 일에 중점을 두었다.

Withall(1949)은 7개의 범주체계를 고안하였는데 3개는 '학습자 중심'(예: 확인, 수용, 질문)이고, 3개는 '교사 중심'(예: 지시, 질책, 자신의 행동에 대한 정당화)이며, 나머지 하나는 '중립'(예: 관리)이었다.

또한 Bales(1950)는 12범주체계를 고안하였는데 여기에는 동의, 의견 제시, 연상시키기, 반대의사 나타내기와 같은 요소들을 포함하고 있었기 때문에 수업관찰 연구자들이 더욱 흥미를 갖게 되었다. 관찰자들은 발생된 사태를 어느 범주로 분류할 것인가에 대해서 높은 수준의 일치도에 도달할 때까지 훈련을 받았다. 그리고 관찰대상이 되는 집단의 구성원에게 각각 코드번호를 부여하고 발생된 사태들을 순서대로 기록하였다. 이러한 것들은 계속적인 후속 연구의 토대가 되었다. 예를 들어 1분 동안의 토의에서 10~20가지의 사태들이 발생할 수 있다는 Bales의 연구 결과는 Flanders의 언어상호작용분석과 같은 후속 연구에 중요한 영향을 미쳤다.

이 밖에도 일반적인 흥미를 끌 수 있는 몇 가지 계량적인 연구들은 다음과 같다. 1) 교사는 하루에 1,000명이 넘는 사람들과 의사교류를 할 수 있다는 Jackson(1968)의 연구, 2) 칭찬활용의 인색함과 위험성에 관한 Brophy(1981)의 연구, 3) 미국의 도시 지역 학교에 근무하는 교사들이 수업 이외의 활동에 75% 이상을 소비하고 있다는 Deutsch(1960)의 연구, 4) 학생의 답변과 교사의 진술 사이의 시간적 간격이 평균 1초라는 Rowe(1972)의 연구, 5) 초등학교 교사가 하는 질문의 57%는 수업관리와 관련이 있고 35%는 정보를 회상시키는 것이며 8%만이 수준 높은 사고를 요구하는 질문이라는 Wragg(1993b)의 연구 등이 있다.

이러한 연구들은 수업에서 일어나고 있는 많은 사태를 체계적으로 분석하도록 집중시켰는데, 이들 수업 사태들은 다음과 같은 특성들을 포함하고 있다.

(1) 이 개인적 특성: 교사의 특성(예, 온정적/냉담한) 또는 학생의 특성(예, 협동적/경쟁적)

(2) 언어적 상호작용: 교사와 학생의 상호 대화, 질문과 답변 등

(3) 비언어적 상호작용: 움직임, 제스처, 얼굴표정

(4) 활동: 학생 과제 활동, 교사의 활동

(5) 관리: 교사가 학생의 행동을 관리하는 방법, 자원의 활용, 집단 또는 개인 과제의 조직

(6) 전문적 기술: 발문, 설명, 흥미와 호기심 유발

(7) 교구(教具): 시청각 교구의 활용(예: TV, 슬라이드, 테이프, 마이크로컴퓨터 등)

(8) 정서적 측면: 교사의 감정과 정서, 학생의 감정과 정서, 대인관계 등

(9) 인지적 측면: 수업에서의 사고(思考) 수준 및 특성(예: 추리력, 이해력)

(10) 사회적 측면: 역할, 규준, 규범, 사회적 배경·지위·권력의 영향 등

교실에서 일어나고 있는 사태를 계량화하여 분석하는 방법에는 여러 가지가 있겠지만 본 장에서는 평정척(rating scales), 범주체계(category systems), Flanders의 언어상호작용분석법(Exter Primary Class Management Schedule) 등을 중심으로 살펴보겠다.

가. 평정척(平定尺)

평정척은 수업관찰에서 흔히 사용되고 있는 방법 중의 하나로서 어떤 대상을 어떤 특성에 비추어 일정한 표준에 따라 판단하도록 되어 있는 척도를 말한다. 평정척이 발달된 것은 상당히 오랜 역시를 가지고 있으며, 정신물리학(psychophysics)이 생기면서부터 발달되어 왔다. 처음에는 미적(美的) 가치에 관한 문제에만 국한되었으나 현재에는 사회심리학의 분야에까지 이 방법이 사용되고 있다. 예컨대 행동 특성을 정직/부정직, 협조적/비협조적, 사교적/고립적, 지배적/복종적과 같은 양극단의 짝을 통해서 상식적인 판단을 하게 되는데, 이러한 인간행동의 단계성·양극성·상대성을 고려해서 거기에 몇 가지의 수량화를 꾀하여 기록하는 것이 보다 편리하고 실제적이다.

평정척의 방법에는 3점 척도, 5점 척도, 7점 척도, 9점 척도 등이 사용되나 가장 많이 사용되는 것은 5점 척도와 7점 척도이다. 몇 점 척도를 사용하느냐 하는 것은 평정자의 변별 능력과 실용적인 목적에 따라 적절히 변화시킬 수 있다. 평정척의 종류에는 숫자평정척(數字平定尺: numerical rating scale), 기술평정척(記述平定尺: descriptive rating scale), 기술도표척(記述圖表尺: descriptive graphic scale) 등 세 가지가 있다.

1) 숫자평정척

숫자평정척은 평정의 단계를 점수로 표시하는 방법으로 다음과 같다.

학생의 책임감은?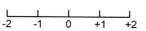

학생의 지도성은?

2) 기술평정척

기술평정척은 척도의 각 단계에 행동의 특성을 간단한 문장으로
표시하는 방법이다.

주의의 지속
- ☐ 오랫동안 주의가 지속된다.
- ☐ 대체로 주의하고 있다.
- ☐ 보통이다.
- ☐ 때때로 주의가 산만하다.
- ☐ 아주 주의가 산만하다.

3) 기술도표척

기술도표척은 숫자평정척과 기술평정척을 합한 것으로 가장 많
이 사용되는 방법이며, 이 두 가지 평정척의 장점을 합한 이상적
인 평정척이다.

사회적 적응성

☐ 안심감: 사회관계에 있어서 안심감을 가지는 것 같으며 소속하고 있는 집단에 받아들여 지고 있다. ⎿_____⏌ 5

☐ 불안감: 소속하고 있는 집단에 받아들여지기는 하지만 사회관계에서 일종의 불안감을 가지는 듯하다. ⎿_____⏌ 4

☐ 중간적: 집단 속에서 일정한 역할을 가질 것을 바라고는 있으나 대체로 집단관심의 대 상이 되지 못하고 있다. ⎿_____⏌ 3

☐ 비사교적: 그의 존재를 집단의 완전한 성원으로 취급해 주지 않고 낮추어 보고 있다. ⎿_____⏌ 2

☐ 반사회적: 그의 존재를 집단이 성원으로서 받아 들이지 않기 때문에 반감을 보이고 있다. ⎿_____⏌ 1

이와 같은 척도에 의거해서 평정할 때 주의해야 될 점은 평정척이 평정자의 주관적 판단을 요구하기 때문에 평정의 오류가 발생할 가능성이 있다. 일반적으로 범하기 쉬운 오류로는 첫째, 집중경향의 오류(error of central tendency)가 있다. 이것은 평정을 할 때 아주 좋은 평정 혹은 아주 나쁜 평정을 피하고 될 수 있는 대로 중간적인 평정을 하는 경향을 말한다. 이런 착오는 대개 평정자가 경험과 훈련이 부족할 때나 혹은 능숙한 평정자라 할지라도 평정할 특성이 무엇인지 그 의미가 확연하지 않은 특성일 때 흔히 나타난다.

둘째, 표준의 오류(error of standards)가 있다. 이는 평정자가 표준을 잘못 정해서 나타나는 오류다. 예컨대 5점 척도라면 평정 결과가 3을 기준으로 정상분포를 보이는 평정이 잘된 예가 된다. 그러나 2나 4를 기준으로 분포되면 표준이 한쪽으로 치우쳐 잘못된 예가 된다. 이 같은 표준의 오류는 역시 경험과 훈련이 부족한 평정자들 사이에서 더욱 심하다.

셋째, 후광효과의 오류(error of halo effect)가 있다. 한 학생의 어떤 특성을 평정할 때, 평정자가 그 특성 여하로서만 평정하지 않고 그 학생이 주는 다른 인상에 의해서 평정에 영향을 주는 경우다. 후광효과의 오류는 좋은 쪽으로도 작용할 수 있고 나쁜 쪽으로도 작용할 수 있다. 즉 평정받는 학생들의 평점이 모두가 일정한 방향으로 평정하는 것이 아니라, 어떤 학생은 좋은 쪽으로, 또 어떤 학생은 나쁜 쪽으로 평점의 영향을 받는다. 이 점에 비추어 보면 같이 영향을 받는다고 하나 집중경향의 오류나 표준의 오류보다는 후광효과의 오류가 더 좋지 못한 오류이다.

넷째, 논리의 오류(logical error)이다. 여러 가지 특성을 평정할 때 논리적으로 아무런 상관이나 관련이 없는 두 개의 특성을 비슷한 것으로 생각해서 평정하는 경우다. 예컨대 예절심과 친절심을 관계있는 것으로 생각해서 예절이 있는 학생은 친절하다고 평정하는 경우다. 이것은 평정자가 각 특성의 논리적 의미를 분명히 파악하고 있지 않으면 범하기 쉬운 오류이다.

따라서 평정을 할 때는 이러한 오류를 범하지 않도록 첫째, 평정의 표준이 명확하게 파악되고 평정될 특성이 명백하고도 구체적으로 분석되어야 한다. 둘째, 평정척도상의 각 단계의 정도나 구체적 내용이 충분히 이해되어야 한다. 셋째, 평정자의 주관적 기준만을 존중하여 평정이 지나치게 관대하거나 박하게 되어 결과적으로 한쪽으로 편중되지 않도록 한다. 넷째, 1회의 평정 혹은 1명의 평정자보다도 여러 차례의 평정 혹은 신뢰할 수 있는 많은 평정자에 의한 평정의 결과를 종합하는 것이 좋다.

나. 범주체계

평정척이 관찰자의 주관적 판단을 상당히 허용하고 있는 데 비해서 범주체계는 관찰자가 수업에서 어떤 사태가 발생하고 있는지를 상세히 기록할 것을 요구한다.

범주체계는 학생의 행동을 몇 가지의 영역으로 구분한 후, 해당 영역에서 나타날 수 있는 행동 특성들을 기술함으로써 범주로 체계화하는 것이다. 이때 체계화된 범주는 빈도별로 수량화하여 학생과 교사의 활동을 분석할 수 있다.

일반적으로 관찰자들은 범주체계를 직접 제작하기가 어렵기 때문에 흔히 다른 사람들이 만든 범주체계를 사용하는 경우가 많다. 그러나 관찰의 목적이 다른 도구를 무비판적으로 사용하기보다는 자신의 관찰목적에 합당하게 제작할 필요가 있다.

범주체계를 구성할 때 고려해야 할 사항을 예를 들어 설명하면 다음과 같다.

예 1) 학생이 즐겁게 책을 읽고 있다.
　　　－두 가지 형태의 범주, 즉 '행동'과 '기분'을 동시에 포
　　　　함하고 있다－

예 2) 교사가 관심을 나타낸다.

    – 아주 애매하며 관심의 대상이 분명하지 않다 –

예 3) 학생이 잘못된 행동을 하고 야단맞는다.

    – 두 개의 연속적인 행동은 별개로 만들어야 한다 –

구체적인 범주체계의 방법으로써 명확한 초점과 시간표집에 대해서 살펴보겠다.

1) 명확한 초점

관찰자의 의도를 명확히 하여 범주체계를 구성하는 예는 다음과 같다.

가) 과학

과학은 탐구활동을 강조하는 교과이다. 그러므로 관찰자의 주요 관심사는 학생이 어떻게 실험을 하는지, 실험 결과를 기록했는지, 그리고 그 결과를 토론했는지에 있다. 이와 같은 관찰 초점에 대한 범주로는 '학생이 가정(假定)을 만들거나 추측한다.', '교사는 실험 결과에 대해서 질문한다.', '학생은 과학법칙 또는 명제를 공식화한다.' 등이 있다. 수업 관찰의 초점은 학생이 탐구한 것, 교사가 탐구한 것 또는 교사와 학생이 함께 탐구한 것에 두었다. 결론에 대한 범주체계의 예를 들면, 교사가 내린 결론, 학생이 내린 결론, 교사와 학생이 함께 내린 결론 등 세 가지 선택 사항으로 나누어진다.

나) 외국어

중등학교 외국어 수업에서 회화에 관찰의 초점을 두고 싶은 관찰자는 아래의 예에서처럼 수업 중 모국어 부분과 외국어 부분이 일치되는 일련의 범주체계를 만들 수 있다.

4	교사는 모국어로 질문한다.
4a	교사는 외국어로 질문한다.
6	교사는 모국어로 지시한다.
6a	교사는 외국어로 지시한다.
8	학생은 모국어로 대답한다.
8a	학생은 외국어로 대답한다.
9	학생은 모국어로 질문한다.
9a	학생은 외국어로 질문한다.

다) 체육

관찰자가 체육수업에서 학생들이 어떻게 활동하는가를 관찰하고 싶다면 학생들 각자의 활동에 대한 관찰일지는 '천천히 달린다.', '빨리 달린다.', '뛴다.', '운동기구를 사용한다.', '공을 찬다.'와 같은 범주체계를 가지고 만들 수 있다.

라) 읽기

관찰의 초점을 학생들의 책 읽기에 둔다면, 범주체계는 '교사는 학생을 지명하여 책을 읽게 한다.', '교사는 학생이 책을 읽은 것에 대해 칭찬한다.'로 만들 수 있다. 또한 관찰의 초점을 학생이 큰 소리로 책을 읽는 중에 실수를 범할 때 교사가 어떻게 행동하는가에 둘 수도 있다. 이러한 경우 관찰자는 '교사는 모르는 체한다.', '교사는 고쳐 준다.', '교사는 학생에게 다시 읽으라고 요구한다.', '교사는 몸짓으로 잘못을 지적한다.'와 같은 범주들이 있다. 이와 같은 것을 통해서 관찰자는 학생이 책을 읽는 중에 여러 종류의 잘못을 범할 때 교사가 어떻게 반응하는가를 보여 주는 관찰을 할 수 있다.

마) 창의성

관찰자가 창의성, 상상력, 독창력과 같은 고차원적인 개념을 관찰하고 싶다면, 학생의 창의력 신장과 관련된다고 생각되는 사태에 초점을 둘 수 있다. 범주체계는 '교사는 확산적 사고를 장려한다.', '학생은 독특한 아이디어를 만들어 낸다.' 등으로 만들 수 있다.

바) 소집단 활동

관찰의 초점을 소집단을 중심으로 한 토의학습에 둘 때 수업의 상호작용을 코드화함으로써 소집단의 특성을 기록할 수 있다. 이러한 방법은 학급 전체를 대상으로 하는 교수법에서 소집단 학습으로 전환하는 과정에 발생되는 사태들을 강조한다. 범주체계는 교사가 질문하거나(Q = 교사의 질문) 꾸짖을 때마다(R = 교사의 꾸짖음) 첫 글자를 따서 C = 수업, G = 집단, I = 개인, T = 집단화의 형태에서 다른 형태로의 전환이라고 추가함으로써 변화 상황의 중요한 측면들을 간략하게 제시할 수 있다. 예를 들어 TQ = 교사가 질문한다, TR = 교사는 꾸짖거나 훈계한다 등은 다음과 같이 쉽게 코드화할 수 있다.

TQC   교사는 학급 전원에게 질문한다.
TRI   교사는 학생 개인을 꾸짖는다.
TQG   교사는 학생 집단에게 질문한다.
TRCT   교사는 수업 방식을 전환하는 동안에 학급 전원을 꾸짖는다.

이와 같은 간단한 첫 글자의 사용은 범주체계를 복잡하게 만들지 않고도 범주체계에 대한 귀중한 상황 정보를 추가해 주는 유용한 방법이다.

사) 물리적 환경

한 학생의 학교에서의 하루 동안의 움직임을 관찰하고 싶다면, 그 학생이 활동한 장소를 실제로 정밀하게 조사하기 위한 범주체계를 만드는 것이 편리하다. 범주체계의 예는 다음과 같다.

L(laboratory):   실험실
RC(reading corner):   도서실
G(gymnasium):   체육관
H(hall):   현관
P(playground):   운동장
DR(dining room):   식당

이러한 범주체계를 사용해서 저학년 학생들이 얼마나 자주 도서실에 가는지의 여부를 확인할 수 있다. 학교 내 여러 장소에서의 사회적 행동의 차이점에 초점을 둔 관찰자는 학생들의 갈등이 어떤 장소와 시간에서 가장 잘 발생하는지를 조사할 수 있다. 또는 학교의 교육방침이 서로 다른 장소와 상황에서 일관되게 적용되는지를 확인할 수도 있다.

아) 비언어적 범주

많은 범주체계가 주로 언어에 중점을 두고 있다. 그러나 움직임, 제스처 또는 얼굴표정과 같은 비언어적 측면을 고려한 것도 있다. 관찰자는 '교사가 지시하였다.', '학생이 손을 들었다.', '교사가 웃었다.', '학생이 당황하였다.'와 같은 범주를 사용해서 제스처와 얼굴표정을 관찰할 수 있을 것이다.

2) 시간표집(time sampling)

시간표집은 일정한 시간간격으로 잠시 동안의 행동을 관찰하여 그 결과를 기록하는 방법이다. 관찰자는 범주기록 횟수를 정해야 하는데 일반적인 것을 살펴보면 다음과 같다.

가) 시간단위 표집(unit sampling)

시간단위는 짧게는 3～4초 혹은 길어야 5분 이내로 선정해야 한다. 이렇게 짧은 시간을 선정하는 이유는 신속히 변화하는 사태를 완전히 기록하기 위해서이다. 1분 이내에도 여러 가지 사태가 발생할 수 있다. 이를 기록하는 데는 두 가지 방식이 있는데 첫째, 사태가 발생한 '짧은 시간 전체'를 기록하는 것이다. 교사가 시간을 분할해서 2분 동안에 10개의 질문을 하였다면 10개의 질문을 모두 기록한다. 둘째, 관찰 시간 동안에 한 번만 각각의 범주를 점검하는 것이다. 예를 들면 교사가 한두 가지 또는 20가지의 질문을 할 때 '교사는 질문을 하였다.'는 항목에만 표시하면 된다.

나) 고정적인 표집(static sampling)

어떤 관찰자는 수업 장면을 시간이 경과함에 따라 연속적으로 사진촬영을 한다. 이러한 방법은 일정한 시간 간격으로 발생한 사태를 기록하기 위한 것이다. 시간 간격은 분 단위로 할 수 있다. 관찰자가 두 명의 남학생과 두 명의 여학생을 개별적으로 연구한다고 가정할 경우에, 일정한 시간 동안 학생 각자가 어디에 있었는지와 정확하게 그 순간의 행동 특성을 기록할 수 있을 것이다. 이러한 표집의 장점은 ① 짧은 시간 내에 20～30장의 사진을 마련할 수 있고, ② 사태의 순서를 파악할 수 있으며, ③ 짧은 시간 내에 분석할 수 있다는 점이다. 단점은 의미 있는 사태가 정해진 시간 사이에 발생하게 되면 이를 포착하기가 어렵다는 점이다. 특히 시간 간격이 길수록 그러한 일은 자주 발생할 것이다.

다) 자연적인 표집(natural sampling)

자연적인 표집은 시간간격을 정하지 않고 수업이 진행되는 동안에 발생하는 흥미 있는 행동을 기록하는 것이다. 교사가 ① 5분 동안 수업이 어떻게 진행될 것인가를 설명하고, ② 35분 동안 실제적인 수업을 하였으며, ③ 학생들의 학습을 점검하는 데 5분을 소요하였고, ④ 마지막으로 학생들이 정리하는 데 5분을 주었다면, 이러한 시간들이 관찰자의 자연적인 표집단위가 된다. 그 이유는 이러한 시간들이 특별한 행동이 발생한 실제적인 시간을 반영하기 때문이다.

다. Flanders의 언어상호작용분석법

Flanders의 언어상호작용분석법은 수업관찰에서 가장 널리 알려진 방법 중의 하나이다. 교사와 학생 간의 언어 상호작용을 분석한 Flanders의 연구는 Withall과 그 외의 사람들이 연구한 실증주의 전통에서 커다란 영향을 받았다. 플랜더스 상호작용분석법은 10개의 법주로 되어 있는데 이를 제시하면 <표 2-1>과 같다. 여기에서 사용한 1에서 10이라는 숫자는 척도를 나타내는 것이 아니라 단순히 각 범주의 순서를 나타내는 것이다.

〈표 2-1〉 플랜더스 언어 상호작용분석체계

교 사 의 말	반 응	1. **감정의 수용**: 비위협적인 방법으로 학생의 감정을 수용하거나 명료화한다. 감정은 긍정적일 수도 있고 부정적일 수도 있다. 감정을 예상하고 회상하는 것도 포함된다.
		2. **칭찬이나 격려**: 학생의 행동을 칭찬하거나 격려한다. 다른 사람의 감정을 상하지 않게 하는 범위에서 긴장을 해소시키는 농담을 한다. 고개를 끄덕이거나 "그래, 그래?" 또는 "계속해 봐"라고 말하는 것도 포함된다.
		3. **학생의 생각을 수용하거나 사용하기**: 학생이 자신들의 생각이나 의견을 분명하게 제시하고 개발하게 한다. 교사가 자신의 생각을 더 많이 제시하게 되면, 범주 5가 된다.
		4. **질문하기**: 학생이 대답할 것을 예상하는 내용이나 절차에 대해 질문한다.
	주 도	5. **강의**: 내용이나 절차에 관한 사실이나 의견을 제시해 준다. 교사 자신의 생각을 제시한다. 수사법적으로 질문한다.
		6. **지시**: 학생들이 순응할 것으로 기대되는 지시, 지휘, 명령을 한다.
		7. **비명 또는 권위의 정당화하기**: 학생의 행동을 수용할 수 없는 형태에서 수용할 수 있는 형태로 변화시키려는 의도에서 꾸중하는 형식으로 진술한다. 교사는 자신이 하고 있는 것을 왜 하고 있는지를 진술한다.
학 생 의 말	반 응	8. **학생의 언어적 반응**: 교사에 반응하여 학생이 말한다. 교사는 접촉을 주도하거나 학생의 진술을 요구한다.
	주 도	9. **학생의 언어적 주도**: 학생이 주도하여 말한다. 만약 지명받은 학생이 다음 학생을 지적하기만 해도 학생이 말하고 싶어 하는지를 관찰자는 판단해야 한다. 학생이 말하고 싶어 한다면, 이 범주를 사용한다.
침 묵		10. **침묵 또는 혼란**: 관찰자가 의사소통을 이해할 수 없는 잠깐 동안의 혼란, 짧은 침묵, 중단.

플랜더스의 상호작용 범주체계를 좀 더 상세하게 살펴보면 다음과 같다.

범주 1(감정의 수용)

감정의 수용이나 명료화는 비교적 흔하지 않은 범주인데 과학보다는 영어수업, 고학년보다는 저학년에서 더 많이 발생한다.

범주 2(칭찬이나 격려)

플랜더스의 상호작용 범주체계의 단점은 상투적인 칭찬("좋아",

"훌륭해", "맞았어")과 "철수야 정말 훌륭한 대답을 했구나, 잘했다."와 같은 진심 어린 칭찬을 구별하지 못한다는 것이다. 플랜더스는 "OK" 또는 상투적인 "좋아", "그래"와 같은 단순한 언어적 습관들은 무시할 것을 주장했다.

범주 3(학생의 생각을 수용)

학생의 생각을 수용하고 명료화하는 것이 범주 1보다는 빈번하다 할지라도 역시 비교적 드문 경우이다. 그러나 일부 교사들은 학생들의 대답을 수업에다 짜 맞추기 위해서 범주 3을 다음과 같이 광범위하게 사용한다. "자, 소라는 자석으로 물건을 집어 올린다고 말했고 경준이는 자석들이 모든 금속들을 끌어들이지는 못한다고 말했는데, 그렇다면 자석은 정확하게 무엇을 집어 올릴 수 있는지 말해 볼 수 있는 사람?" 이러한 방식은 학생들의 생각을 수용하고 질문하는 범주 3과 4의 좋은 예가 될 수 있다.

범주 4(질문)

플랜더스의 상호작용 범주체계를 토대로 하여 다음과 같이 다양한 일련의 질문 범주를 만들 수 있다.

4a 사실적인 자료회상과 관련된 질문
4b 학생에게 정보를 분류하도록 요구하는 질문
4c 평가와 관련된 질문
4d 학생들의 상상력과 관련된 질문

관찰자는 비록 질문의 형태로 표현되었다 하더라도 실제로 그것이 학생들에게 따르기를 기대하는 지시인지를 구분해야 한다. 예를 들어 "미화야, 이 유인물 좀 나누어 줄래?"라는 표현은 범주 4가 아니라 범주 6으로 기록해야 한다. 그러므로 범주체계를 사용하는 관찰자들은 먼저 어떤 방식을 사용할 것인가를 명료화한 다음에 그 방식대로 관찰해야 한다.

범주 5(강의)

플랜더스의 상호작용 범주체계의 단점은 다양한 정보들을 구분하지 못한다는 것이다. 다음의 예들은 많은 차이가 있음에도 불구하고 단순히 범주 5로 표기된다.

> "삼각형의 넓이는 밑변×높이×1/20다."
> "나는 김한수입니다."
> "곤충은 7개의 다리를 가지고 있다."

범주 6(지시)

지시는 교과목의 특성이나 교사의 교수 방식에 따라 수업에서 거의 나타나지 않을 수도 있지만, 체육교과와 같은 수업에서는 빈번히 일어난다. 또 "미안하지만……"과 같은 지시가 숨겨져 있는 질문은 범주 6으로 표기한다.

범주 7(비평 또는 권위를 정당화함)

범주 2의 칭찬에서처럼 교사들은 상당히 다양한 비평을 사용한다. 관찰자들은 칭찬이나 비평이 어떤 학생에게 주어졌는지를 확인하기 위해서 학생 한 사람 한 사람에게 고유번호를 지정해야 한다. 예를 들면 7c는 C 학생에게 주어진 비평이고 2f는 F 학생에게 주어진 칭찬이다. 이렇게 해서 수집된 비평과 칭찬의 대상자들의 태도를 파악할 수 있다. 만약 남녀학생 각 3명씩 6명의 학생들이 관찰된다면 칭찬과 비평의 태도 결과를 다음과 같이 나타낼 수 있다.

	칭찬(범주 2)	비평(범주 7)
인숙	11	0
소라	2	1
미화	5	1
경준	8	0
승엽	1	5
상락	3	2

만약 목소리의 크기로 전달사항을 강조한다면 특히 숨겨진 비평의 예들을 살펴보아야 한다. 예를 들어 "매우 훌륭한 대답이야. 잘하고 있어."라는 말이 만약 진지하다면 범주 2의 칭찬이 될 것이지만 부정확한 대답에 대해서 빈정대는 투였다면 범주 7의 비평이 될 것이다.

범주 8과 9(학생의 언어적 반응과 주도)

많은 다른 범주체계들이 학생들의 말에 대한 상당한 정도의 가능성을 갖고 있는 데 비해서 플랜더스의 상호작용 범주체계는 반응, 주도라는 단 두 가지만을 제공한다. 관찰자는 학생이 즉시 요구하는 답변을 넘어설 때 범주 8에서 9로의 변화를 주의 깊게 살펴보아야 한다.

교사: 날씨가 어땠니? (범주 4)

학생: 매우 나빴습니다. (범주 8)

그러나 일요일에는 날씨가 문제되지 않는다고 생각합니다. (범주 9)

범주 10

범주 10은 플랜더스의 상호작용 범주체계가 갖고 있는 가장 취약한 특징 중의 하나이다. 그 이유는 범주 10이 학생의 말을 자세히 분석하기 위해 고안되지도 않았고 교실 상호작용의 비언어적 측면을 위해 계획되지도 않았다. 범주 10은 '잡담', '혼란', '침묵' 또는 적절하게 보이는 다른 어떤 것으로 세분화된다.

플랜더스의 언어상호작용분석법을 수업에 활용하는 단계를 간단히 살펴보면 다음과 같다.

① 관찰자는 <표 2-2>와 같이 매분 활용할 수 있는 20개의 표시란을 나타내는 자료기록지를 가지고 있다. 매 3초마다 범주숫자를 기록한다(예: 교사의 질문은 4번이며, 학생의 대답은 8번이다). 즉 발생된 사태를 가장 잘 나타낼 수 있는 항목에 표시한다.

② 관찰자는 각 줄이 수업 시간의 1분을 나타내는 십자형 기록지에 기록한다.

③ "수업을 시작한다." "학생의 과제를 점검한다." "요약한다." 와 같은 별도의 '에피소드'는 가장자리에 구분해서 표시한다. 이렇게 함으로써 여러 종류의 활동기간 동안에 어떤 종류의 상호작용이 발생하였는지가 나중에 분명해진다.

④ 매 3초마다 하나의 범주를 기록하도록 관찰자에게 기억나게 해 줄 수 있는 도구로 신호음이 울리는 손목용 초시계, 스톱워치 또는 특수하게 제작된 주머니용 시계를 사용할 수 있다.

〈표 2-2〉 플랜더스 언어상호작용분석법의 자료기록지

* 학교: * 교사:
* 학급: * 과목/주제:
* 일시: * 관찰자:

01	6	4	10	8											
02															
03															
·															
·															
46															
47															
48															

* 각 2종렬은 3초 간격을 나타내며, 빈칸에는 3초마다 수업에서 일어나는 상황을 10개의 범주 중에서 각 범주에 해당되는 범주의 번호를 기입한다.
* 각 종렬은 1분을 나타내며, 맨 앞 칸의 일련번호는 횟수를 의미한다.

다음의 예는 플랜더스의 상호작용 범주체계가 수업에서 발생한 사태들을 어떻게 표기하는지 보여 준다. 범주들은 각 진술문 끝의 괄호 안에 표기했다.

　교사: 경준아, 곤충의 예를 들어 볼래? (범주 4)
　경준: 거미요. (범주 8)
　인숙: 거미는 곤충이 아닙니다. (범주 9)
　교사: 맞아요. 인숙이가 옳아요. 에……. (범주 2)(교사가 산만함)(범주 10)
　교사: 곤충은 아니에요. 왜냐하면 거미는 다리 수가 틀려요. (범주 5) 거미는 다리가 8개가 아니라 6개가 있어요. (범주 5)

승엽: 그리고 거미의 몸체는 세 부분으로 되어 있습니다. (범주 9)

교사: 그렇지. 승엽아. 거미의 몸은 세 부분으로 이루어졌단다. (범주 3)

그리고 가운데 부분은 흉곽이라는 아주 딱딱한 이름을 가지고 있지. (범주 5)

상호작용 결과는 자료기록지에 10개를 기입해야 하고 약 30초 안에 기록을 끝내야 한다. 관찰자의 기록표는 아래에 제시했다.

| 01 | 4 | 8 | 9 | 2 | 10 | 5 | 5 | 9 | 3 | 5 | | | | | | | | | | |
| 02 | | | | | | | | | | | | | | | | | | | | |

플랜더스는 사태의 결과를 쌍으로 기록하는 2차원적 표를 만들었다. 위의 예시를 가지고 설명하면 교사의 질문에 대한 학생의 답, 즉 범주 4-8이 첫 쌍을 이룬다. 매트릭스를 구성하는 표, 즉 10×10은 100개의 작은 사각형 또는 셀로 이루어진다. 각 쌍의 사태는 셀 중의 하나에 표시되어 4-8-2로 코드화된 질문-대답-칭찬은 다음 절차에 따라서 기입된다. 첫 번째 쌍은 질문(4)과 요구된 대답(8)으로 4-8셀 난에 표시된다(밑으로 4칸, 옆으로 8칸). 그러나 학생의 대답은 또한 다음 쌍의 첫 번째 사태, 즉 요구된 대답(8)은 칭찬(2)이 뒤따르며 8-2셀 난에 표시된다(밑으로 8칸, 옆으로 2칸). 위에 예시한 곤충의 특성에 관한 수업에서 30초 동안 10개의 득점 결과, 즉 4-8-9-2-10-5-5-9-3-5를 10×10 플랜더스 상호작용분석 범주체계 매트릭스에 표시하면 아래와 같다.

	1	2	3	4	5	6	7	8	9	10
1										
2										ǀ
3					ǀ					
4								ǀ		
5					ǀ				ǀ	
6										
7										
8		ǀ							ǀ	
9		ǀ	ǀ							
10					ǀ					

　　이런 방법으로 교실 상호작용을 표시함으로써 관찰자는 교사와 학생들이 수업에서 어떻게 대화하고 있는가를 알 수 있을 뿐만 아니라 대화의 특성도 알 수 있다. 예를 들어서 정보 - 질문 - 대답 - 칭찬 - 다음 정보 등으로 이루어진 프로그램된 학습형식은 5 - 4, 4 - 8, 8 - 2, 그리고 2 - 5셀 난에 표시하도록 만드는 5 - 4 - 8 - 2 - 5 - 4 - 8 - 2 - 5와 같은 결과를 보여 준다. 8 - 7셀 난과 9 - 7셀 난은 교사의 비평으로 인해 나타난 학생의 공헌도를 기록한다. 8열과 9열을 따라가 보면 칭찬(8 - 2, 9 - 2), 학생의 생각 수용(8 - 3, 9 - 3), 질문(8 - 4, 9 - 4), 강의(8 - 5, 9 - 5)와 같이 교사가 학생의 대답에 어떻게 반응하는가를 보여 준다.

　　독자들이 연습할 수 있도록 아래에 예시문을 제시하였다. 플랜더스의 상호작용분석 범주체계를 이용하여 해당 범주를 기록해 보는 것도 좋은 연습이 되리라 생각한다.

예시문 1	범주
교사: 푸른색에 노란색을 혼합하면 무슨 색이 되지요?	( )
인숙: 암록색입니다.	( )
교사: 인숙이는 여기에서 얼마나 많은 색을 만들 수 있니?	( )
그것들은 모두 녹색이지만 다양해. 그렇지 않니?	( )
소라: 나는 지금 두 가지의 녹색을 만들었습니다.	( )
교사: 그랬니. 너는 거기에 무슨 색을 추가했니?	( )
푸른색 또는 흰색?	( )
네가 흰색을 추가했을 때 무슨 색으로 변했지?	( )
소라: 연하게 변했습니다.	( )
교사: 그래. 연녹색이야. 좋아.	( )
(다른 학생에게) 그것은 멋진 녹색이구나. 너는 그 색을 어떻게 만들었니?	( )
미화: 노랑과 암녹색을 혼합했습니다.	( )
교사: 그것은 연초록 같구나. 그렇지. 매우 연한……귀여운…… 붓을 깨끗하게 빨아라.	( )

예시문 2	범주
승엽: 선생님 소라가 내 자를 가져갔어요.	( )
교사: 소라야, 네가 승엽이 자를 가져갔니?	( )
소라: 승엽이가 먼저 내 펜을 가져갔어요.	( )
그래서 내 펜을 돌려받기 위해서 승엽이 자를 가져왔어요.	( )
승엽이가 먼저 그랬어요.	( )
승엽: 안 그랬어요. 소라. 너는 거짓말쟁이야.	( )
교사: 둘 다 그만둬요. 선생님은 너희들의 어리석은 행동이 싫어.	( )
소라는 상락이 옆으로 가고, 승엽이는 내 책상 옆으로 와.	( )
(학생들이 이동하는 데 6초가 걸렸다.)	( )
자, 이제 우리 주제로 다시 돌아가자.	( )
누가 지렛대에 관해 말할 수 있는 사람?	( )

예시문 3	범주
교사: 쥐며느리는 곤충입니까?	( )
미화: 예.	( )
교사: 쥐며느리는 곤충처럼 보입니까?	( )
미화: 약간요.	( )
교사: 쥐며느리의 몸체 세 부분은 무엇 무엇이지요?	( )
여러분은 머리, 가슴, 배를 찾을 수 있습니까?	( )
미화: 저는 가슴과 배를 찾을 수 없어요.	( )
상락: 쥐며느리는 매우 많은 작은 몸체들로 이루어진 것 같아요.	( )
교사: 그래! 다리는 몇 개를 가지고 있지요?	( )
상락: 6개가 넘습니다.	( )
교사: 6개가 넘지. 그리고 많은 몸체들로 이루어졌지. 그것은 곤충이니?	( )
미화: 아닙니다.	( )

라. Exter 행동관리 분석표

엑스터 행동관리 분석표는 영국의 엑스터대학교에서 엑스터초등학교를 대상으로 교사가 학생들의 행동을 어떻게 관리하는가를 관찰한 분석표이다.

엑스터 행동관리 분석표는 두 부분으로 이루어졌다. 첫 번째 부분은 학생들의 일탈 행동과 교사의 반응을 다룬다. 두 번째 부분은 학생 개인에 대한 연구로 이는 학생들이 교사의 반응에 대해 어떻게 생각하고 있고 실제로 학생들이 일탈 행동을 했는가를 파악하는 것이다.

엑스터 행동관리 분석표는 종렬과 횡렬로 이루어져 있다. 종렬은 범주 항목을 의미하고 횡렬은 시간을 나타내는 것으로 5칸으로 나누어져 1칸당 2분씩 배정된다. 관찰자는 수업 시간 동안에 발생한 사항을 해당 범주란에 표시한다.

1) 학생의 일탈 행동과 교사의 반응

가) 학생의 일탈 행동 표시

학생의 일탈 행동을 몇 가지 범주체계로 구분한다. 즉 ① 잡담 또는 소곤거림, ② 불필요한 움직임, ③ 학습 자료의 부적절한 사용, ④ 학습 자료나 도구의 파손, ⑤ 허락 없이 다른 학생의 물건을 가져가는 것, ⑥ 다른 학생을 물리적으로 공격함, ⑦ 교사에 대한 반항적 태도, ⑧ 이동하라는 교사의 말을 거부 등으로 구분할 수 있다. 수업이 진행되는 동안에 이러한 일탈 행동이 발생할 때 행동관리 분석표에 표시하면 된다. 실제 예를 들어 보면 다음과 같다.

<일탈 행동의 형태>

잡담 또는 소곤거림	/				
불필요한 움직임	/				
학습 자료의 부적절한 사용					
학습 자료나 도구의 파손					
허락 없이 물건을 가져가는 것	/				
다른 학생에 대한 물리적 공격					
교사에 대한 반항적 태도	/				
이동 거부					

상기 표에서 보면 잡담 또는 소곤거림, 부적절한 움직임, 허락 없이 남의 물건을 가져가는 학생, 교사에 대한 반항적 태도 등이 해당 칸에 나타난다.

나) 일탈 행동에 대한 교사의 반응 표시

관찰자는 학생의 일탈 행동을 표시한 다음에 그에 대한 교사의 반응을 표시한다. 교사 반응의 대상이 학급 전체인지, 소규모 집단인지 또는 개별 학생인지를 표시한다. 그리고 그 반응이 일탈 행동이 단계적으로 확대되기 이전인지 이후인지를 표시한다. 교사의 반응을 나타내는 범주체계는 다음과 같다.

<교사의 반응>

중단하라는 지시

학생 지명

질책

학생들을 학습 활동에 참여시킴

근접성

접촉

유머

칭찬/격려

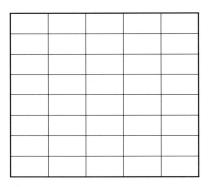

2) 학생 개인에 대한 연구

여기서는 학생들이 교사의 반응에 대해 어떻게 생각하고 있고 실제로 학생들이 일탈 행동을 했는지를 파악한다. 먼저 학생의 반응을 기록한다. 학생들이 조용해졌는지, 반항하고 있는지 또는 일탈 행동이 여전한 상태인지, 아니면 오히려 증가되었는지를 기록한다. 관찰자는 일탈 행동이 일어날 때 각 범주에 표시를 한다. 이러한 방법으로 관찰자는 수업의 윤곽을 파악할 수 있다.

교실 사태를 주도하고 있는 학생 개개인에 대한 정보를 수집하기 위해서는 학생을 개별적으로 연구해야 하므로 각 학생에 대한 정보를 기록하는 기록지가 있어야 한다. 관찰자는 한 학생에게 최소한 20초 동안 집중해야 한다. 관찰자는 이러한 방법으로 모든 학생들을 관찰하여 그 결과를 두 가지 형태로 나타내는데 하나는 학생들의 수업 참여 수준이 高, 中, 低인지이고 다른 하나는 일탈 행동이 많은가, 보통인가, 없는가이다.

아래에 각각 20초 동안 6명의 학생을 관찰한 기록지가 있다. 여기에서 참여 수준을 결정하는 기준은 학생이 수업에 참여한 시간이다. 즉 낮은 수준은 0~6초, 중간 수준은 7~13초, 높은 수준은 14~20초이다. 일탈 정도(잘못된 행동은)는 '없음', 일탈 정도가 잡담이나 소곤거림과 같은 사소한 영역의 문제들이라면 '보통', 신체 공격, 교사에 대한 위협, 기물 파손 등으로 기록된다면 '많음'으로 표시한다. 관찰자들은 이러한 모든 방식을 사전에 협의하여야 한다.

학생	참여수준			일탈행동		
	저	중	고	많음	보통	없음
01	/					/
02			/			/
03		/			/	
04		/				
05			/			/
06	/			/		

상기 표를 통해서 다음과 같은 것을 알 수 있다. 학생 1은 수업 활동에 참여하지 않았지만 잘못된 행동은 없다. 반면에 학생 6은 수업 활동에 참여하지도 않았고 수업태도도 불량하다는 것을 알

수 있다. 수업 활동에 적극적으로 참여한 학생들은 일반적으로 일탈 행동도 없다는 것을 알 수 있다. 관찰자는 순서대로 학생 개개인을 연구할 수 있으며 개개 학생과 학급 전체 모두의 행동 윤곽을 파악할 수 있다.

수업관찰에 대한 질적 접근방법은 교실생활의 의미, 교실생활에 대한 해석과 설명, 교실생활의 중요성 및 영향을 파악하기 위해서 수업사태의 이면을 면밀히 조사하려는 접근법이다.

질적 접근방법은 양적 접근방법이 기원을 두고 있는 실증주의자들과는 다른 전통에서 기원되었다. 질적 접근방법에 강력한 영향을 미친 것은 문화적이며 사회적인 특정을 강조하는 인류학자들의 연구였다. 그리고 이러한 형태의 관찰을 일반적으로 '문화기술적 방법(ethnography)'이라고 부른다.

인류학자는 일상적인 것에서 자신들을 분리시켜 발생된 사건의 이면을 파악한다. 예를 들어 인류학자들이 특정한 종족의 생활을 연구하기 위해서 어떠한 장소에 도착했다면 그들은 자신들이 본 것을 처음에는 거의 이해하지 못할 것이다. 그러나 종족의 생활에 대한 사진촬영, 특정한 사건에 대한 기록, 설명을 듣기 위해 부족 사람들과의 면담 등을 통해서 이해의 틀을 마련할 수 있다. 처음에는 의미가 없어 보였던 춤이 나중에는 다산과 성장에 관련이 있는 의식(儀式) 중의 일부분일 수도 있고 파종과 수확에 관계가 되는 의식 중의 일부분일 수도 있다. 일반적으로는 날씨에 관한 또는 특별하게는 홍수에 관한 신앙심으로 이해되기도 한다.

인간행동에 대한 이러한 관찰과 이해의 접근법들은 수업관찰 연구를 할 때에도 효과적으로 도입될 수 있다. 관찰자는 특정한 사태에 관해서 기록을 한 후에 관련자들에게 누가 무엇을 왜 했는지에 관해서 질문을 하는 면담형식을 취할 수 있다. 예를 들어 교사와 두 명의 학생과의 대화를 생각해 보자.

교사: 도대체, 너는 지금 무슨 생각을 하고 있는 거냐?
(기하학 학습에 필요한 도구가 바닥에 어지럽게 흩어져 있는 모습을 보면서)
혜경: 선미한테 자를 빌리려고 합니다.
교사: 자를 빌리는데 왜 그렇게 야단법석을 떨고 있지?
선미: 자가 바닥에 떨어졌어요.
교사: 나는 너에게 묻지 않았다. 너는 점심시간에 30분 동안 혜경이와 함께 벌을 서거라.

수업이 끝난 후의 면담에서 교사는 다음과 같은 진술을 하였다. 그는 언제나 분명한 기준을 가지고 있으며 그의 관점에서 이 학생들은 다른 학생들의 '주동자' 역할을 하기 때문에, 일탈 행동을 하게 되면 다른 학생들의 본보기로서 이 두 학생들을 꾸중한다는 것이다. 그러나 혜경이와 선미는 동일한 사태에 대해서 다르게 이해하고 있었다. 그들은 면담에서 다음과 같은 진술을 하였다. 그들은 선생님을 자주 흥분시켰고 선생님을 좋아하는 학생들은 거의 없다고 하였다. 선생님은 너무 엄격하고 사소한 잘못에 대해서 계속해서 지적을 하기 때문이다. 그래서 그들은 선생님을 흥분시킴으로써 다른 학생들의 관점에서 영웅적인 위치를 갖게 되는 것이다. 종종 점심시간에 벌을 받는 것은 영웅적 위치를 갖기 위한 작은 대가라고 생각한다. 이러한 관찰을 통해서 두 학생과 교사 간에는 갈등적인 관계가 있음을 알 수 있다.

이것은 동일한 사태에 대해 서로 다르게 인식하고 있는 좋은 예이다. 교사와 학생들은 모두 자신들을 이러한 일상적인 대면에서 승리자가 되었다고 생각한다. 교사는 일탈 행동을 한 혜경이와 선미를 질책하였고, 이것은 일탈 행동을 잠시 동안 하지 못하게 하거나 줄어들게 하였다는 것을 의미한다. 반면에 학생들은 교사의 권위를 무시하였고, 이것은 다른 학생들의 관점에서 자신들의 지위를 강화한 것을 의미한다. 교사와 학생들은 이러한 상호작용을 자신들의 입장에서 신뢰성과 성공을 반영한 것으로 여기기 때문에 이러한 형태의 상호작용을 지속하는 것에 만족해한다. 관찰자는 수업관찰과 관련자에 대한 면담을 통해서 수업 중에 발생하는 여러 가지 사태를 해석할 수 있다.

본 장에서는 질적 접근방법으로 중요한 사태 파악 접근법, 비언어적 접근법, 일화기록법, 녹음과 녹화기록법, 질적 방법의 계량화, 기타 질적 접근방법을 중심으로 살펴보겠다.

가. 중요한 사태 파악 접근법

중요한 사태(critical events) 파악 기법은 말 그대로 관찰자가 수업 중에 발생한 사태의 본질을 파악하는 접근법이다. 관찰자는 교수 방법이나 교수 전략, 수업 관리적 측면이라고 판단되는 수업 행위의 구체적인 예를 찾아낸다. 예를 들면 상호적인 인간관계나 다른 지시적인 사태를 반영하는 것으로서 ① 하나의 규칙이 만들어졌거나, ② 규칙이 관찰되었거나, ③ 규칙이 지켜지지 않는 사태이다. 이러한 접근법은 Flanagan이 개발한 '중요한 사건 파악(critical incidents)' 기법에 기초하고 있다. 관찰자는 ① 수업사태를 주도한 것이 무엇이며, ② 수업 중에 어떤 일이 발생하였는지, ③ 그 결과가 무엇인지를 나타내는 형식으로 기록한다. <표 2-3>은 이와 같은 형식을 나타낸 것이다.

〈표 2-3〉 중요한 사태 파악 기록지

* 중요한 사태 발생 빈도:	* 교사명:
* 학급	* 일시:

1. 수업 사태를 주도한 것은?

2. 수업 중에 발생한 사태는?

3. 그 결과는 무엇인가?

4. 참여자들(교사, 학생)과의 면담 내용

수업이 끝난 후에 관찰자는 교사와의 면담을 통해서 교사가 수업 중에 발생한 사태를 알고 있는지 질문한다. 관찰자는 "……을 왜 하지 않았습니까?"와 같이 질문을 유도하거나 부담스러운 질문보다는 "그것에 관해서 저에게 얘기해 주실 수 있겠습니까?"와 같은 중립적인 언어를 사용해야 한다. 상황에 따라서 관찰자는 학생들과도 면담할 수 있다. 그러나 명심해야 할 사항은 관찰자가 윤리적인 태도를 가지고 임해야 하며, 교장과 교사가 학생과 면담하는 것을 완전히 동의할 때만이 가능하다. 관찰자는 동의를 얻었다 할지라도 학생들에게 교사에 관해서 직·간접적으로 질문하는 것을 허락 없이는 할 수 없다. 어떠한 면담이든지 간에 조심성이 요구된다.

한 가지 예를 들어 보자. 교생이 진행한 중학교 과학수업 시간에 관찰된 다음과 같은 중요한 사태는 교생이 진행한 수업관리의 중요한 한 측면을 보여 준다. 교생은 수업 시간에 해야 할 실험의 종류를 설명하면서 다소 주의가 산만한 태도로 수업을 시작하였다. 중요한 사태는 약 10분이 경과된 후에 기록되었는데 교생이 학생들에게 두 명씩 짝을 지어 실험할 것을 지시할 때 발생하였다. "여러분들은 실험하는 방법을 알고 있으니 실험 도구를 가져다가 실험을 시작하세요."라고 하였다. 이어서 학생들은 실험 도구 보관대로 달려가 실험 도구를 가져왔다. 그러나 몇몇 학생들이 알코올램프를 서로 차지하기 위해서 다투었다. 교생은 질서를 유지하기 위해 큰소리를 냈고 알코올램프를 차지하려고 다투고 있는 학생들을 질책했다.

관찰자는 위와 같은 사태를 통제하지 않은 수업에서 일련의 무질서한 사태가 되어 버린 수업에 대한 교사 반응의 전형적인 실례로 기록하였다. 수업이 끝난 후에 관찰자는 교생에게 다음과 같은 질문을 하였다. "학생들에게 실험 도구를 가져오라고 했을 때 발생한 사태를 말씀해 주시겠습니까?"("학생들이 언제 잘못된 행동을 했습니까?"라는 질문을 하지 않았다.) 교생은 과학교사가 실험수업을 할 때 실시했던 방식을 모방하였다고 설명하였다. 그러나 분명한 사실은 그 교생은 6월에 교생실습을 나왔는데 이때는 한 학기 중에서 3개월이나 지난 때였다. 이때쯤이면 과학담당 교사는 학생들과 친근한 관계를 유지할 수 있고 어느 정도 여유로운 상태에서 농담도 할 수 있다. 그 교생은 교사의 이러한 태도를 모방할 수 있다고 생각했겠지만, 과학담당 교사가 3월부터 학생들이 잘못된 행동을 하지 않도록 기본 규칙을 만들고 일관된 태도로 이 규칙을 시행하기 위해서 대단한 노력을 기울여 왔다는 사실은 알지 못했다. 이러한 중요한 사태 및 학생들과 수업담당 교사와의 면담을 통해서 교생들은 그들이 목격할 수 없었던 수업담당교사의 고유한 교수 방법과 교수 절차를 모르고 겉으로 드러난 방식만을 모방하다 문제점에 직면한 것이라는 것을 알게 되었다.

중요한 사태는 극적인 사태가 아니라도 가능하다. 관찰자는 수업 중에 발생한 단순한 사태를 그와 동시에 발생한 다른 어떤 사태보다도 더 많은 관심을 보일 수 있다. 그러므로 단순한 사태는 사소하지만 수업이 끝난 후의 토론에서 더 의미 있을 수도 있기 때문에 상세하게 기록하는 것이 중요하다.

나. 비언어적 접근법

수업 행위를 나타내는 비언어적 측면으로는 태도, 움직임, 제스처, 얼굴표정, 시선접촉 등이 있다.

1) 자세(posture)

자세는 즉각적인 행동을 취할 것 같은 신호이다. 예를 들어서 사람들은 누군가가 공격을 암시하는 자세 변화를 본다면 자기도 모르게 움찔할 것이다. 교사들도 가끔 위협적인 어떤 자세를 취하는데, 예를 들어 잘못된 행동을 하고 있는 학생들을 향하여 빠르게 다가가는 경우이다. 비록 교사가 자신들을 때리지 않을 것이라는 것을 알고 있을지라도 물리적 거리를 단축시키는 이러한 빠른 움직임은 어떤 질책을 암시하기 때문에 학생들은 그들의 행동을 중단한다.

2) 제스처(gestures)

교사들은 의미를 상세히 설명하기 위해서 제스처를 다양한 목적으로 사용한다. 손가락을 이용하여 그래프의 선을 설명할 수도 있고 음악 리듬의 타이밍을 설명할 수도 있다. 양손은 물건의 폭을 나타내기 위해 사용할 수 있고, 화가 나거나 흥분된 학생들을 달래기 위해 사용할 수도 있으며 높낮이를 설명하기 위해서도 사용할 수 있다. 이 밖에도 손가락으로 쿡 찌르거나 질책하는 표시를 함으로써 체벌의 의사를 나타내는 데 사용할 수도 있다.

3) 얼굴표정(facial expressions)

당혹감, 행복함, 염려, 경멸을 나타내는 것과 같은 다양한 얼굴 표정은 부가된 의미를 전달한다. 얼굴을 붉히는 것과 같은 얼굴 표정 중의 일부는 학습된 것이 아니라 선천적(장님은 紅潮 띤 얼굴을 결코 모방할 수 없지만 홍조를 띨 수 있다.)이지만, 다른 얼굴 표정들은 사회적으로 학습된다. 시선은 비언어적 의사소통과 언어적 의사소통에서 가장 중요한 요소 중의 하나이다. 교사들은 교실에서 무슨 일이 일어났는지를 알아보기 위해서 교실을 자세히 살펴본다든지 개개 학생을 응시한다. 또한 학생들이 무슨 생각을 하고 있는지 알아보기 위해서 학생들과 시선 접촉을 하기도 한다. 때때로 시선 접촉이 부족하면 교사들은 어떤 학생들이 흥미를 잃었는지 학생들이 자신들의 과제 활동을 끝내고서 교사의 시선을 끌기 위해 노력하고 있는지를 파악할 수 없다.

이상과 같이 비언어적 접근법을 살펴보았는데, 문제는 비언어적 행동을 해석할 때에는 잘못 해석하지 않도록 주의해야 한다. 일부 태도나 얼굴 표정, 동작 등은 신경질적인 미소인지 자신감에 찬 미소인지, 공상을 하고 있는 것인지 다음 동작을 취하려고 하는 것인지, 당황하여 얼굴을 찌푸리는 것인지 화가 나서 얼굴을 찌푸리는 것인지 알 수 없을 때가 있다. 우리는 메시지의 전달과 신호들이 무엇을 의미하는지 정확하게 인식해야 한다. 예를 들어 교통신호가 애매모호하다면 수많은 자동차 운전자들과 보행자들은 매일매일 죽어 갈 것이다. 우리는 살다 보면 크고 작은 여러 사건과 재난 등에 부딪치게 되는데 이것들은 때때로 애매함이 그 직접적인 원인이거나 아니면 분위기나 메시지를 잘못 해석한 결과이다.

다. 일화기록법

일화기록법은 수업의 상호작용을 기록하는 방법으로 수업 중에 일어나는 사건을 노트에 간단하게 기록하는 것이다. 이 노트는 수업 중에 무슨 일이 일어났었는지에 대해서 '부호(protocol)' 형태로 기록한다. 일화기록은 흔히 짧은 기술적(記述的) 문장으로 구성되어 있고, 각 문장은 서로 다른 관찰 내용을 요약해 준다. 관찰자는 각 문장을 줄을 달리하여 기록하고 아울러 관찰 시간을 제시한다.

문장은 가능한 한 객관적이고 비평가적이어야 한다. "학생들이 싫증을 내고 있다."(평가적)라고 기록하는 대신에 "몇몇 학생이 하품한다. 재회는 창밖을 본다."(비평가적)라고 기록해야 할 것이다. "교사는 지시를 잘하고 있다."고 기록하는 대신에 "교사는 분명한 지시를 하고 있다. 학생이 이해했는지 묻는다. 대개의 학생이 끄덕이거나 '예'라고 한다."고 기록한다. 만일 일화기록에서 평가적인 논평을 하면 교사는 일어난 사실보다는 평가에 대하여 반응하기 쉽고, 만일 기술적이고 가치중립적인 논평을 한다면 교사는 수업의 효과성에 대하여 보다 쉽게 결론을 내릴 수 있다.

교사와 학생의 행동은 일화기록으로 관찰하고 기록하기 위한 사태만은 아니다. 예를 들면 다음과 같은 수업 환경(context)에도 주의를 기울여야 한다.

> "교실은 따뜻하다. 온도계가 25℃를 가리키고 있다."
> "교사는 학생들에게 지도를 보여 준다. 지도는 바랬다. 나라 이름을 읽기가 곤란하다."
> "수업은 방송으로 인해서 방해를 받는다."
> "형광등 하나가 시끄럽게 잡음을 낸다."

이런 환경적 사태의 일화기록은 수업 중 일어난 학생(또는 교사)의 어떤 행동을 교사가 해석하는 데 도움이 되기도 한다.

일화기록은 수업관찰자가 교실 내 어떤 곳에 방해되지 않게 앉아서 교사와 학생 간의 상호작용을 기록한다. 수업관찰자의 필체는 교사가 읽고 연구하기가 용이하도록 깨끗하게 정선되어야 한다. 따라서 가급적이면 타자된 기록을 만드는 것이 좋다. 타자된 기록은 필기된 기록보다 더 객관적이고 중립적인 인상을 준다.
일화기록의 예를 제시하면 아래와 같다.

기록번호:
관 찰 자:
관 찰 일:
관찰교과:

2학년 학급 수업
1. 수업시작. 2명의 팀티칭 교사와
2. 2명의 다른 관찰자와 함께.
3. 이것은 영자와 함께
4. 관찰. 난 그 읽기집단을
5. 오늘 관찰할 것이다. 동
6. 시에, 9명 학생이 포함됨.
7. 9명 중 2명은 남자,
8. 7명은 여학생.

8:30 소음 수준 2
9. 8시 30분에 소음수준 2.
10. 학생들 방금 교실에
11. 들어오고, 외투를 벗고
12. 교실을 돌아다닌다.
13. 몇 명의 남학생이 구석에서
14. 싸운다. 몇몇의 여학생은 마루에
15. 앉아 퍼즐놀이를 한다.
16. 교사는 교실 뒤에서
17. 학생에게 주의를 주지 않고 왔다
18. 갔다 한다. 소음은
19. 계속된다. 학생들은 뛰고
20. 있다. 교실은 혼잡

21. 스럽다. 두 교사는 책상
8:35 22. 앞에 서서 서로 얘기한
23. 다. 8:35분에 김 교사는
24. 교실을 떠난다. 팀 교사는
25. 교실 뒤쪽 자기 책상에
26. 계속 앉아 있다. 8:40분에
27. 김 교사가 교실로 돌아옴.
28. 김 교사는 교실 왼쪽
29. 끝에 있는 자기 책상으로
30. 감. 그건 둥근 책상, 그 끝
31. 에 앉음. "1분단,
32. 과제물을 가지고 앞으로 나와요
33. 그리고 2분단도 앞으로 나와요."
34. 소음 수준 1로 떨어짐.
35. 그리고 학생들은 교사의
36. 지시에 따름. "누구 50원
37. 잃어버린 사람?" 반응
38. 없음. 날카로운 목소리로
39. 교사는 다시 물어봄.
40. "누가 잃어버렸을 텐데……"
41. 라고 말한다.
42. "탈의실에서 주웠대요.
43. 주머니를 각자 뒤져 봐요."
44. 아무도 말이 없다.
45. 교사는 서서 과제물
46. 더미를 책상 위로
47. 가로질러 끌어당긴다.
48. 그건 - 쓰기 과제물이다.
49. 교사는 맨 위 것 하나를 펼
50. 치고 "아, 동철이" 교사는
51. 이것을 날카로운 큰 소리로

52. 말한다. "어제 네 공부는 나
53. 쁘진 않지만, 좀 더 잘
54. 해야겠어요. 아직도 네가
55. 이해 못 하는 단어가 있
56. 어요." 교사는 나머지를
57. 대충 처리한다. 대영은
58. 교사의 주변에 맴돌고
59. 있다. 교사가 말하는
60. 걸 듣지 않고. 김 교사는 이제
61. 서서 1분단에게
62. 지시를 한다. 교사는 8쪽에서
63. 13쪽까지에
64. 있는 두 이야기를 읽으
65. 라고 한다. 그리고 돌려줄
66. 과제물에 해당되는 데를
67. 찾아서 하라고 지시한다. 교사는 다시
68. 그들에게 아무데나 그러나 따로
69. 앉으라고 한다. 그리고 말한다.
70. "그리고 난 어떤 재미있는 걸 원치
71. 않아요." 교사는 다음 과제물을
72. 펼친다. 노환이의 것이다. 교사는
73. 구체적 지적 없이 동철과
74. 똑같은 문제가
75. 있다고 말한다.
76. 노환이는 어떤 기대감
77. 을 가지고 교사의 얼굴을 쳐다본다.
78. 교사는 세 번째 과제물을 보고
79. "명철이, 너도 마찬
80. 가지야!" 밝다.
81. "움켜쥔다는 것은 잡는 거야.
82. 해변, 이게 무슨 뜻이지?"

83. 명철은 대답이 없다. 교사는
84. 손가락을 입에 대고 걱정스럽
85. 게 본다. 교사는 과제물을 덮고
86. 그것을 명철에게 돌려준다.
87. 명철이는 과제물을 집어 들고
88. 노환이에게 간다. 교사는
89. 다음 과제물을 펴서,
90. "마동아, 난 이 괄호 안 답을
91. 모두 검사 못 했어." 교사는

라. 녹음과 녹화기록법

녹음과 녹화기록은 아마도 가장 객관적인 관찰 방법 중의 하나
일 것이다. 이것은 학생들이 교사를 보는 것처럼 교사가 자신들을
볼 수 있게 해 준다. 또한 녹음·녹화의 다른 이점은 초점을 넓게
가진다는 점이다. 이것은 교사와 학생이 하고 있는 것과 말하고
있는 것을 많이 담을 수 있다. 정확한 녹음(화)은 학급 내 상호작
용의 '감정'을 생생하게 그대로 잡을 수 있다.

녹음 또는 녹화기록을 하는 첫 단계는 작동 잘하는 기재를 준비
하는 것이다. 휴대용 비디오 녹화기는 흔히 ① 텔레비전 카메라,
② 마이크, ③ 비디오테이프 레코더(VTR), ④ 스크린, ⑤ 여러 부
분을 연결하는 선으로 되어 있다.

녹음 과정은 학급의 크기가 커짐에 따라 더욱 복잡해진다. 30명
집단의 학생보다는 5명 학생집단을 녹화 또는 녹음하기가 훨씬 쉽
다. 대개의 녹화, 녹음기의 마이크는 좁은 범위밖에 커버하지 못한
다. 관찰의 초점이 교사에게 있을 때는 마이크를 교사 가까이 두

는 것이 좋다. 그렇게 함으로써 관찰자는 교사가 말하는 모든 것과 약간의 학생이 말하는 것을 녹음하기가 쉽다.

기록하는 시간은 30분이 가장 적당하다. 관찰자가 사용할 수 있는 한 방법은 교사 자신이 전 기록을 되돌려 보거나 듣도록 하는 것이다. 그리고 교사는 수업관찰이 끝난 후의 협의회에서 관찰자와 함께 교수행위에 대하여 분석할 수 있다. 이때에 관찰자는 보다 집중적인 분석을 위해서 기록의 짧은 한 부분(아마 3~5분 정도의 양)을 선택할 수 있다. 관찰자는 간단한 부분일지라도 교사의 기술 수준과 교수 스타일을 분석할 수 있다.

비디오나 오디오 기록의 광역 초점은 장점과 단점을 모두 가지고 있다. 통찰력 있는 교사는 교사 행동과 학생 행동의 여러 측면을 관찰할 수 있을 것이다. 그러나 어떤 교사는 단지 소수의 측면에만 주의를 기울이거나 용모에 초점을 두기도 한다. 관찰이 끝난 후의 협의회에서 관찰자의 역할은 교사로 하여금 필요할 때는 언제나 추론을 끄집어내도록 격려하는 것이며 또한 때때로 간과되는 의미 깊은 학급 현상에 교사의 주의를 끌게 하여 교사의 관찰을 안내하는 것이다.

마. 질적 방법의 계량화

질적 접근방법을 이용하는 관찰자들 중 일부는 그들의 현장기록들을 계량적 방법과 관련한 체계적 형태로 기록하기를 원한다. 실제로 질적 방법을 계량적 방법으로 조정하는 절차들이 있다. 그 중 하나의 절차는 관찰자의 수업관찰기록 노트를 각 줄마다 각각 번호를 부여하는 형식(부호화: protocol)으로 분류한 다음에 이것들을 한

줄씩 한 줄씩 분석하는 방법이다. 이 기법은 캘리포니아 신규교사 평가연구회(California Beginning Teacher Evaluation Study)의 Berliner 와 Tikunoff(1976)에 의해 개발되었다. 이 기법의 예는 다음과 같다.

부호화: 1　　　　　　학교: 미드타운 기초학교
연구자: ECW　　　　　교사: A선생(그리고 보조교사 M선생)
날　짜: 개학식 날　　　관찰: 오전 8:30분부터
배　경: 대면식
　　　　미드타운 단지 내
　　　　미드타운 기초학교 1학년 교실
　　　　첫날 23명(남자 12, 여자 11)의 새로운 학생들이 입학.
　　　　학생들을 위한 6개의 책상, 교구들이 놓여 있는 두 개의 책상,
　　　　교사의 책상.

1. 3세에서 8세의 아동들을 위한 대규모의 보육 - 기초학교이다.
2. 많은 근로자들이 살고 있는 단지 한가운데에 있는 오전 8:30 분부터 아동들이 도착
3. 혼자서, 두셋씩, 여럿이서, 때때로 부모와 동반하지 않은 채
4. 때때로 전 가족이 동반하기도 한다. 즉 어머니, 할머니, 할아버지
5. 학교에 입학하는 아동, 종종 어린 동생도 두 명이나 데리고 오는데
6. 하나는 유모차에 태우고, 심지어 개도, 이것은 대가족의 경우 이다. 9시까지
7. 대부분의 아동은 학교에 도착하고 밖의 거리에는 사람들이 거의 없다.
8. 가끔 행인이나 지각생 이외에는 A 교사의 학급은 약 3분의 2 가 출석했다.
9. 현재까지 A 교사는 아동들과 함께 의자에 앉았다. A 교사와 아동들은 말한다.
10. 저녁 식사에 관하여, 교실 규칙에 관하여, 학급의 누구를 알

아야 되고 어디에

11. 앉아야 하는지 등에 관해서 5분마다 학부모가 아동을 데리고 교실 문에 나타난다.

12. 보조교사는 지각생을 직접 지도해야 한다.

13. 9시 30분까지 학급 전원이 출석한 듯하였으며 아동들은

14. 자신들이 선택한 책상을 배정받는다. ……

15. 10시 20분에 복도에서 귀청이 찢어질 듯한 소리가 들렸다. 마지막 지각생이

16. 나타났다. 그 아이는 학교에 올 생각이 전혀 없었고

17. "싫어요, 엄마. 나는 학교에 가고 싶지 않아요."라는 그 아이의 외침

18. "엄마가 티타임 시간에 데리러 올게."라는 엄마의 타이름

19. "너는 학교에 가야 해. 엄마를 힘들게 하는구나." A 교사의 교실 밖에서

20. 보조교사는 부모와 아이를 달래기 위해 노력한다.

21. "이름이 뭐니? 티나? 자, 티나야 나와 함께 가자. 너를

22. A 선생님 교실에 데려다 줄게." 티나는 보조교사의 정강이를 거칠게 걷어참

23. 보조교사는 티나와 티나 어머니를 교실로 데려왔다. 보조교사는 티나를

24. 책상에 앉히고 조각그림 맞추기 놀이를 시작한다. "선생님은 A 선생님에게

25. 할 말이 있어요. 금방 돌아올게요." 그 사이에, 티나의

26. 어머니는 살짝 교실을 빠져나간다. 보조교사와 A 교사는

27. 약 10초 정도 대화하고 보조교사는 티나를

28. 조각그림 맞추기 놀이를 하게 했다고 말한다. 보조교사는 책상으로 되돌아와

29. 허리를 구부리고, "아, 잘했어요. 티나는 조각그림 맞추기를 잘하는구나."

30. 티나는 "나는 집으로 곧 돌아갈 거야."라고 혼자 중얼거리면서 교실을

31. 나간다. 잠시 후 A 교사는 티나에게 놀이를 다시 시킨다. "티나는

32. 조각그림 맞추기를 거의 끝냈구나, 아주 잘했어요. 여기에 벽돌쌓기 상자가

33. 있는데 티나가 얼마나 멋지게 쌓았는지 보자. 그때 선생님이

34. 다시 와서 살펴볼게요.……"

35. 그날 하루 내내 티나는 교실 한 옆에서 부지런히 벽돌쌓기를 하였다.

36. 조금은 수줍어하는데 다른 아이들과 구별되지는 않았으며, 티나는

37. 벽돌쌓기를 하고, 점심을 먹고, 휴식 시간에 운동장에서 놀았다.

38. 보조교사는 티나가 어떻게 하고 있는지 돌아보기 위해 잠깐 돌아왔다.

39. 그러나 그때까지 티나는 벽돌쌓기 놀이에 열중하고 있었고, 보조교사를

40. 쳐다보지도 않았다. 3시 15분에 티나는 A 교사의 말을 주의 깊게 들었다.

41. A 교사는 학급원들에게 이야기를 읽어 주고, 착한 행동을 한 학생들을

42. 칭찬했으며, 내일 다시 만나자고 말하였다. 3시 30분에 학교가 끝나는

43. 종이 울렸고, 부모들은 자녀들을 데려가기 위해서 교실 밖으로 몰려왔다.

44. 티나의 어머니가 교실로 들어와 창백한 얼굴로 걱정스럽게 어떻게 지냈는지를

45. 물었다. "훌륭했어요."라고 A 교사가 대답하고서 "티나야 내일 다시 보자."

46. 그때에 티나는 울기 시작했다. 티나의 어머니는 티나가 고통 속에서

47. 하루를 보냈다고 확신했을 수도 있다. 그러나 다음 날 티나는

48. 제시간에 학교에 도착했고, 외견상으로는 평온해 보였으며

49. 학교에 대한 표면적인 고통의 흔적은 없었다.

관찰자나 교사는 수업프로토콜의 중요한 측면들을 분명히 하기 위하여 교사의 효과성 차원과 학생의 행동 차원으로 분류하고 이를 각각 독립적으로 해석할 수 있다. 수업관찰기록을 줄로 분류함으로써 독자들은 자신들의 해석을 비교해 볼 수 있다. 예를 들어서 독자들이 '교사에 대한 반항'을 기록할 만한 하나의 사태로 간주한다면 '티나가 보조교사의 정강이를 거칠게 걷어찬다.'라는 22줄에 체크할 수 있다. 각각의 줄은 여러 방법으로 코드화할 수 있다.

효과성의 사례를 찾는 독자는 교사가 티나와 함께 책상에 앉아서 티나가 조각그림 맞추기 놀이에 흥미를 갖도록 돕는 방법을 기술하고 있는 23~24줄과 28~30줄을 강조할 수 있다. 이러한 방식은 '학생을 과업에 참여시키기'와 같은 범주체계를 유도할 수 있다. '학생을 과업에 참여시키기'가 일어났는지를 알아보기 위해 각 줄을 정밀 조사한다. 그런 다음에 중요성의 차원으로서 '보다 적은'과 '보다 많은'을 사용하여 수업에서 중요하다고 간주된 특징들이 있는지 없는지를 알아보기 위해 7점 척도를 사용할 수 있다.

학생의 참여	1	2	3	4	5	6	7
온 정	1	2	3	4	5	6	7
질 책	1	2	3	4	5	6	7

이러한 여러 가지 수업 원고에 대한 연구를 통해서 다음과 같은 사실을 알 수 있다. 즉 효과적이라고 생각되는 수업에서는 주의가 산만한 학생들이 과업에 다시 참여하기가 쉽다는 것, 교사로부터 개인

적 온정을 더 받는지 아니면 질책을 더 많이 받는지를 알 수 있다.

이런 방식으로 계량화하는 장점은 첫째, 수업에서 발생한 사태에 대한 많은 양의 기술적 내용을 구체화시켜 준다는 점이고, 둘째, 똑같은 수업 원고이지만 각각 독립적인 수업 원고를 독자에게 판단하도록 함으로써 객관성을 제공해 준다는 점이다. 단점은 관찰자가 기록한 정교하며 자세한 자료에서 나온 귀중한 증거를 일련의 거친 범주체계와 부호화로 변형시킴으로써 수업 상황을 왜곡시킬 수도 있다는 점이다.

바. 기타 질적 접근방법

기타 질적 관찰 접근방법으로는 다음과 같은 것들이 있다.

1) 제3자로 자유기술하는 방법(detached open-ended narrative)
2) 보조자 혹은 협동교사로 하여금 수업에 참여하면서 자유기술하는 방법(participant open-ended observation)
3) 몇 가지 주제에 따라 관찰하는 방법(focused questionnaire observation)이 있다. 주제에 따라 관찰하는 방법의 예를 아래에 제시하였는데, 이 질문에 따라 관찰하여 기록하는 것이다.

주제 1: 교실

교실은 매력적으로 꾸며졌는가?

주제 2: 교사

교사가 온화하고 또 학생과 친절한 관계를 나타내주는 증거는?

주제 3: 학생

　　　학생이 해야 하는 일과, 왜 해야 하는지를 알고 있다
　　　는 증거는?

주제 4: 학습

　　　수업과 과제가 지역사회와 학생의 실제 생활과 관련
　　　짓도록 고려하고 있다는 증거는?

4) Eisner의 예술적 관찰 방법은 마치 음악, 미술, 문학, 무용 등을 감상하고 비평하듯이 수업을 비평 기록하는 방법이다. 이는 수업을 객관적·분석적으로만 보는 것이 아니라 수업에다 어떤 의미(means)를 부여하는 것으로 현상학, 해석학 관점과 일치한다.

5) 마지막으로 그림자 연구법(shadow study method)은 관찰대상 학생을 하루 종일 그림자처럼 따라다니며 관찰한 다음에 그것들을 종합하여 분석하는 방법이다. 관찰자는 노트를 반으로 나누어 왼쪽에는 배경을 기술하고 오른쪽에는 학생이 어떻게 하였는지를 기록한다. 예를 들면 관찰은 15분 간격으로 하고, 6명의 전문 관찰자가 여섯 집단의 다른 학생을 각각 관찰하여 하루가 끝날 때 요약·분석한다. 분석은 예를 들면 ① 교사가 말하며 보낸 시간, ② 학생이 교수 학습 상황에 참여한 시간, ③ 학생이 질문·탐구·실험할 수 있는 상황과 관련지어 볼 수도 있다.

그림자 연구법에 따른 학생관찰기록표를 제시하면 아래와 같다.

학 교:	관찰 학생:	관찰일:	관찰자:		
배 경		시 간	학생 행동		
		09:00			
		09:15			
		09:30			
		·			
		·			
		14:45			
		15:00			
		15:15			
		15:30			

수업관찰과 분석의 실제

수업을 관찰하는 목적은 수업관찰을 통해서 교사의 효과적인 교수행위를 조장(助長)하기 위해서이다. 즉 수업관찰을 통해서 나타난 결과를 가지고 교사의 수업의 현재 상태에 관한 객관적인 피드백을 제공해 주며, 수업의 문제점을 진단하고 해결하며, 교사로 하여금 효과적인 수업 전략을 개발할 수 있도록 도와준다. 특히 임상장학에서는 교사의 수업 행동에 대한 관찰을 주요한 내용으로 삼고 있으며 이를 통하여 효과적인 교수행위를 모색하기 위한 활동이 주를 이루고 있다.

가. 관찰 전 준비사항

수업을 관찰하기 전에 관찰자는 교사와 함께 협의하여 효과적인 관찰이 될 수 있도록 하여야 한다. 이때는 주로 관찰 내용, 관찰 방법, 관찰 결과 처리 등을 교사와 함께 논의한다. 관찰 전에 실시되는 준비 사항에 관한 논의에서는 관찰자와 교사와의 관계가 크게 영향을 미친다. 양자 간의 관계가 원만해야 관찰 후의 협의회에서 목표한 바를 효과적으로 달성할 수 있다. 관찰 전의 준비 단계에서 다루어야 할 내용은 다음과 같다.

첫째, 관찰자와 교사 간에 설정할 '협약' 또는 '합의'에 포함될 내용
- 교과의 목적
- 교과목적과 수행될 전체 학습 계획과의 관계
- 관찰자와 교사 간의 상호 합의에 근거를 둔 활동체제, 전달체제, 기타 요소의 가능한 변화
- 교사가 피드백을 원하는 항목이나 문제의 명세적 기술
- 활동과 문제의 평가절차

둘째, 관찰의 기술이나 기본원리를 설정하는 데 포함될 내용
- 관찰 시간

- 관찰 기간
- 관찰 장소

셋째, 관찰 실시를 위한 구체적 계획수립에 포함될 내용

- 관찰자의 위치
- 관찰자가 학과에 관해서 학생들에게 이야기할지? 한다면 언제, 즉 학과 시작 전 혹은 후가 좋은지?
- 관찰자는 특정한 행동을 취해야 하는지?
- 관찰자는 학생과 상호작용을 해야 하는지?
- 특별한 자료나 또는 필요한 준비물이 무엇인지?
- 관찰자가 관찰을 어떻게 마칠 것인지?

나. 관찰초점의 유목화

관찰자는 교사와 학생의 활동에 의해서 이루어지는 수업 사태를 관찰하게 된다. 수업은 의도된 교사의 교수 활동에 따라 학생의 참여적인 학습 활동으로 이루어지는 사태이다. 이러한 사태 속에는 교수 활동에 따른 교사 고유의 활동 영역이 있으며, 학생들도 학습 활동에 따라 학생 고유의 행동 영역이 있다. 또한 수업은 교사와 학생의 활동 이외에 수업이 진행되는 과정 자체를 중심으로 해서 관찰할 수 있다.

1) 교사 행동의 관찰

수업에 있어서의 교사의 활동은 다양하다. 수업을 진행하는 데 있어서 교사는 설명, 질문, 시범, 실험, 판서, 시청각 교구 활용, 학

생 활동에 대한 반응 등을 나타낸다. 이러한 활동을 관찰하는 데 에는 언제나 관찰 기준이 있어야 한다. 관찰 기준에 따라 관찰을 실시한 후에 이를 분석해야 할 것이다.

교사의 행동을 관찰하는 데 있어서 일반적으로 제시되는 관찰 내용을 유목화하면 다음과 같다.

가) 일반적인 특성: 효과적인 교수 행동의 특성을 확인하기 위해 서 교사가 교실에서 나타내는 일반적인 특성을 관찰하는 것이다. 이를 위해서는 효과적인 교수(敎授)에 해당되는 요인 확인, 2개의 대조적인 교수(敎授) 스타일 비교 관찰, 학생의 학업 성취와 관련 되는 교사 특성 확인, 성취도 검사에서 다루는 교육과정 자료를 학생들이 학습할 수 있는 기회를 교사가 제공해 주는 정도 등을 관찰할 수 있다.

나) 효과적인 교수 기준의 관찰(특정 교과목): 특정 교육과정에서 학생의 학습을 촉진하는 교사의 행동을 관찰하는 것이다. 이를 위 해서는 효과적인 교사 행동과 비효과적인 교사 행동으로 구분하여 관찰할 수 있다.

다) 교수전략: 교사가 보다 구체적인 전략과 기술을 사용하는 것 을 관찰하는 것도 또한 가능하다. 토의, 강의, 탐구, 암송, 진단, 처 방교수(處方敎授), 행동 수정, 시뮬레이션(模擬學習), 역할극(役割 劇) 등은 능력 있는 교사들이 행할 수 있는 교수 전략의 예가 된다.

교사 행동의 관찰을 위해서 본서에서 실제적으로 제시하고 있는 관찰 주제는 다음과 같다.

2) 학생 행동의 관찰

수업 중에 나타나는 학생의 활동에는 응답, 질문, 거수, 주의집중 정도, 작업, 실험, 토의, 교사와의 의사소통 등이 있을 수 있다. 수업 중에 나타나는 이러한 학생의 행동을 관찰함으로써 교수의 질 또는 학생의 학업 성취도를 파악할 수 있다. 특히, 교수의 질을 판단하는 데 작용하는 학생 행동이나 수행은 다음과 같이 열거할 수 있다.

- 학생들은 테스트의 성과에 의해서 측정(測定)되는 것처럼 교육과정이 의도한 지식, 이해, 기능, 태도를 학습하고 있다.
- 학생들은 교육과정을 학습하는 데 있어서 독립적 행동을 보여 준다.
- 학생들은 교사와 동료 학생들에 대하여 긍정적 태도를 가르쳐 주는 행동을 보여 준다.
- 학생들은 교육과정과 학교에 대하여 긍정적 태도를 가르쳐 주는 행동을 보여 준다.
- 학생들은 학습자로서의 자신에 대하여 긍정적 태도를 가르쳐 주는 행동을 보여 준다.
- 학생들은 학급에서 행동의 문제를 보이지 않는다.
- 학생들은 학습하는 동안 적극적으로 교육과정의 학습에 열중하는 것 같다(주삼환, 1993: 190 - 191).

3) 수업모형에 따른 관찰

교사와 학생의 상호작용은 수업모형에 따라 다양하다. 그래서 수업관찰도 수업모형에 따라 그 초점을 달리해야 한다. 그 이유는 어느 수업모형이라도 적합한 관찰 방법은 불가능하기 때문이다.

4) 기타의 수업관찰

교사의 행동과 학생의 행동을 중심으로 해서 수업을 관찰할 수 있지만, 수업 환경을 중심으로 해서 관찰할 수도 있다. 수업 방법 및 환경과 관련된 사항은 여러 가지가 있을 수 있겠지만, 주로 수업 교구에 관한 사항, 교사와 학생의 상호작용 형태, 수업진행 방식 등을 들 수 있다.

가. 수업 계획 분석

1) 관찰목적

효율적인 수업을 하기 위해서는 우선 수업을 하기 전에 수업 계획에 대해 검토가 이루어져야 한다. 수업 계획이 충분하지 않은 상태에서 짜임새 있는 수업이 이루어지기 어렵다. 수업 계획분석은 관찰자가 사전협의회에서 교사와 함께 수업 계획에 대한 세심한 분석을 하는 경우에 사용하는 방법이다. 따라서 수업의 효율성을 높이기 위한 한 방편으로 '수업 계획 분석'이 필요하다.

2) 관찰 방법

수업 계획 분석 방법은 수업하기 전에 교사가 고려해야 할 주요 내용을 점검하도록 구성되어 있다. 예를 들어 처음 인사말이라든가, 교사의 교수행위에 대한 학습자들의 반응을 알아보는 계획 등을 점검하게 된다. 교사가 응답해야 할 문항은 10개 문항으로 분석 요령은 수업 계획 내용 중에 계획하고 있는 경우는 O로 표시하고, 계획하고 있지 않는 경우는 X로 표시한다. 이 과정에서 가능하다면 계획되어 있는 내용을 더 구체적으로 기술할 수도 있다.
만일 계획되어 있지 않은 경우는 교사와 협의하여 계획을 세워 볼
수도 있다.

〈표 3-1〉 수업 계획 예시

수업 계획	계획에 있 음	계획에 없 음	구체적인 내용 및 대안
1. 학생들에게 학습 전에 인사말을 계획하고 있습니까?	O		자! 어제가 3·1절이었지요. 여러분 중에 독립기념관에라도 다녀온 사람은?
2. 학생들의 활동(반응)을 알아보려는 계획을 갖고 있습니까?	O		
3. 학생들에게 수업 계획을 제시함으로써 동기부여를 시킬 계획을 갖고 있습니까?		X	
4. 수업 전이나 도중에 학생들과 의사소통을 활발하게 할 방법을 생각해 보았습니까?	O		
5. 수업 중에 시간분배를 계획하고 있습니까?			

3) 분석 방법

관찰 결과는 계획되어 있는 경우와 계획되어 있지 않은 경우로
나누어 표기한다. 10개의 항목 중에서 교사가 미처 생각하지 못했
거나 자신이 없는 항목에 대해서 관찰자는 교사가 자신감을 가질
수 있도록 여러 가지 대안을 제시할 수 있지만, 먼저 교사 스스로
대안을 모색해 보도록 격려해 주는 것이 더욱 바람직할 수 있다.
만약 일방적으로 관찰자가 교사에게 대안을 제시할 경우 소기의
목적 달성에 어긋날 수 있다. 10개의 항목 중에서 수업운영과 관
련된 내용에 대한 세심한 점검이 필요하다. 특히 수업 중에 학생

들의 태도나 반응에 대해 강화를 줄 경우 긍정적인 강화와 부정적인 강화에 대해 심도 있게 논의할 수 있다. 또한 교사가 자신이 없는 부분은 관찰자가 수업관찰에서 주의 깊게 관찰하여 교사에게 객관적인 자료를 제공할 수 있다.

4) 활용

수업 계획 분석은 단순하지만 수업에 임하기 전에 교사가 미리 생각하지 못한 점이 없는가를 확인하는 방법이다. 또한 교사가 미리 생각을 하고 있어도 더욱 구체화시킬 수 있는 계기가 되어 교사가 수업 준비를 더욱 계획적으로 함으로써 더 많은 자신감을 가지고 수업에 임하도록 하는 것이다. 수업 계획 분석은 수업관찰이 끝나고 피드백 협의회 시간에 관찰자와 서로 심도 있는 논의가 이루어져 수업개선을 위한 바탕이 될 수도 있다.

〈표 3-2〉 수업계의 분석표

수업 계획 분석표

( )과 수업관찰자_____인

학년반	학년 반	교 사			학생 수	
단원명			차 시	일 시	년 월 일	
본시학습목표:						

수업 계획	계획에 있음	계획에 없음	구체적인 내용 및 대안
1. 학생들에게 학습 전에 인사말을 계획하고 있습니까?			
2. 학생들의 활동(반응)을 알아보려는 계획을 갖고 있습니까?			
3. 학생들에게 수업 계획을 제시함으로써 동기부여를 시킬 계획을 갖고 있습니까?			
4. 수업 전이나 도중에 학생들과 의사소통을 활발하게 할 방법을 생각해 보았습니까?			
5. 수업 중에 시간분배를 계획하고 있습니까?			
6. 수업을 위한 좌석배치를 계획하고 있습니까?			
7. 수업 중 학생의 능력 차이에 대처할 계획을 갖고 있습니까?			
8. 필요하다면 학생들에게 숙제를 부여할 계획을 하고 있습니까?			
9. 학생들에게 강화(긍정적·부정적 강화)를 주기 위한 방법을 계획하고 있습니까?			
10. 학생들이 주어진 과제를 얼마나 학습하였는지를 위한 평가 계획이 있습니까?			

의견:

나. 교사의 질문 분석

1) 관찰목적

효율적인 수업을 진행하기 위해서 교사는 학생들에게 질문을 자주 하게 된다. 교사의 질문은 수업의 도입, 전개, 정리 부분에 따라 다양한 목적으로 이루어진다. 예를 들어 교사는 학생의 사전 지식 진단, 동기 유발, 사고 활동 촉진, 학습 내용 정리 및 요약, 학업 성취 정도 등을 알아보기 위해서 학생들에게 질문을 제기한다. 본 관찰의 목적은 교사의 질문을 분석하여 학생들의 학습 활동 중에서 어느 수준의 질문이 주로 이루어지고 있는지를 알아보는 데 있다.

2) 관찰 방법

학습자의 행동 특성 중에 인지적 영역(cognitive domain)은 지식의 기억, 상기, 문제 해결, 창의력 등 광범한 지적과정을 모두 포함하는 것으로 정의된다. 인지적 행동은 지식, 이해, 적용, 분석, 종합, 평가로 나누어진다. 관찰 방법은 교사의 질문이 어느 기능에 초점을 두고 있는지를 관찰하는 것이다.

관찰기록은 우선 수업 중에 시간의 흐름에 따라 '분' 단위로 교사의 질문 내용을 기록하고 질문 내용이 지식, 이해, 적용, 분석, 종합, 평가 중에서 어느 영역에 해당하는지를 체크하는 방법이다. 그리고 수업이 끝난 후에 합산하여 질문의 영역이 어느 수준에 분포되어 있는가를 분석한다.

시간(분)	질문내용	지 식	이 해	적 용	분 석	종 합	평 가
2	6·25사변은 언제 일어났습니까?	O	O				
3	6·25사변은 왜 일어났습니까?						
	.						
	.						
10	전쟁이 일어나면 어떤 결과가 초래되나요?					O	
계	질문 개수: 20개	8개	6개	2개	2개	2개	0개

3) 분석 방법

가장 효과적인 질문의 수준은 낮은 수준과 높은 수준의 질문이 모두 적절하게 이루어져야 하는 것이다. 그러므로 교사의 질문 분석 방법은 교사가 수업 중에 사용하는 질문의 수준을 분류함으로써 보다 바람직한 방향으로 학생의 사고를 향상시켜 수업의 효율성을 높이고자 하는 것이다.

교사의 질문 중에서 지식이나 이해의 영역은 낮은 수준, 종합이나 평가는 높은 수준의 질문으로 구분할 수 있다. 낮은 수준의 질문이 전체 질문의 80% 이상을 차지한다면, 교사의 수업은 다소 지식 위주의 전달식 수업이라는 증명이 된다.

4) 활용

교사의 질문은 여러 가지 목적을 가지고 이루어진다. 그 중에서도 질문을 통해 학생들의 학습 정도를 알아보는 방법이 가장 흔히 사용된다. 하지만 자칫 잘못하면 대부분의 질문이 '낮은 수준'의 질문이 되기 쉽다. 즉 교사의 질문이 지식이나 이해 수준을 묻는 낮은 수준에 머무르게 된다. 따라서 교사의 질문 분석은 분석 결과를 바탕으로 교사의 질문 수준을 높은 수준으로까지 이루어지도록 수업개선을 위한 자료로 활용할 수 있다.

〈표 3-4〉 교사의 질문 분석표

교사의 질문 분석

학년반	학년 반		교 사			학생 수	
단원명				차 시	일 시	년 월 일	
본시학습목표:							

시간(분)	질문내용	지 식	이 해	적 용	분 석	종 합	평 가
	계	개	개	개	개	개	개
	%						

의견:

다. 교사의 발문 관찰법

1) 관찰목적

교사가 사용하는 여러 가지 교수법 중에서 질문법은 가장 흔하게 사용하는 교수법 중의 하나이다. 교사는 발문을 통해서 학생들의 교과 지식을 파악할 수 있고 창의적 사고를 촉진할 수 있을 뿐만 아니라 학습에 대한 흥미를 높일 수도 있다. 따라서 교사의 발문 관찰법의 목적은 교사의 발문 수준과 내용이 학습에 대한 흥미도와 학생들의 창의력 개발에 얼마나 효과적이었는지에 대한 자료를 제공하는 데 있다.

2) 관찰 방법

교사의 발문 관찰표는 플랜더스의 '언어 상호작용', 쉬라블의 '문답 과정 카테고리' 중에서 보편적으로 활용 가능한 몇 개 영역, 즉 지시적 발문, 비지시적 발문, 재생적 발문, 추론적 발문, 적용적 발문을 사용하였다. 관찰자는 발문 진단표의 해당 영역에 빈도를 표시하며 중요한 사항은 특기 사항에 메모하여 협의 자료로 활용한다.

<표 3-5> 교사의 발문 관찰법 예시

영 역	착안점	빈도수	%
1. 지시적 발문	* 지시, 비난하는 발문(예: 공책에 써요, 칠판을 봐요, 그것도 몰라요, 틀렸어 등)	//	10
2. 비지시적 발문	* 칭찬, 권장, 학생의 생각을 받아들이거나 이용하는 발문(예: 잘했어요, 맞았어요, '으음', '그래' 등)	/////	25
3. 재생적 발문	* 재생, 암기, 계산, 열거 등 학생이 단편적인 지식으로 답변하게 하는 발문(예: 우리나라의 수도는? 3·1운동은 언제 일어났는가?)	////////	40
4. 추론적 발문	* 인과관계, 종합, 분석, 구분, 비교, 대조하게 하는 발문(비슷한 점, 같은 점, 다른 점), (예: 국회와 정부에서 하는 일의 주요한 차이점은?)	///	15
5. 적용적 발문	* 새로운 사태에 원칙을 적용, 이론화, 예언하는 반응을 나타내게 하는 발문(예: 지리산이 없어지면 어떻게 될까?)	//	10
계		20	100
특기사항			

3) 분석 방법

교사의 발문 진단표에 체크한 영역별 빈도수를 총빈도수로 나누어 백분율을 산출한다(예: 지시적 발문비＝지시적 발문 빈도수÷총발문 빈도수×100). 예시문을 보면 지시적 발문에 10%, 비지시적 발문에 25%, 재생적 발문에 40%, 추론적 발문에 15%, 적용적 발문에 10%, 비지시적 발문에 10%로 나타났다. 이를 통해서 알 수 있는 것은 교사의 발문이 고차원적인 사고능력을 요구하기보다는 주로 학생의 단편적인 지식을 확인하는 데 치중했다는 것이다. 이와 같은 발문 진단표를 통해서 교사는 자신의 발문수준과 내용을 확인할 수 있다.

4) 활용

발문의 수준, 즉 지시적 발문보다는 비지시적 발문이, 비지시적 발문보다는 재생적 발문이, 재생적 발문보다는 추론적 발문이, 추론적 발문보다는 적용적 발문의 비율이 높은 수업이 학생들의 창의성 개발에 효과적이라는 것이 여러 연구에서 나타나고 있다. 현재의 교육과정은 지식을 단순히 암기하고 이해하는 것을 요구하는 것이 아니라 창의성 개발에 초점을 두고 있다. 따라서 교사는 학생의 창의성 개발을 위해서 다양한 사고를 요구하는 발문에 주의를 기울여야 할 것이다. 이를 위해서는 발문 관찰법을 활용하여 자신의 발문 수준과 내용을 점검하고 고차원적인 사고를 요하는 발문의 개발에 노력을 기울여야 할 것이다.

<표 3-6> 교사의 발문 진단표

학년반	학년 반	교 사			학생 수	
단원명			차 시	일 시	년 월 일	
본시학습목표:						

영 역	착안점	빈도수	%
1. 지시적 발문	* 지시, 비난하는 발문(예: 공책에 써요, 칠판을 봐요, 그것도 몰라요, 틀렸어 등)		
2. 비지시적 발문	* 칭찬, 권장, 학생의 생각을 받아들이거나 이용하는 발문(예: 잘했어요, 맞았어요, '으음', '그래' 등)		
3. 재생적 발문	* 재생, 암기, 계산, 열거 등 학생이 단편적인 지식으로 답변하게 하는 발문(예: 우리나라의 수도는? 3·1운동은 언제 일어났는가?)		
4. 추론적 발문	* 인과관계, 종합, 분석, 구분, 비교, 대조하게 하는 발문(비슷한 점, 같은 점, 다른 점), (예: 국회와 정부에서 하는 일의 주요한 차이점은?)		
5. 적용적 발문	* 새로운 사태에 원칙을 적용, 이론화, 예언하는 반응을 나타내게 하는 발문(예: 지리산이 없어지면 어떻게 될까?)		
계			
특기사항			

라. 교사의 질문과 지명 방법

1) 관찰목적

수업 중에는 여러 가지의 질문이 있을 수 있는데 교사에 의해 제시된 질문은 수업 분위기 조성과 학생들의 적극적인 수업 참여를 유도할 수 있기 때문에 대단히 중요시된다. 이러한 중요성에 의해서 수업 중에 나타나는 교사의 질문 유형과 질문을 하기 위한 지명 방법을 분석함으로써 교사의 질문 수준과 특정 학생만을 지명하는 편향성 정도를 파악할 수 있다.

2) 관찰 방법

교사의 질문 유형과 지명 방법은 다음과 같은 형태로 구분하여 관찰할 수 있다.

가) 질문유형

(1) 진위형: 주로 예, 아니오의 대답을 요하는 단순한 질문이다.
　　(예: 이 답이 맞습니까? 틀립니까?)
(2) 단답형: 짧은 대답을 요하는 단답형 질문이다.
　　(예: 이 문제의 정답은 무엇입니까?)
(3) 서술형: 단답형보다는 좀 더 긴 문장으로 대답할 필요가 있는 한 단계 높은 차원의 질문이다.
　　(예: 이 공식에 대해서 설명해 보시오.)
(4) 사고형: 위의 질문은 모든 질문이 정답이 있다는 가정하에 질문하는 것이지만, 사고형 질문은 대답하는 학생에 따라 생각하는 방식이 다르기 때문에 여러 가지의 의견을 제시하도록 유도하는 질문이다.
　　(예: 이 사건에 대해서 학생의 생각을 말해 보시오.)

나) 지명 방법

(1) 일방적 지명: 일방적으로 개인을 지명한다.
(2) 희망자 지명: 대답을 희망하는(손을 든) 학생 중에서 지명한다.

(3) 전체적 지명: 전체적으로 대답하도록 한다.

이와 같은 질문유형과 지명 방법을 다음과 같은 표를 통하여 사용된 빈도수를 기록할 수 있다.

〈표 3-7〉 교사의 질문 및 지명 방법 분석표 예시

질문방법＼지명방법	일반적 지명	희망자 지명	전체적 지명	계
진위형	/		//	3
단답형		//		2
서술형	/			1
사고형		//		2
계	2	4	2	8

3) 분석 방법

교과목의 특성에 따라 다르겠지만 진위형의 질문을 많이 한 교사는 주로 교사 주도형의 단조로운 수업을 한 상태라고 볼 수 있다.

서술형이나 사고형의 질문은 다른 질문 유형에 비해 적게 나오겠지만 그래도 이와 같은 질문이 많이 사용되었다면 학생의 발문을 위주로 한 수업진행이라고 유추해 볼 수도 있다. 그렇지만 학생들이 적극적으로 수업에 임하는지 그렇지 않고 수동적으로 임하는지는 교사가 학생들로 하여금 발문하도록 하는 유형(지명 방법)에서 찾아볼 수 있다. 이것은 희망자 위주로 한 수업인지 아니면 일방적으로 지명한 것인지 빈도를 살펴보면 된다. 여기서 주의할 것은 교사가 전체 학생을 공평하게 시키기 위해, 의도적으로 일방적 지명을 할 수도 있으므로 교사의 의도가 무시되는 일이 없도록 해야 한다.

예시된 관찰표를 보면, 질문유형은 진위형이 많았으며 지명 방법은 희망자 지명이 많이 나타난 것으로 보아 교사의 질문은 질적인 면에 있어서 바람직하지 못한 것으로 분석할 수 있다.

4) 활용

열린 교육을 강조하는 현대 교육의 추세에서 토의식 수업과 함께 교사의 질문에 의한 수업은 더욱 강조되고 있다. 질문에 의한 수업은 교과목의 특성상 여러 가지 형태로 나타날 수 있겠으나 위에서 제시한 형태는 변함이 없을 것이다. 문제는 질문의 양이 아니라 질적인 것이다. 교사의 질문 유형을 분석하여 질적인 질문을 하기 위한 자료로 활용될 수 있다.

<표 3-8> 교사의 질문 및 지명 방법 분석표

학년반	학년 반	교 사		장 소		학생 수	
단원명			차 시	일 시		년 월 일	
본시학습목표:							

질문방법＼지명방법	일반적 지명	희망자 지명	전체적 지명	계
진위형				
단답형				
서술형				
사고형				
계				

의견:

마. 교사의 개인적 특성 분석

1) 관찰목적

수업에 임하는 교사의 개인적 특성은 학생들의 학습 태도에 간접적인 영향을 미치게 된다. 특히, 교사의 개인적 특성 중에서 목소리 또는 비언어적 행동을 분석하는 것은 학습자가 보다 쉽게 교사에게 주의집중을 하거나 친화관계를 갖도록 하는 자료를 수집하기 위해서다.

2) 관찰 방법

수업 중에 교사가 학생들에게 수업 내용을 전달하는 방법은 여러 가지가 있다. 여기서는 교사가 갖고 있는 교사의 개인적 특성에 국한하여 관찰하는 방법이다. 대표적으로 교사의 목소리, 교사의 비언어적 행위, 교사의 옷차림이나 언어사용에 대해 관찰한다. 목소리의 경우는 1) 높·낮이에 따라 ① 높다, ② 적당하다, ③ 낮다로 구분하고, 2) 속도에 따라 ① 느리다, ② 적당하다, ③ 빠르다로 구분하며, 3) 어조에 따라 ① 단조로운지, ② 변화가 있는지로 나누어 알아보는 관찰 방법이다. 정상적인 경우는 '정'으로 표시한다. 비언어적 행위는 시선접촉, 자세(포즈), 손동작, 이동 등으로 구분해서 ① 효과적인지, ② 비효과적인지 알아본다. 그리고 교사의 옷차림과 언어의 사용(표준말과 사투리를 쓰는 정도)을 관찰하여 ① 적절한지, ② 부적절한지를 분석한다. 관찰 예시는 다음과 같다.

항목/시간(분)		5	10	15	20	25	30	35	40	45	50	분석결과
목소리	높·낮이	1	2	3	3	3	2	3	2	3	2	
	속도	1										
	어조								정			
비언어적 행위	시선접촉											
	열정											

3) 분석 방법

교사의 개인적 특성 요소는 구체적으로 나타나지는 않지만 학생들이 수업 도중에 교사와의 상호작용을 하는 데 중요한 간접적 요소가 되기 때문에 무시할 수 없는 것이다. 그러나 이것은 교사의 개인적인 신상문제와 관련되므로 오히려 교사에게 역효과를 초래할 수도 있다. 따라서 이러한 관찰법을 사용하여 분석하고자 할 때는 교사와 사전 협의를 통하여 교사가 수긍하고 이해할 수 있도록 고려해야 한다. 특히 이 관찰 방법의 결과, 교사에게 다소 수정해야 할 점이 있다 해도 성급하게 시정을 요구하는 것보다는 친화적인 관계를 유지하면서 교사가 자발적으로 노력할 수 있도록 하는 것이 바람직하다.

4) 활용

교사의 개인적 특성을 분석하는 방법은 교사의 교수행위에서 직접적인 교수기술과는 관련이 없지만 교수행위에 있어 중요한 부분이기 때문에 간과할 수 없는 부분이다. 그러므로 이런 점을 다소 소홀히 하였다면 적극적인 자세로 이를 개선하기 위한 노력을 기울일 필요가 있다. 왜냐하면 이러한 점이 개선된다면 학생들이 교

사에게 호감을 갖고 동기 유발과 주의집중을 하는 데 더욱 효과적
일 것으로 생각되기 때문이다.

〈표 3 - 10〉 교사의 개인적 특성 분석표

학년반	학년	반	교 사				학생 수		
단원명				차 시		일 시	년	월	일
본시학습목표:									

항목/시간(분)		5	10	15	20	25	30	35	40	45	50	분석결과
목소리	높·낮이											
	속도											
	어조											
비언어적 행위	시선접촉											
	열정											
	자세											
	손동작											
	제스처											
	이동											
옷차림												
언어												

목소리는 1) 높낮이에 따라 ① 높다 ② 적당하다 ③ 낮다
2) 속도에 따라 ① 느리다 ② 적당하다 ③ 빠르다
3) 어조에 따라 ① 단조롭다 ② 변화가 있다 ③ 정상
    적인 경우는 '정'이라고 표시한다.
비언어적 행위는 ① 효과적이다 ② 비효과적이다.
교사의 옷차림과 언어의 사용(표준말과 사투리를 쓰는 정도)은 ① 적절하다 ② 부적절하다.

의견:

바. 실험 · 관찰 오류 경향 분석

1) 관찰목적

실험 · 관찰은 주로 과학 교과에서 사용되는 수업 방법이다. 학생들이 직접 과학원리를 실험해 봄으로써 과학 교과에 대해 보다 높은 관심을 가질 수 있으며 학습 효과도 높일 수 있다. 따라서 실험 · 관찰 오류경향 분석은 학생들의 실험 · 실습에 대한 오류를 정확히 발견하여 시정해 줌으로써 학생들이 과학 교과에 대해 흥미를 지닐 수 있도록 유도하고 실험 · 실습에 대한 학습 효과를 극대화할 수 있다.

2) 관찰 방법

실험 · 관찰 오류경향 분석은 측정, 기구정비, 사전실험 등 9개 항목으로 분류하고 각 항목에 대한 개개 학생의 오류경향을 표에 기록한다.

〈표 3-11〉 오류 경향 분석을 위한 개인별 체크리스트

번 호	이 름	측 정	기구 정비	사전 실험	지도 방법	조건 통제	개념 관련	조작 기능	기 록	관 찰	계	구체적인 오류
1	엄인숙				/				/		2	
2	신승엽									/	1	
· · ∫	∫											
총계		5	1		4	8	9	5	1	3	36	

3) 분석 방법

실험·관찰을 통하여 교수-학습 과정에서 일어나는 오류의 내용(경향)을 알아보기 위해 단위 학습내용에서 일어난 오류내용을 9개 영역으로 나누어 조사한다.

4) 활용

실험·관찰 도중에 일어난 오류현상을 차시별로 체크하여 개인의 오류와 차시별 단원 전체의 오류를 발견하여 치료할 수 있다.

〈표 3-12〉 실험·관찰 오류 경향 분석표

수업자(   ) 관찰자(   )

학년반	학년 반	교 사		장 소		학생 수	
단원명			차 시		일 시		년 월 일
본시학습목표:							

번호	이름	측정	기구 정비	사전 실험	지도 방법	조건 통제	개념 관련	조작 기능	기록	관찰	계	구체적인 오류
1												
2												
3												
4												
5												
6												
7												
8												
9												
10												
11												
12												
13												
50												
총계												

의견:

사. 판서 분석표

1) 관찰목적

교사가 수업을 진행하는 데 다양한 수업 기자재 사용이 어려운 학교 현실에서 가장 중요한 수업 보조 매체는 칠판을 이용한 판서라고 볼 수 있다. 판서는 수업의 능률을 올릴 수 있는 중요한 수업기술이며, 학습자의 사고 활동을 촉진하는 동기 요인이라 할 수 있다. 또한 판서는 수업 내용을 구조화하여 수업 내용의 특성과 학습자의 발달 단계를 고려하여 이루어지는 수업의 과정이다. 그러므로 판서의 구조화 정도를 관찰하여 수업의 효과를 극대화하는 것이 목적이다.

2) 관찰 방법

다음 분석표를 사용해서 교사가 칠판을 잘 활용하여 판서를 하는지 관찰해 본다. 관찰 평정 척도는 상·중·하로 등급화시켜 각 항목마다 해당 평정점수를 표시하되 나중에 상·중·하별로 그 수를 합산한다.

〈표 3-13〉 판서 분석 예시

평가요소	평 정		
계획성 있게 판서한다.	□□	중	하
글씨를 쉽게 알아볼 수 있다.	상	□□	하
색분필 등 사용으로 시각적 효과가 있다.	상	중	ⓗ
기록할 시간 여유를 준다.	상	□□	하
적당한 양의 판서를 한다.	□□	중	하
판서하는 동안 몸으로 글씨를 가리지 않는다.	상	□□	하
학생들이 잘 기록한다.	□□	중	하
지운 흔적이 남지 않도록 잘 지운다.	□□	중	하
계	4개	3개	1개

3) 분석 방법

위의 표를 분석할 때 동료 교사나 장학사가 해도 무방하겠지만, 학생들에게 평정하도록 해 보는 것도 좋다. 왜냐하면 학생들은 동료교사나 장학사보다 더욱 예리하고 정확하게 교사를 바라볼 수 있기 때문이다.

여러 평정 요소 중에서 '상'이 많이 나올수록 잘 짜이고 구조화된 판서라고 볼 수 있겠지만, 판서할 내용은 교과나 교사에 따라 다양하게 이루어져야 한다. 너무 획일적으로 점수화시켜 각 교사들의 판서에 대한 독특한 개성까지도 감점요소로 작용하지 않도록 주의하고, 장학협의를 하는 데 하나의 참고자료로서 의미를 두어야 한다.

4) 활용

위의 분석표를 토대로 자칫 소홀하기 쉬운 판서에 대해 한 번 반성해 볼 수 있는 기회를 갖고, 자신의 부족한 점이 무엇인지 명확하게 지각하여 교사 스스로 수업개선을 하는 데 도움이 되도록 한다.

참고로 판서의 방법에 대해 간략히 기술해 보면 다음과 같다.

◇ 판서의 위치는 학습자가 잘 볼 수 있도록 중앙을 중심으로 하되 칠판의 어느 위치에 쓸 것인지를 예정해 놓는다.

◇ 판서의 글자는 되도록 정자로 짜임새 있는 글자로 쓴다.

◇ 글자의 크기는 저학년일수록 크고 고학년일수록 작게 쓰되 뒤에 앉은 학습자도 잘 보이도록 쓴다.

◇ 내용은 길게 쓸 것이 아니라 요점만 간단하게 쓴다.

◇ 학습자가 필기할 시간을 따로 주기도 하지만 되도록 쓰면서 듣고, 보는 식으로 진행한다.

◇ 수업 내용에 따른 계획적인 판서가 되도록 한다.

◇ 수업 전에 판서하는 데 필요한 분필 등을 미리 준비한다.

◇ 수업 내용에 따라 색분필을 효과적으로 사용하면 시각적 효과를 더할 수 있다.

◇ 칠판이 어둡거나 반사하지 않도록 광선을 잘 조절한다.

◇ 글자 외에 그림·사진·도표 등을 많이 이용한다.

〈표 3-14〉 판서 분석표

( )과 수업관찰자_____인

학년반	학년 반	교 사		장 소		학생 수	
단원명			차 시	일 시		년 월 일	
본시학습목표:							

평정은 상·중·하로 해서 하단에 합계를 낸다.

평가요소	평 정		
1. 계획성 있게 판서한다.	상	중	하
2. 글씨를 쉽게 알아볼 수 있다.	상	중	하
3. 색분필 등 사용으로 시각적 효과가 있다.	상	중	하
4. 기록할 시간 여유를 준다.	상	중	하
5. 적당한 양의 판서를 한다.	상	중	하
6. 판서하는 동안 몸으로 글씨를 가리지 않는다.	상	중	하
7. 학생들이 잘 기록한다.	상	중	하
8. 지운 흔적이 남지 않도록 잘 지운다.	상	중	하
계	개	개	개
논평:			
참관자 서명:	교사 서명:		

아. 교사의 시선 분석표

1) 관찰목적

수업은 교사와 학생의 상호작용에 의해서 이루어지는 것이므로 의사소통이 잘되기 위해서는 언어의 효과가 중요하겠지만 교사의 시선도 무시할 수 없다. 학생들이 교사와 시선이 자주 마주친다면 그만큼 학생들도 수업에 집중하게 되는 계기가 된다.

교사의 시선을 분석함으로써 교사가 학생들을 수업에 얼마나 집중하도록 하는지를 객관적으로 평가해 보는 데에 그 목적이 있다.

2) 관찰 방법

주요 관찰 내용은 교사의 시선이다. 수업 중에 교사의 시선이 학생, 칠판, 교재와 교구, 게시판, 복도나 창밖, 기타 등으로 나누어 1분마다(혹은 2분마다) 교사의 시선이 어디로 향해 있는지를 아래 표에 표시한다. 시간선에 나타나 있는 번호는 관찰자의 편의에 따라 정할 수 있다.

〈표 3-15〉 수업 중 교사의 시선 분석표

시선지점 \ 시간선		1	2	3	4	5	6	7	8	9	10	11	12	13	14	15	16	17	18	19
학생	개인	/						/												
	전체		/							/			/							
칠판				/					/		/		/							
교재·교구			/		/						/				/					
게시판						/														
복도나 창밖																				
기타																				

3) 분석 방법

전체적으로 합계해서 비교해 봄으로써 시선의 일반적인 경향을 분석할 수 있다.

그러나 학생에게 시선을 둘 때 전체인가 개인인가는 구분해서 표시할 수 있지만 학생 개인에 관한 시선을 분석할 때 어떤 학생에게 많은 시선을 두는지는 위의 방법으로 관찰할 수 없는 한계가 있다.

4) 활용

예시에서 살펴보면 교사는 학생 전체와 칠판, 교재 등을 많이 보았다. 일반적으로 수업을 잘하고 있는 교사라고 볼 수도 있다. 완벽하게 준비된 수업이라면 수업 도구에 시선을 두는 시간을 최소화하고 가능한 한 학생에게 시선을 많이 주는 수업이 학생에게 효과적으로 영향을 미칠 것으로 기대된다.

〈표 3-16〉 수업 중 교사의 시선 분석표

학년반	학년 반	교 사		장 소		학생 수	
단원명			차 시	일 시		년 월 일	
본시학습목표:							

관찰자는 1분마다(혹은 2분마다) 교사의 시선이 어디로 향해 있는지를 아래 표에 표시한다. 시간선에 나타나 있는 번호는 관찰자의 편의에 따라 정할 수 있다.

시간선에 나타난 번호는 (분)마다 관찰해서 표시한 항목입니다.

시선지점/분	시간선	1	2	3	4	5	6	7	8	9	10	11	12	13	14	15	16	17	18	19	합	%
학생	개인																					
	전체																					
칠판																						
교재·교구																						
게시판																						
복도나 창밖																						
기타																						

의견:

자. 교사의 지시(언급) 유형 분석

1) 관찰목적

교사는 수업진행 시 수업 내용과 직접적으로 관련되지 않은 지시나 언급을 하는 수가 있다. 교사의 지시(언급) 유형 분석은 수업 내용 이외의 지시나 언급이 어느 정도인지를 관찰하여 수업이 얼마나 효과적으로 이루어지고 있는지 알아보는 데 그 목적이 있다.

2) 관찰 방법

관찰 방법은 관찰자가 직접 교실을 방문하여 관찰한다. 그러나 수업관찰에 대해서 거부감을 갖는 교사들에게는 수업 내용을 녹음 또는 녹화해 두었다가 사용할 수도 있다. 교사가 수업 시간 내내 꼭 교과 내용만을 가르치기는 어렵다. 교과 내용만을 계속적으로 강의한다면 학생들에게 딱딱한 느낌을 주어 오히려 학습 효과를 저해하기 때문이다. 특히 저학년의 경우는 더욱 그렇다. 그러므로 교사가 수업 내용을 전달하는 부분을 제외하고 부수적으로 일어날 수 있는 교사의 지시나 언급 또는 이야기를 1) 수업 분위기 조성, 2) 행동암시, 3) 동기 유발 및 격려, 4) 에피소드 등으로 나누어 관찰한다.

〈표 3-17〉 교사의 지시(언급) 유형분석 예시

시간(분)	질문내용	수업 분위기 조성	행동암시	동기유발	에피소드
1 3	왜 이렇게 시끄럽지. 조용히 해! 오늘 수업태도가 안 좋으니 누군가 혼나야겠다.	O · ·	O · · ·	· · · ·	·
10	하늘에 별이 몇 개인지 아는 사람?	· ·	· ·	· · ·	O · ·
계		10개	5개	3개	2개

관찰 방법은 우선 앞의 예시에 나타난 것과 같이 수업 시간의 흐름에 따라 '분' 단위로 교사의 지시나 언급 그리고 이야기 내용을 기록하고 기록한 내용이 수업 분위기 조성, 행동 암시, 동기 유발, 에피소드 중 어떤 내용에 해당하는지를 체크한다. 수업이 끝난 후 합산하여 교사가 교과 내용과 직접적으로 관련이 없는 지시나 언급 그리고 이야기를 얼마나 했는가를 분석한다.

3) 분석 방법

교사가 수업 중에 하는 말은 거의 대부분 수업에 관련이 있는 내용이다. 다만 수업 시간에 교사가 사용하는 말이 교과내용에 관한 것보다 더 많은 비중을 차지한다면 이에 대한 분석이 필요하다. 위의 예시에서 합계를 보면 학생의 동기 유발을 위한 방법보다는 수업 분위기 조성이나 행동 암시를 통해 주의집중을 유도하는 내용이 많이 있음을 알 수 있다. 그리고 학생들의 주의집중을 위해 에피소드를 사용했음을 알 수 있다.

4) 활용

교사가 수업 중에 교과내용과 직접 관련되지 않은 지시나 언급, 이야기를 관찰하고자 할 때, 관찰 내용은 주로 수업 내용과 직접 관련이 없는 수업 분위기 조성, 행동 암시, 동기 유발 그리고 학생의 주의를 끌기 위한 에피소드와 같은 것을 분석하는 데 활용할 수 있다. 만약 이러한 것들이 지나치게 많다면 교사의 수업 방식에 문제가 있거나 학생들의 학습 태도에 문제가 있는 것으로 볼 수 있기 때문에 이를 해결하기 위한 노력이 필요하다.

〈표 3-18〉 교사의 지시(언급) 유형 분석표

학년반	학년 반		교 사		장 소		학생 수	
단원명				차 시		일 시	년 월 일	
본시학습목표:								

시간(분)	질문내용	수업분위기 조성	행동 암시	동기 유발	에피소드
	계	개	개	개	개

의견:

차. 수업 활동 후반부의 정리 활동 관찰

1) 관찰목적

교사가 수업을 마무리할 때, 학습한 내용을 정리하게 된다. 그러므로 관찰자는 정리 활동의 일환으로 행하는 교사의 수업을 관찰함으로써 교사가 그 시간의 수업 내용을 얼마나 간략하고 쉽게 학습자에게 다시 피드백하는지를 알기 위한 관찰 도구이다.

2) 관찰 방법

역시 정리 활동 관찰도 한 시간 수업을 관찰함에 있어서 보다 질적인 관찰을 하기 위해서 특정한 한 측면(교사의 수업 활동 후반부의 정리 활동 유형 측정)만을 집중해서 관찰한다. 따라서 다분히 미시적인 관찰 도구라고 할 수 있다. 또한 본 측정도구를 단독적으로 한 시간 수업을 관찰하는 데 사용할 수도 있고 여러 시간에 걸쳐서 사용할 수도 있다. 그러나 좀 더 효과적으로 한 시간의 수업을 관찰하고자 한다면 본 측정 도구와 다른 미시적인 측정도구(교사의 학생 개인에 대한 칭찬·비난용어 사용 측정도구, 수업에 대한 주의력 부족에 대한 원인 발견 측정도구, 교사의 과업제시유형 측정도구 등)들을 병행하여 4~5명의 관찰자가 한 시간의 수업을 동시에 각각 다른 측면에서 교사의 행동 유형을 미시적으로 관찰한다면 더욱 효과적인 수업관찰 도구가 될 것이다.

본 관찰 도구는 교사가 수업 활동을 마무리할 때, 학생들이 수업 시간 동안 얻은 결과에 관해서 정리 활동을 어떻게 하고 있는지를 교사의 행동 유형에 빈도수를 기록한다.

<표 3-19> 수업 활동 후반부의 정리 활동 분석표

행동유형	빈 도
1. 수업 시간 중 특정행위에 대해서 칭찬한다.	
2. 학생들이 질문에 잘 응답하는 것으로 봐서 대체적으로 그 시간의 수업이 잘되었음을 칭찬해 준다.	
3. 학생들이 물음에 잘 답하지 못하는 것으로 봐서 대체적으로 그 시간의 수업이 잘못되었다고 꾸중을 한다.	
4. 모호한 일반적인 칭찬(예: 오늘 여러분들이 참 잘했어요.)	
5. 모호한 일반적인 꾸중(예: 오늘 여러분들의 수업태도가 나빴습니다.)	
6. 올바른 자세나 바람직하지 못한 행동을 꾸중한다.	
7. 나쁜 자세나 바람직하지 못한 행동을 꾸중한다.	
8. 학습 요소를 간략하게 요약 정리해 준다.	
9. 부진한 부분의 학습 요소를 피드백해서 지도에 임하는가?	
10. 형성평가의 문제는 학습 요소와 관련하여 구성되었는가?	

3) 분석 방법

한 시간 또는 여러 시간에 걸쳐 교사의 수업 활동 중에서 수업 후반부의 정리 활동을 하는 상황에서만 나타날 수 있는 교사의 수업유형을 분석해 보는 방법이다. 각 행동 유형별로 기록된 빈도수를 분석한다.

4) 활용

수업을 통해서 교사가 학생들에게 제시한 과업이나 수업한 내용에서 얻어진 결과들을 얼마나 적절한 방법으로 잘 정리하는지를 행동 유형별 빈도수를 조사함으로써 교사의 편중된 행동을 사전에 예방할 수 있고, 바람직한 정리 활동을 위한 교사의 교수 방법 개선에 기여할 수 있을 것이다.

<表 3-20> 수업 활동 후반부의 정리 활동 분석도구

학년반	학년 반	교 사		장 소		학생 수	
단원명			차 시	일 시		년 월 일	
본시학습목표:							

행동유형	빈 도
1. 수업 시간 중 특정행위에 대해서 칭찬한다.	
2. 학생들이 질문에 잘 응답하는 것으로 봐서 대체적으로 그 시간의 수업이 잘되었음을 칭찬해 준다.	
3. 학생들이 물음에 잘 답하지 못하는 것으로 봐서 대체적으로 그 시간의 수업이 잘못되었다고 꾸중을 한다.	
4. 모호한 일반적인 칭찬(예: 오늘 여러분들이 참 잘했어요.)	
5. 모호한 일반적인 꾸중(예: 오늘 여러분들의 수업태도가 나빴습니다.)	
6. 올바른 자세나 바람직한 행동을 칭찬한다.	
7. 나쁜 자세나 바람직하지 못한 행동을 꾸중한다.	
8. 학습 요소를 간략하게 요약 정리해 준다.	
9. 부진한 부분의 학습 요소를 피드백해서 지도에 임하는가?	
10. 형성평가의 문제는 학습 요소와 관련하여 구성되었는가?	

의견:

카. 교사의 정적 강화(보상) 관찰

1) 목적

학생들의 학습 동기를 유발시키기 위해서는 교사는 적절한 강화(보상)를 사용하게 된다. 교사가 사용하는 강화에 따라 학습 효과는 매우 달라질 수 있다. 이는 수업에서의 강화의 중요성을 나타내는 것이다. 그러므로 교사가 학습자에게 사용하는 강화의 종류와 빈도 등을 파악하는 것은 더욱 효과적인 강화를 위한 자료를 수집하기 위해서이다. 이를 위해서 교사의 정적 강화를 관찰하여 분석해 볼 필요가 있다.

2) 관찰 방법

교사가 학생 개인을 칭찬하는 때를 관찰하여 기록하는 경우이다. 따라서 다분히 미시적인 관찰 도구라고 할 수 있다. 또한 이러한 관찰 도구는 단독적으로 한 시간 수업을 관찰하는 데 사용할 수 있으며 여러 시간에 걸쳐서 사용할 수도 있다. 그러나 좀 더 효과적으로 한 시간의 수업을 관찰하고자 한다면 다른 미시적인 측정 도구를 교사의 학생 개인에 대한 비난용어사용 관찰 도구, 수업에 대한 주의력 부족에 대한 원인 발견 측정도구, 교사의 과업제시 유형 관찰 도구, 수업 활동 후반부의 정리 활동 관찰 도구 등과 병행하여 관찰하거나, 4∼5명의 관찰자가 한 시간 동안의 수업을 동시에 각각 다른 측면에서 교사의 행동 유형을 미시적으로 관찰한다면 더욱 효과적인 수업관찰 도구가 될 것이다.

학습자에 대한 교사의 정적 강화 사용 관찰에서는 교사가 한 학생을 개인적으로 칭찬할 때마다 관찰자는 칭찬의 대상이 되고 있는 학생의 좌석번호(관찰자는 대개 그 학생의 고유번호를 알 수 없는 경우가 많다)나 고유번호를 기록한다.

<표 3-21> 교사의 정적 강화 관찰 예시

행동유형	학생번호(빈도)	계	%
① 학생이 꾸준히 공부한 노력과 인내의 결과를 칭찬한다.	22(1), 7(2), 4(1)		
② 학생이 자신의 과거 결과와 비교해서 많이 발전했음을 칭찬한다.	6(1)		
③ 교사의 발문에 대한 학생의 응답이 적극적인 점을 칭찬한다.	12(2), 14(3), 16(2)		
④ 학생의 상상력과 창조력이 무한하다는 점을 예를 들어 칭찬한다.	24(1), 12(2)		
⑤ 교사의 지시대로 잘 따르고 주의집중을 잘했다는 점을 칭찬한다.	2(2), 6(3), 7(2), 10(2)		

3) 분석 방법

학생 개개인의 좌석번호에 대한 칭찬의 빈도수를 산출하고 교사가 학생에게 행할 수 있는 칭찬의 각 유형에 대한 교사의 사용빈도를 산출하여 어느 한 항목에 편중되지 않았는지를 확인해 본다. 예시에 의하면 5번 행동 유형에 많은 정적 강화가 있었음을 알 수 있다.

4) 활용

첫째, 학생 개개인의 좌석번호에 대한 칭찬의 빈도수를 알아봄으로써 어느 특정 학생에게만 교사가 집중적으로 칭찬을 함으로써 생기는 교사의 학생에 대한 편애 여부를 알 수 있다.

둘째, 교사가 수업 시간 중에 사용하고 있는 칭찬의 용어가 어느 한 분야에만 편중되어 있는지를 살펴봄으로써 다양한 교수용어의 사용을 교사에게 자극하고 학생들에게 보다 적극적인 학습 참여를 기대할 수 있다.

<표 3-22> 교사의 정적 강화 관찰

학년반	학년 반	교 사		장 소		학생 수	
단원명				차 시		날 짜	
본시학습목표:							

행동유형	학생번호(빈도)	계	%
① 학생이 꾸준히 공부한 노력과 인내의 결과임을 칭찬한다.			
② 학생이 자신의 과거 결과와 비교해서 많이 발전했음을 칭찬한다.			
③ 교사의 발문에 대한 학생의 응답이 적극적인 점을 칭찬한다.			
④ 학생의 상상력과 창조력이 무한하다는 점을 예를 들어 칭찬한다.			
⑤ 교사의 지시대로 잘 따르고 주의집중을 잘했다는 점을 칭찬한다.			

의견:

타. 교사의 부적 강화 분석

1) 관찰목적

교사는 학생들의 바람직하지 못한 행동에 대해 이를 감소시키거나 중지시키기 위해 부적 강화(negative reinforcement)를 사용한다. 특히 수업 중의 부적 강화는 학생들의 행동을 통제하는 데 가장 빈번히 사용되는 방법이다. 교사가 학생들에게 부적 강화를 보일때, 즉 학생들이 어떤 행동을 했을 때 교사가 질책이나 비난의 부적 강화를 보이는가를 관찰하기 위해서이다.

2) 관찰 방법

관찰 방법은 교사가 학생에게 사용할 수 있는 질책과 비난 등의 부적 강화가 언제, 어떻게 일어나는가를 집중해서 관찰한다. 관찰 도구는 교사의 부적 강화를 불러일으킬 수 있는 학생들의 바람직하지 못한 행동이나 수업을 방해하는 행동 유형이 제시되어 있다. 그래서 학생들의 번호를 사전에 숙지하고 있다가 교사가 부적 강화를 보이게 되면 행동 유형을 나타내는 학생들의 번호를 적고(관찰자가 학생의 번호를 모르고 있으면 학생의 좌석번호로 한다. 예를 들어 가-4열) 부적 강화를 표현한 교사의 용어(질책이나 비난 등의 용어)를 기입한다. 그리고 반복적으로 이루어지면 빈도를 기입하도록 한다.

교사의 부적 강화 분석의 예시는 <표 3-23>과 같다.

<표 3-23> 교사의 부적 강화

행동유형	학생의 번호	교사의 용어	빈 도	%
1. 학생이 노력과 인내가 부족하여 쉽게 포기한다.				
2. 학생이 자신의 과거 결과와 비교해서 많이 뒤떨어졌다.				
3. 교사의 발문에 대해서 학생의 응답이 맞지 않았다.				

3) 분석 방법

학생 개개인의 좌석번호에 대한 부적 강화의 총빈도수를 산출하고 전체 빈도수 중에서 차지하는 비율을 백분율(%)로 산출한다. 그리고 교사가 학생에게 사용한 질책이나 비난의 용어를 유형별로 구분하여 대체로 어떤 방식으로 부적 강화를 하는지를 분석한다.

관찰자는 교사와 함께 자료를 분석하여 학생들 중에서 계속적으로 부적 강화를 많이 받는 학생이라든가, 아니면 수업 중에 학생들에게 사용하기에는 다소 부적절한 질책이나 비난의 용어는 없는지를 분석하게 된다.

4) 활용

분석 결과는 다음과 같은 점을 개선하는 데 사용할 수 있다.

첫째, 학생 개개인의 좌석번호에 대한 비난의 빈도수를 알아봄으로써 어느 특정 학생에게만 교사가 집중적으로 비난을 함으로써 특정 아동에 대한 교사의 불신을 없앨 수 있다.

둘째, 교사가 수업 시간 중에 사용하고 있는 질책이나 비난의 용어가 어느 한 가지 유형으로만 편중되어 있는지를 알아봄으로써 학생들에게 보다 다양한 자극을 줄 수 있는 방법을 모색할 수 있다.

〈표 3-24〉 교사의 부적 강화 분석

(　　　　　)과 수업관찰자＿＿＿＿＿＿인

학년반	학년 반	교 사		장 소		학생 수	
단원명				차 시		날 짜	
본시학습목표:							

행동유형	학생의 번호	교사의 용어	빈 도	%
▶학생이 노력과 인내가 부족하여 쉽게 포기한다.				
▶학생이 자신의 과거의 결과와 비교해서 많이 뒤떨어졌다.				
▶교사의 발문에 대해서 학생의 응답이 맞지 않았다.				
▶수업에 열중하지 못하고 주의가 산만하다.				
▶교사의 지시대로 따르지 않았다.				
▶학생이 학습내용에 대해 이해하지 못하고 있다.				
▶수업에 참여가 적고, 적극적이지 못하다.				
▶자료의 준비 부족과 활용 방법이 미숙하다.				
▶				
▶				
▶				
▶				

의견:

파. 교사의 과업제시 유형 분석도구

1) 관찰목적

교사가 일정한 질문, 과제 또는 문제를 학생들에게 제시하여 교사의 지도하에서 학습자가 학습 활동에 참여한다. 이때 교사는 학습 과제를 잘 조직하여 효과적으로 설명해야 학습 효과를 높일 수 있다. 교사가 새롭고, 기발한 아이디어나 과제를 학생들에게 제시할 때에 교사가 얼마나 체계적으로 학생들에게 과업을 제시하는지를 분석하는 것이 본 측정도구의 목적이다.

2) 관찰 방법

관찰 방법은 수업 시간 중에 교사가 새로운 활동을 제시하거나 과업을 제시할 때, 관찰자는 교사의 과업을 제시하는 행동양식을 관찰한다. 측정도구는 교사가 과업을 제시할 때 일어날 수 있는 여러 가지 행동 유형이 제시되어 있다. 예를 들어, 행동 유형은 학습 과제를 제시하는데 교사가 장황하게 설명한다든지 아니면 호기심 있게 제시한다든지 등이 있다. 관찰 도중 해당되는 행동 유형에 대해 빈도수를 ///로 표시한다.

<표 3-25> 교사의 과업제시 유형

교사의 행동 유형	빈도
1. 학습 과제의 설명을 반복하여 제시한다.	//
2. 주어진 과제나 활동에 대해 학생들이 재미있고 즐겁게 생각할 수 있도록 호기심과 동기 유발을 시킨다.	///
3. 학습 과제가 새로운 정보나 기술을 제공한다.	///
4. 교사가 학생들에게 학습 동기를 제공하지 않고 곧바로 학습 과제를 제시한다.	///

3) 분석 방법

한 시간 또는 여러 시간에 걸쳐, 한 교사의 수업 활동 중에서 과업을 제시하는 상황에 나타날 수 있는 교사의 과업제시 유형을 분석해 보는 방법이다. 각 행동 유형별로 누가 기록된 빈도수를 분석한다.

4) 활용

교사가 수업 분위기에 따라 적절한 형태로 과제를 제시하지 않고, 어느 한 행동 유형만을 선호하여 과업을 제시하고 있는지의 여부를 분석해 봄으로써 교사의 효과적인 교수 방법 향상과 효율적인 수업진행이 되도록 하는 데 도움이 될 것이다.

〈표 3-26〉 교사의 과업제시 유형 분석도구

(   )과 수업관찰자_____인

학년반	학년 반	교 사		장 소		학생 수	
단원명				차 시		날 짜	
본시학습목표:							

교사의 행동 유형	빈도
▶학습 과제의 설명을 반복하여 제시한다.	
▶주어진 과제나 활동에 대해 학생들이 재미있고 즐겁게 생각할 수 있도록 호기심과 동기 유발을 시킨다.	
▶학습 과제가 새로운 정보나 기술을 제공한다.	
▶교사가 학생들에게 학습 동기를 제공하지 않고 곧바로 학습 과제를 제시한다.	
▶교사가 학생들에게 권유형식으로 학습 과제를 제시한다(예를 들면, 여러분들이 ……을 해 보지 않겠니?).	
▶과업을 잘 수행할 경우에 보상이 주어진다는 약속을 전제로 한다.	
▶교사가 학생들에게 수업 내용을 시험 친다는 경고를 한다.	
▶교사가 학생들에게 잘못된 과업수행에 벌을 주겠다고 위협한다.	
▶과제를 해결할 충분한 자료 준비 및 해결 방법을 안내해 준다.	
▶학습자의 능력에 맞게 과제의 난이도를 구분하여 다양하게 제시한다.	
▶	
▶	
▶	
▶	

의견:

하. 교사와 관찰자의 평가일치 정도 분석

1) 관찰목적

수업관찰을 하고 그 결과를 보면 관찰자가 지각한 교사의 수업행위와 교사가 스스로 느끼고 있는 수업행위는 자주 다르게 나타난다. 그 이유는 두 가지가 있다. 교사가 자신의 교수행위에 대해 정확하게 느끼기 어렵기 때문이다. 또 하나의 이유는 관찰자가 빠르게 진행되는 수업 상황을 제대로 관찰하지 못하기 때문이다. 과연 수업이 끝난 후 관찰자의 관찰 결과와 교사 자신의 생각을 비교하여 그 일치 정도를 분석하게 되면 차후의 수업관찰에서 중점적으로 관찰해야 할 항목을 결정할 수 있을 것이다.

2) 관찰 방법

우선 사전협의회에서 관찰자는 교사와 협의하여 관찰하고자 하는 내용을 전반적으로 정한다. 필요에 따라서는 관찰자가 수업 중에 항목을 정할 수도 있다. 수업관찰이 끝난 후 관찰항목에 대해 관찰자의 관찰 결과와 교사 나름대로 자기 보고를 비교하여 일치 여부를 확인한다. 교사가 수업을 한 후 해당되는 항목에 대해 '아주 좋은(HD)', '보통(MD)', '충분하지 못한(ND)' 중에서 해당되는 평가를 두 번째 난에 기입한다. 역시 관찰자도 수업관찰을 한 후 교사의 수업에 대해 해당되는 항목에 대한 평가를 세 번째 난에 기입한다. 그리고 네 번째 난에는 교사의 평가와 관찰자의 평가가 일치했는지 그 여부를 '일치(agree)'나 '불일치(disagree)'로 나누어 기술한다. 관찰이 끝난 후 관찰자는 교사와 함께 일치 여부를 확인하고 불일치인 경우 재평가의 필요성을 검토한다. 만약 필요하다면 차후 수업관찰을 위한 날짜와 시간을 결정한다.

〈표 3-27〉 교사와 관찰자의 평가일치 정도 분석

관찰항목	교 사	관찰자	일치 여부	재평가 필요 여부	날 짜	시 간	비 고
교사발문	HD	MD	불일치	필요	10. 20	5교시	

3) 분석 방법

분석 방법은 예시에서 나타난 바와 같이 관찰 항목이 교사발문인 경우 교사는 아주 좋은(HD)으로 보았지만 관찰자는 보통(MD)으로 평가를 하여 불일치를 보였다. 관찰자는 교사와 불일치가 나타나게 된 이유를 교사와 함께 논의하여 합의점을 도출한다. 관찰자가 교사의 의도된 교수행위를 충분히 파악하지 못한 경우도 있겠지만 때로는 교사들이 자신의 강점보다는 부족한 점에 대해서 제대로 인식하지 못하는 경우가 있다. 이런 경우 관찰자는 가능한 한 교사가 자신의 교수행위에 대해 자신감을 갖도록 적절한 격려 속에서 서로의 평정 결과를 비교해야 한다.

불일치를 보였을 경우, 관찰자와 교사는 서로 합의하여 불일치된 항목을 중점적으로 관찰하기 위한 다음 수업관찰 계획을 세운다.

4) 활용

수업관찰이 교사를 도와 궁극적으로 수업효과성을 높이는 데 목적이 있다고 하지만 간혹 관찰자와 교사 사이에 수업에 대해 서로 의견이 다른 경우가 생길 수 있다. 이런 경우 수업에 대한 관찰자와 교사의 평가일치 정도 분석 방법은 관찰자와 교사 사이에 이견을 해결하기 위한 방법 중의 하나가 될 수 있다. 일방적으로 관찰자의 관찰 결과만을 갖고 수업개선방안을 모색하기보다는 서로의 이견을 충분히 검토하기 때문에 관찰자와 교사 간의 인간적인 신뢰감을 가질 수 있다.

또한 이 방법은 한 번의 관찰로 끝나는 것이 아니라 계속하여 관찰자와 교사가 서로의 의견이 일치할 때까지 협의해야 하기 때문에 교사의 교수-학습 기술을 향상시켜 줄 수가 있다.

〈표 3-28〉 교사와 관찰자의 평가일치 정도 분석표

학년반	학년 반		교 사				학생 수	
단원명				차 시		일 시	년 월 일	
본시학습목표:								

평가척도: 아주 좋은(HD), 보통(MD), 충분하지 못한(ND)

관찰항목	교 사	관찰자	일치 여부	재평가 필요 여부	날 짜	시 간	비 고

의견:

거. 교사의 피드백 방법 관찰

1) 관찰목적

교사의 피드백은 매 시간마다의 학습 결과를 학습자에게 제시해 줄 수 있기 때문에 학습과정에 영향을 준다. 교사의 피드백이 긍정적이냐 부정적이냐에 따라서 학생들의 학습 흥미도와 태도가 달라질 수 있다. 따라서 교사의 피드백 방법 관찰의 목적은 교사의 피드백 진술이 얼마나 정확하며 효과적으로 발휘되고 있는지에 관한 자료를 제공하여 학생들의 학습동기 유발을 높이는 데 있다.

2) 관찰 방법

피드백 관찰표는 긍정적 강화 피드백, 부정적 강화 피드백, 단순 형태의 피드백 3개 영역으로 구성하였다. 수업관찰자는 교사의 피드백 진술을 관찰하면서 피드백 관찰표에 빈도수를 표시하며 특기할 만한 사항은 특기 사항란에 기록한다.

⟨표 3-29⟩ 교사의 피드백 관찰표

영 역	평가관점	내 용	빈도수	특기사항	%
긍정적 강화 피드백	수 정	학생의 아이디어를 교사 자신의 말로 바꾸거나 개념화함으로써 아이디어를 수정	///		15
	적 용	추측에 이르게 하거나 문제의 논리 분석으로 다음 단계를 취하기 위하여 아이디어를 사용한다.	///// //		35
	비 교	교사의 아이디어와 학생의 아이디어를 비교한다.	///		15
	요 약	학생 개인이나 학생 집단에 의하여 진술된 것을 요약한다.	//		10
부정적 강화 피드백	비 난 무 시 거 부	비난, 무시, 거부	/		5
단순형태의 피드백	단순형태	좋아, 예, 맞아요, 아니, 좋아요, 어-허, 또는 아니요 누구 다른 생각은?	////		20
계			20		100

3) 분석 방법

피드백 관찰표에 체크한 영역별 빈도수를 총빈도수로 나누어 백분율을 산출한다(예: 긍정적 강화 피드백 비율(%) = 긍정적 강화 피드백 빈도수÷총피드백 빈도수×100). 위의 예시를 가지고 긍정적 강화 피드백 비율을 산출해 보면, 15(긍정적 강화 피드백 빈도수)/20(총빈도수)×100 = 75%로 나온다. 부정적 강화 피드백은 5%, 단순형태는 20%로 산출된다. 이런 결과로 볼 때 이 수업은 긍정적 강화 피드백이 압도적으로 많았고 그 중에서도 적용 관점이 상당한 %를 차지한다는 것을 알 수 있다. 부정적 강화 피드백 비율보다는 단순형태 피드백 비율이, 단순형태의 피드백 비율보다는 긍정적 강화 피드백 비율이 높을 경우에 학생들의 학습 활동에서 동기 유발에 효과적이다.

4) 활용

교사가 흔히 사용하는 형태의 피드백은 질문에 대한 학생의 반응을 반복하는 것일 것이다. 이것은 피드백의 양과 다양성이 부족함을 의미한다. 따라서 교사의 피드백 관찰 방법은 단순한 피드백에서 다양한 피드백을 사용하는 데 활용할 수 있다. 특히 긍정적 강화 피드백은 학생의 아이디어를 단순히 반복하는 것이 아니라 수정, 적용, 비교, 요약함으로써 피드백의 양과 다양성을 제공해 주어 학생들의 학습 동기 유발을 높일 수 있다.

<표 3-30> 교사의 피드백 관찰 분석표

학년반	학년 반	교 사		장 소		학생 수	
단원명			차 시	일 시		년 월 일	
본시학습목표:							

영역	평가관점	내용	빈도수	특기사항	%
긍정적 강화 피드백	수정	학생의 아이디어를 교사 자신의 말로 바꾸거나 개념화함으로써 아이디어를 수정			
	적용	추측에 이르게 하거나 문제의 논리 분석으로 다음 단계를 취하기 위하여 아이디어를 사용한다.			
	비교	교사의 아이디어와 학생의 아이디어를 비교한다.			
	요약	학생 개인이나 학생 집단에 의하여 진술된 것을 요약한다.			
부정적 강화 피드백	비난 무시 거부	비난, 무시, 거부			
단순 형태의 피드백	단순형태	좋아, 예, 맞아요, 아니, 좋아요, 어-허, 또는 아니요 누구 다른 생각은?			
계					

의견:

너. 기술적 수업관찰: 교사

1) 관찰목적

교사를 대상으로 관찰을 하는 목적은 교사에게 관련된 여러 가지 사항을 관찰하여 교사에게 좋은 자료를 제공함으로써 교사가 자신의 교수 기술을 향상시키도록 도와주기 위한 것이다. 수업에서 교사를 관찰하는 방법은 여러 가지가 있지만, 여기서는 교사가 어떤 교수행위를 하는지에 限하여 관찰하는 방법을 제시하고자 한다.

2) 관찰 방법

　수업관찰에서 교사에게 중점을 두어 교사의 옷차림에서부터 학생들과의 관계, 그리고 교수 기술까지 관찰하는 방법이다. 예를 들어 "교사의 옷차림이 학생들에게 좋은 모범이 되는가?"라는 질문에 모범이 된다고 하면 어떻게 모범이 되는지를 기술하는 것이다. 즉 교사의 옷차림에 대해 자세히 기술하는 것으로 회색 재킷에 밝은 회색 스타킹, 그리고 짙은 회색 구두를 신고 있다고 기술하는 것이다. 교사에 대해 집중적으로 관찰함으로써 교사의 교수행위에 더 효과적인 대안을 제시할 수 있도록 구체적으로 기술하는 것이 중요하다. 간단한 예시를 통해서 알아보자.

〈표 3-31〉 기술적 수업관찰: 교사 중심

관찰 항목	관찰 결과
옷차림의 상태는?	학생들에게 모범적이다.
학생들과의 관계에서 친숙 정도는?	갈색 재킷, 밝은 회색 스타킹, 짙은 회색 구두, 딱딱한 분위기이고 거의 웃음을 보이지 않는다.
교사의 열의가 담겨 있는 목소리인가?	사무적이고 정열적이지 않다. 학생들의 작은 움직임에 무신경하다.
학생 이해로서 학생들에 대한 반응?	관심을 갖고 있다(구체적인 예: 학생들의 대답에 적극적으로 반응한다).
수업 중에 예기치 않은 상황에 대해서?	한 학생에게는 차분하고 단호하게 처벌로써 대처한다. 다른 학생에게는 유머로써 받아 준다.
학생들의 분단학습을 시도하는가?	학생들의 자발적인 분단학습은 없었다.
수업에서 긍정적인 피드백 방법은?	"잘했어요", "좋아요"라고 하지만 "맞아요"라는 말은 거의 사용하지 않는다.
학생들의 개별적인 능력에 대해서?	거의 신경을 쓰지 않고 있다. 다만 일부 학생에게만 집중적으로 질문한다.
발표방식은 민주적으로 진행되는가?	학생들이 자신의 의견을 발표하도록 유도한다.

예시에서 알 수 있듯이 교사를 중심으로 관찰을 할 경우 여러 가지를 알 수 있다. 관찰 방법은 관찰 항목에 대해 자세히 기술하는 방법이다. 관찰 항목이 다소 많기 때문에 신중하게 관찰하지 않으면 선입견으로 오류를 범할 수 있다. 관찰 항목에서 제외된 상황이나 항목은 기타 난에 항목을 기입하고 관찰 결과를 기술하면 된다. 특히 체크리스트나 평정하는 방법이 아니므로 구체적으로 상세히 관찰 결과를 기술하지 않으면 자료로서 크게 도움이 되지 않을 수가 있으므로 다소 어려운 점이 있더라도 자세히 기술하는 것이 바람직하다.

3) 분석 방법

관찰 결과를 분석할 때, 교사의 개인적인 요인은 여러 가지로 중요한 점이 많이 있다는 점을 감안해 두고 분석하는 것이 바람직하다. 즉 교사의 개인적 특성을 무시한 채 일방적으로 교사를 표준형으로 꼭 맞추려고 하는 것은 좋은 분석 방법이 아니다. 즉 교사와 협의과정에서 교사의 성격이나 취미와 기호를 고려하면서 분석하는 것이 좋을 것이다. 그러므로 이 방법은 가능한 한 동료 장학에서 사용하고 가까운 동료끼리 서로를 이해하는 동료의식에서 분석하는 것이 좋을 것이다.

4) 활용

교사는 만능이 아니다. 만능이 아니라는 것은 다소 결점이 있을 수 있다는 뜻이다. 교사의 결점은 객관적인 입장에서 평가되는 것이다. 하지만 교사의 교수기술은 꼭 객관적으로 평가되기보다는 다소 교사의 주관성을 살리는 것도 중요하다. 예를 들어 교사의 옷차림이 너무 화려하거나 시각적으로 학생들에게 좋지 못한 영향을 준다면 이런 점은 개선의 여지가 있는 것이다. 또한 수업 중에 예기치 않은 상황에 대처하는 교사의 자세도 숙달할 필요가 있는 것이다. 분석 결과를 해석하고 이를 개선하는 점에 있어서 교사의 수용하는 자세가 필요하다. 그래야만 좋은 수업을 할 수 있는 교사의 기본적인 자세를 갖출 수가 있는 것이다.

〈표 3-32〉 기술적 수업관찰: 교사 중심

학년반	학년　반	교　사			학생 수	
단원명			차　시	일　시	년　월　일	
본시학습목표:						

관찰 항목	관찰 결과
옷차림의 상태는?	
학생들과의 관계에서 친숙 정도는?	
교사의 열의가 담겨 있는 목소리인가?	
학생 이해로서 학생들에 대한 반응?	
수업 중에 예기치 않은 상황에 대해서?	
학생들의 분단학습을 시도하는가?	
수업에서 긍정적인 피드백 방법은?	
학생들의 개별적인 능력에 대해서?	
발표방식은 민주적으로 진행되는가?	

의견:

더. 교수행위 진단 평가

1) 관찰목적

교사가 수업을 할 때에 항상 완벽할 수는 없다. 때로는 교사 스스로 자신의 교수행위가 부족하다고 느낄 수 있다. 그러므로 올바른 교사는 자신의 부족한 점이 무엇인지 확인하고 이를 보완하려는 노력을 하게 된다. 교사의 교수 진단 평가는 교사가 자신의 교수행위를 확인하고 진단하여 부족한 부분을 보완하기 위한 기초자료를 제공하기 위한 관찰 도구이다.

2) 관찰 방법

관찰 내용은 전적으로 교수 활동에 해당되는 사항만을 대상으로 하고 있다. 관찰 방법은 직접적인 관찰을 통해서 평가할 수 있고, 논리적인 내용들로 기술될 수도 있다. 또한 교실 안에서 일어날 수 있는 것들을 평가할 수도 있다. 평가의 항목들은 효율적인 교수 활동과 관계된 계획 기술(planning skill)에 적합하다.

관찰 항목은 목적, 계획, 성취, 평가 4분야로 나누어져 있으며, 평가 척도는 각 항목에 대해 10점 척도를 활용하여 점수화시켰다.

<표 3-33> 교수행위 진단 평가

분 야	항 목	점 수	합 계
목 적	1. 목표의 명료성: 교수의 목적이 분명하다.		
	2. 목표의 적절성: 수업목표가 학생들에게 너무 쉽거나 어렵지 않고 적절하다.		
계 획	3. 학습의 조직: 학습의 각 부분들이 적정한 방법으로 분명하게 관계 지어져 있다.		
	4. 내용의 선정: 학습의 내용이 수업목표에 적절하다.		
	5. 도구의 선정: 특수한 수업도구와 인적 자원이 학습 내용과 확실히 관련되어 있고, 선택된 수업의 방법에 적절하다.		
성 취	6. 현실의 명료화: 학습의 내용이 학생들에게 이해되기 쉽게 제시된다.		
	7. 학생의 참여와 관심: 학생들을 학습에 적극적으로 참여시킨다.		
	8. 학습의 종료: 학생 개개인의 수준에 맞추어 다양한 학습이 이루어진다.		
평 가	9. 평가과정의 다양성: 교사는 수업평가를 위해 적절하고 다양한 과정을 공식적 또는 비공식적으로 수행하고 있다.		
	10. 교수 - 학습의 개선을 위한 평가의 사용: 평가의 결과는 교수학습 개선의 목적을 위해 학생과 교사에 의해 재고되고 있다.		

3) 분석 방법

각 항목을 10점 척도를 점수화해서 항목 간에 비교를 한다.

4) 활용

교사의 교수 진단 평가는 교사평가에 대한 총괄평가의 기능보다는 형성평가로서 기능을 하는 데 적합하다. 그러므로 교사는 자신의 분야별(목적, 계획, 성취, 평가) 점수를 파악한 후 보다 향상된 수업을 계획하는 데 중요한 자료로 삼을 수 있다.

〈표 3-34〉교수행위 진단 평가 분석표

학년반	학년 반	교 사		장 소		학생 수	
단원명			차 시	일 시		년 월 일	
본시학습목표:							

(1) 다음 항목에 1∼10까지의 점수를 적으시오.
(2) 각 항목의 분야별 점수를 합계란에 기입하시오.
(3) 항목별 판정기준은 80점 이상 얻은 것을 의의 있다고 본다(80% 이상).

분 야	항 목	점 수	합 계
목 적	1. 목표의 명료성: 교수의 목적이 분명하다.		
	2. 목표의 적절성: 수업목표가 학생들에게 너무 쉽거나 어렵지 않고 적절하다.		
계 획	3. 학습의 조직: 학습의 각 부분들이 적정한 방법으로 분명하게 관계 지어져 있다.		
	4. 내용의 선정: 학습의 내용이 수업목표에 적절하다.		
	5. 도구의 선정: 특수한 수업도구와 인적 자원이 학습 내용과 확실히 관련되어 있고, 선택된 수업의 방법에 적절하다.		
성 취	6. 현실의 명료화: 학습의 내용이 학생들에게 이해되기 쉽게 제시된다.		
	7. 학생의 참여와 관심: 학생들을 학습에 적극적으로 참여시킨다.		
	8. 학습의 종료: 학생 개개인의 수준에 맞추어 다양한 학습이 이루어진다.		
평 가	9. 평가과정의 다양성: 교사는 수업평가를 위해 적절하고 다양한 과정을 공식적 또는 비공식적으로 수행하고 있다.		
	10. 교수−학습의 개선을 위한 평가의 사용: 평가의 결과는 교수학습 개선의 목적을 위해 학생과 교사에 의해 재고되고 있다.		

각 분야별 점수는 다음과 같습니다.

분 야	목 적	계 획	성 취	평 가	합 계
최고점	20	30	30	20	100
관찰점수					

의견:

러. 교사의 수업진행 분석

1) 관찰목적

교사는 어떻게 가르칠 것인가에 대해서 고민하게 된다. 이러한 물음에 대한 해답을 찾기 위해서 교사의 수업진행을 분석할 필요가 있다. 교사의 수업진행방법 분석은 기본적인 교수 능력을 향상시키기 위한 기초 자료를 수집하기 위해서이다.

2) 관찰 방법

교사의 수업진행에서 분석하고자 하는 내용은 교사들이 학습자의 동기를 높이기 위한 전략, 각종 수업 내용의 제시 전략, 강화 전략 등 다양한 수업진행에 대한 전략을 어느 정도 사용하고 있는지를 알아보는 것이다. 분석 방법은 관찰자를 별도로 정하여 하는 것이 바람직하겠지만 사정이 허락되지 않으면 교사가 자기 장학을 위한 방법으로 자신의 수업을 녹화하여 분석할 수도 있다. 분석 기준은 '적절하다', '미흡하다', '전혀 안 된다'로 나누어서 해당하는 부문에 √ 하면 된다. 교사의 수업 방법 분석은 대략 13개의 문항으로 구성할 수 있는데, 예시는 다음과 같다.

교사인 나는?	적절하다	미흡하다	전혀 안 된다
1. 학생의 주의 집중을 촉진한다.	√		
2. 수업시작 전에 동기 유발을 시킨다.	√		
3. 중요 학습 개념을 강조한다.		√	
4. 수업목표를 확인시킨다.			√
5. 학생의 능력수준에 따라 다양한 수업 활동을 개선한다.			√
.			
.			
.			
계	5개	4개	6개

3) 분석 방법

교사의 교수능력은 일반적으로 교과에 대한 전문지식과 교수 방법으로 구분할 수 있다. 교사의 수업 방법 분석에서는 교과에 대한 전문적인 지식을 관찰하는 것이 아니라 교수 방법을 관찰하기 위한 것이다. 교수 방법은 교수 절차를 의미하기도 하는데 두 가지로 구분된다. 첫째는 수업 구성 요소의 관리적인 측면이며, 다른 하나는 수업계획과 절차를 짜임새 있게 하는 교수행위에 관한 것이다. 수업구성요소는 교수 방법에 따라 다소 차이가 있지만 거의 모든 교과가 대체로 비슷하기 때문에 교사의 수업 구성 요소와 행위에 대한 일반화가 가능하다고 본다. 그러므로 교사는 수업이 끝난 후 예시처럼 직접자신의 수업을 평가함으로써 자신의 미비점에 대해서 이를 보완하기위한 노력을 할 수 있다. 예를 들어 위의 교사가 수업목표를 학생들에게 확인시키지 않거나 또는 학생들의 능력 수준을 전혀 고려하지않고 교사 입장에서 특정한 수준에 국한하여 수업이 진행되었다면다른 학생들은 수업에 대해서 열의를 갖지 않게 될 것이다.

4) 활용

교사가 자신의 교수능력을 분석해 보는 것은 자기장학의 출발이라고 할 수 있다. 그러므로 누구에게 평가되는 것이 아니라 자신의 수업 개선을 위해서 보다 정확하게 분석을 하고 만약 특정한 항목에 대해서 문제가 있다면 장학담당자(교장, 교감, 장학사, 동료교사 등)와 협의하여 이를 해결할 수 있는 교수기술을 습득하는 노력을 해야 한다.

〈표 3-36〉 교사의 수업진행 분석

학년반	학년 반	교 사			학생 수	
단원명			차 시	일 시	년 월 일	
본시학습목표:						

교사인 나는?	계속적으로	가 끔	전혀 안 한다
1. 학생의 주의 집중을 촉진한다.			
2. 수업 시작 전에 동기 유발을 시킨다.			
3. 중요 학습개념을 강조한다.			
4. 수업목표를 확인시킨다.			
5. 학생의 능력 수준에 따라 다양한 수업 활동을 전개한다.			
6. 개별화 수업을 유도한다.			
7. 학생의 요구를 수업 중에 반영한다.			
8. 학생의 창의성을 발전시킨다.			
9. 학생의 질문을 적극적으로 수용한다.			
10. 적절한 강화를 제공한다.			
11. 매 시간 끝날 때마다 학생의 학습 정도를 확인한다.			
12. 학생마다 개별적인 목표를 설정하게 한 후 성취에 따른 격려를 해 준다.			
13. 사고를 할 수 있는 질문을 한다.			
계	개	개	개

의견:

머. 교사의 언어 관찰

1) 관찰목적

수업에서 교사의 언어는 수업의 효과를 결정하는 데에 상당한 영향을 미침에도 불구하고 학교 현장에서 교사의 언어는 쉽게 분석되지 않는 경향이 있다. 그래서 교사가 사용하는 언어를 유형화하여 분석함으로써 수업의 질적 개선을 위한 피드백 자료로 활용하고자 한다.

2) 관찰 방법

교사의 언어 행위는 크게 정보 제공, 질문, 대답, 칭찬, 지시, 꾸짖음 등으로 구분할 수 있다. 교사의 언어에 대한 이러한 내용을 수업 시간의 경과에 따라서 해당되는 언어 행위가 나타날 때마다 기록할 수 있다.

교사의 언어에 대한 관찰 내용과 관찰 척도의 예를 표로 제시하면 다음과 같다.

〈표 3-37〉 교사의 언어 관찰 예시

시간＼내용	정보 제공	질 문	대 답	칭 찬	지 시	꾸짖음
5	*	*			*	
10		*				*
15	*				*	
20						
25		*	*			*
30			*		*	
35	*		*	*		*
40	*					
45	*					*
50						
계	5	3	3	1	3	4

3) 분석 방법

예시에 나타난 교사의 언어는 주로 정보 제공과 꾸짖음에 편중되어 있다. 결과적으로 이러한 언어에 의한 교사의 수업은 주로 학생의 사고를 증진시키는 수업이 되지 못하였으며 꾸짖음이 많다는 사실은 수업 분위기가 산만하였거나 학생들의 답변이 부족하였음을 나타내는 것이다. 6개의 항목에 대한 총점을 결정할 수 없기 때문에 관찰 후에 전반적인 분포를 보면서 분석할 수 있을 것이다.

4) 활용

관찰자는 6개의 항목에 대한 총점을 통해서 피관찰교사의 장점과 단점을 피드백해 줌으로써 교사의 언어를 개선하는 데에 활용할 수 있다. 이러한 자료를 활용하는 데 있어서는 관찰자의 객관적인 판단을 유지하는 것이 무엇보다 중요할 것이다.

〈표 3-38〉 교사의 언어 관찰 분석표

학년반	학년 반	교 사		장 소		학생 수	
단원명			차 시	일 시		년 월 일	
본시학습목표:							

시간＼내용	정보 제공	질 문	대 답	칭 찬	지 시	꾸짖음
5						
10						
15						
20						
25						
30						
35						
40						
45						
50						
계						

의견:

버. 교사의 이미지 분석

1) 관찰목적

수업을 진행한 교사에 대한 평가는 주로 상급자, 장학 담당자, 동료 교사에 의해서 이루어진다. 그러나 교사의 수업에 대한 진정한 의미의 평가는 교육 수요자인 학생에 의해서 내려지는 것이 타당할 것이다. 그러므로 교사의 이미지에 대한 분석을 학생을 통해서 하는 것은 수업개선을 위해서 중요한 역할을 할 수 있을 것이다. 교사의 이미지는 교사에 관련된 사항뿐만 아니라 수업에 동원되었던 교사의 전반적인 사항을 모두 교사의 이미지로 포함시킬 수 있다.

2) 관찰 방법

교사의 이미지는 여러 가지가 있을 수 있다. 교과에 대한 지식을 위주로 해서 학생에 대한 교사의 공정성, 수업 통제성, 수업 흥미를 유발시키는 정도, 교사의 수업에 대한 열의, 학생의 태도에 대한 교사의 인식, 학생 참여 유도, 유머 감각, 과제 부여, 용모 등이 있을 수 있다. 이와 같은 내용을 근거로 해서 질문 형식의 문항을 작성하여 5점 척도로 답변할 수 있도록 하면 다음과 같다.

〈표 3-39〉 교사에 대한 이미지 관찰 예시

* (수학) 수업을 진행하신 선생님에 대한 이미지는?

순 서	내 용	점 수
1	교과목에 대한 완전한 지식을 가지고 계시다.	5 ④ 3 2 1
2	학생들에게 고르게 발표를 시키신다.	5 ④ 3 2 1
3	부드럽고 친절하게 수업을 진행하신다.	⑤ 4 3 2 1
4	학생들이 수업에 흥미를 가질 수 있도록 하신다.	5 ④ 3 2 1
5	학생들의 의견을 존중해 주신다.	5 ④ 3 2 1
6	학생의 질문에 친절하게 답변해 주신다.	⑤ 4 3 2 1
7	유머 감각이 풍부하시다.	5 4 ③ 2 1
8	적절한 분량의 과제를 내주신다.	5 4 ③ 2 1
9	선생님의 용모는 단정한 편이다.	⑤ 4 3 2 1
10	최선을 다해서 열심히 가르쳐 주신다.	⑤ 4 3 2 1
계		42

3) 분석 방법

예시에 나타난 선생님의 이미지는 42점을 획득하였기 때문에 전반적으로 양호한 것으로 나타났다. 다만 유머스러운 면과 과제 분량에 있어서 낮은 점수를 나타내었기 때문에 개선의 여지가 있다. 총점을 기준으로 한 이미지 평가는 다음과 같다.

40점～50점: 좋음

30점～40점: 보통

10점～30점: 나쁜 편임

0점～10점: 매우 나쁨

4) 활용

학생에 의한 교사의 이미지 평가는 학생이 교사를 평가한다는 인상을 주기 때문에 시행상의 어려움이 있을 것이다. 그러나 학생이 요구하는 교사상을 파악해 볼 수 있기 때문에 적절한 통제와 객관성을 유지하여 평가된 이미지는 교사의 교수 활동을 개선하는 데에 많은 도움을 줄 것이다.

〈표 3-40〉 교사에 대한 이미지 분석표

학년반	학년 반		일 시			장 소	
단원명				단원명			
본시학습목표:							

* (　　　) 수업을 진행하신 선생님에 대한 이미지는?

순 서	내 용	점 수
1	교과목에 대한 완전한 지식을 가지고 계시다.	5 4 3 2 1
2	학생들에게 고르게 발표를 시키신다.	5 4 3 2 1
3	부드럽고 친절하게 수업을 진행하신다.	5 4 3 2 1
4	학생들이 수업에 흥미를 가질 수 있도록 하신다.	5 4 3 2 1
5	학생들의 의견을 존중해 준다.	5 4 3 2 1
6	학생들의 질문에 친절하게 답변해 주신다.	5 4 3 2 1
7	유머 감각이 풍부하시다.	5 4 3 2 1
8	적절한 분량의 과제를 내주신다.	5 4 3 2 1
9	선생님의 용모는 단정한 편이다.	5 4 3 2 1
10	최선을 다해서 열심히 가르쳐 주신다.	5 4 3 2 1
	계	

의견:

가. 학생 참여 확인 방법

1) 관찰목적

학생의 창의력 신장 및 발표력을 향상시키기 위해서는 교사 중심의 수업보다는 학생 중심의 수업이 좀 더 효과적일 것이다. 학생 중심이 되는 수업의 한 형태가 토의식 수업일 것이다. 학생 참여 확인 방법은 토의식 수업에서 학생들의 수업 참여도를 확인하기 위해 사용할 수 있는 방법이다. 토의식 수업에서 가장 중요한 점은 '참여'이다. 만약 토의식 수업에서 강의식 수업처럼 단순히 청취하는 수준에서만 수업이 이루어진다면 올바른 토의식 수업이 되기 어렵다. 그러므로 토의식 수업에서는 학생들의 참여(청취와 발표)가 절대적으로 필요하며 이를 확인하기 위한 수업관찰이 필요하다.

2) 관찰 방법

토의식 수업에서 학생의 참여 기회를 늘리고 토론하는 기술을 향상시키기 위해서는 무엇보다도 토의식 수업의 형식과 방법을 학생들이 충분히 숙지하는 것이 필요하다.

여기서는 일단 토의식 수업에 대한 이해가 있다는 가정하에 이를 더 숙달시키기 위해서 다음의 9개의 범주체계로 나누어서 학생들을 관찰하여 자료를 수집한다. 관찰하여 기록하는 방법은 체크리스트 기법을 사용한다.

관찰 결과의 항목은 '그렇다', '보통이다', '그렇지 않다'로 구분하여 나타내고, 관찰 대상은 특정한 개인을 대상으로 하는 것이 아니라 학급 전체를 대상으로 한다. 하지만 관찰자는 '그렇다', '보통이다', '그렇지 않다'의 항목별로 해당 학생을 파악하여 대략 몇 명 정도가 해당되는지를 분석해야 한다.

〈표 3-41〉 학생 참여 확인 분석표 예시

* 관찰척도 : 그렇다 - 3점, 보통이다 - 2점, 그렇지 않다 - 1점

(N=20)

내 용 평정척	그렇다	보통이다	그렇지 않다
1. 토론에 열심히 참여하고 있는가?	7	11	2
2. 중요한 아이디어를 사용하는가?	4	4	12
3. 실제적인 개념을 분명히 알고 있는가?	6	2	2
4. 논의의 핵심을 계속 유지하는가?			
5. 자신의 생각을 발전시키는 데 동료 학생의 아이디어를 활용하는가?			
6. 자신의 생각에 대한 증거나 예를 제시하는가?			
7. 동료 학생의 아이디어에 얼마나 관심이 있는가?			
8. 동료 학생의 아이디어에 얼마나 논리적으로 대응하는가?			
9. 핵심을 요약해서 진술하는가?			
합계	72	55	53
%	40.0	30.6	29.4

3) 분석 방법

관찰자는 학생들이 수업에 참여하는 정도를 3단계('그렇다', '보통이다', '그렇지 않다')로 구분하고 각각 해당 학생이 몇 명 정도인가에 대한 분석이 필요하다. 그리고 분석할 때 주안점은 학생들의 수업 참여는 교사의 교수행위와 밀접한 관계를 갖고 있으므로 이를 심층적으로 분석해야 한다. 왜냐하면 교사의 교수행위에 따라 학생들의 참여 정도는 달라질 수 있다. 학생들의 참여를 거의 허용하지 않는 수업방식인 강의식이나, 질문이나 대답 없이 교사의 일방적인 결론으로 수업을 유도하는 경우에 좋은 분석 자료가 될 수 있을 것이다.

예시의 경우 학생의 참여는 그렇다(40.0%)가 가장 높은 비율을 보이고 있어 양호하다고 볼 수 있고, 각 항목별로 그 내용을 분석해 보면 학생 참여를 유도하기 위한 방안을 세우는 자료가 될 수 있다.

4) 활용

토의식 수업에서 가장 고려해야 할 점은 학생들의 자발적인 참여와 이를 효과적으로 수업 내용과 연결시킬 수 있느냐 하는 점이다. 그러므로 위에 제시한 항목을 바탕으로 토의식 수업 전체의 분위기를 파악하고 이를 위한 효과적인 대안을 생각해 보는 것도 바람직할 것이다.

학년반	학년 반	교 사				학생 수	
단원명			차 시	일 시		년 월 일	
본시학습목표:							

(N=   )

내 용 \ 평정척	그렇다	보통이다	그렇지 않다
1. 토론에 열심히 참여하고 있는가?			
2. 중요한 아이디어를 사용하는가?			
3. 실제적인 개념을 분명히 알고 있는가?			
4. 논의의 핵심을 계속 유지하는가?			
5. 자신의 생각을 발전시키는 데 동료 학생의 아이디어를 활용하는가?			
6. 자신의 생각에 대한 증거나 예를 제시하는가?			
7. 동료학생의 아이디어에 얼마나 관심이 있는가?			
8. 동료학생의 아이디어에 얼마나 논리적으로 대응하는가?			
9. 핵심을 요약해서 진술하는가?			
합계			
%			

의견:

나. 학생의 주의집중 분석

1) 관찰목적

학생의 주의집중 정도는 교사의 교수 방법에 많은 영향을 미치게 된다. 수업에 대한 학생들의 집중도가 높을수록 교수 효과는 클 것이고, 집중도가 떨어질수록 효과가 떨어지리라는 것은 당연한 사실일 것이다. 그러므로 학생들이 수업에 주의집중을 하지 않고 태만하거나 열의가 없는 정도를 보일 때 그 원인을 찾아내어 분석해 봄으로써 적절한 교수 방법을 모색하는 데 필요한 자료를 제공할 수 있다.

2) 관찰 방법

학생의 주의집중을 관찰하기 전에 관찰자는 몇 가지 사전에 준비해야 할 점이 있다.

(1) 수업관찰 전에 교사와의 사전협의회를 통해 학습지도안을 근거로 하여 교사가 원하는 수업의 전체적인 윤곽을 파악하고 있어야 한다.

(2) 학생의 주의집중은 교사의 교수행위에 대한 학생의 학습행위와의 일치 정도를 파악하는 것이므로 모든 학생을 관찰할 수 있는 위치에 자리를 잡는다.

(3) 학생을 관찰할 때 특정인에 대한 관찰보다는 수업 분위기 전체에 영향을 미치는 학생들의 주의집중을 파악해야 하기 때문에 학생들의 수업 이외의 행동을 주의 깊게 관찰해야 한다.

(4) 특별한 경우에는 수업 분위기에 문제가 되는 몇 명의 학생에 대한 사전 지식을 교사로부터 알아 두는 것도 관찰에 용이할 수 있다.

관찰자는 수업관찰에 임하기 전에 학습지도안을 바탕으로 교사가 진행하게 될 학습 내용을 미리 기록해 둔다. 그리고 교사의 행동에 맞추어 수업에 열의를 갖지 않고 주의집중을 하지 않는 학생을 파악한다. 학생행위 중에서 주의집중이 되지 않는 요소를 파악

하는 데에는 다섯 가지 범주로 구분할 수 있는데 각 범주별로 내
용을 제시하면 다음과 같다.

(1) 주의불량: 창밖을 보기, 관찰자 보기, 학우들을 보기 등
(2) 자세불량: 자리에서 졸기, 책상에 엎드리기 등
(3) 장난치기: 머리, 시계, 옷 등을 가지고 손장난 등
(4) 딴짓하기: 다른 책 보기, 낙서하기 등
(5) 기타: 기타 수업과 관련 없는 행동

관찰 방법은 학생이 주의집중하지 않는 행동을 파악하고 이에
해당하는 빈도를 기입하는 것이다.

〈표 3-43〉 학생의 주의집중 관찰 예시

구 분	학습내용	교사행위	주의불량	자세불량	장난치기	딴짓하기	기 타
도입	학습목표 제시	학습목표를 판서한다	//	///	////	/	
전개	· · ·	· · ·					
합계			12	13	30	6	7

3) 분석 방법

효과적인 수업이 되기 위해서는 교수-학습 과정의 일치가 있어
야 한다. 만일 교사의 교수 능력과 수업 열의만 있고 학습자의 수
업에 대한 주의집중이 결여된다면 효과적인 수업이 되기 어려울
것이다. 특히 학생이 교사가 제시하는 과업에 많은 주의를 집중하

면 할수록 더 많이 학습할 것이라는 것은 분명하다. 구체적인 분석 방법은 다음과 같은 표를 이용한다.

〈표 3-44〉 주의집중 요약표

교사행위	주의불량	자세불량	장난치기	딴짓하기	기 타
판서하기	5	12	17	5	1
설명하기	7	1	13	1	6
합계	12	13	30	6	7

위의 표를 근거로 해서 분석하면 교사의 행동 중 어떤 행동을 할 때 학생들이 주의집중을 하지 않는가를 판단할 수 있을 뿐 아니라 주의집중에서 어떤 행동이 많이 일어나는가를 파악할 수 있다. 판서를 할 때 학생들의 자세불량과 장난치기가 많았음을 알 수 있다. 설명할 때 장난치는 학생도 많았음을 알 수 있다.

4) 활용

학생의 주의집중은 수업 중에 학생 개인이 수업에 대한 열의가 있는지 또는 수업에 능동적으로 대처하는지에 관한 자료를 제공하는 것이다. 교사가 수업을 진행하는 동안 관찰자는 학생의 주의집중을 관찰하여 수업 분위기가 산만하게 되는 이유에 대한 자료를 제공함으로써 교사의 의도대로 수업이 진행될 수 있도록 도와주는 것이다. 그러므로 결과가 나오면 교사와의 피드백협의회에서 교사의 수업진행 중 수업 내용의 어떤 경우에 학생들의 주의집중이 산만해지고 어떤 경우에 주의집중이 잘되는지를 파악하여 학생들의 주의집중을 시키는 대안을 마련하는 데 도움을 준다. 예를 들어 판서 중에 학생들의 주의가 산만해진다면 어떤 식으로 판서를 해 나가는 것이 더 효과적인가를 찾아볼 수 있다.

〈표 3-45〉 학생의 주의집중 분석표

학년반	학년 반	교 사		장 소		학생 수	
단원명				차 시		일 시	
본시학습목표:							

구 분	학습내용	교사행위	주의불량	자세불량	장난치기	딴짓하기	기 타
	합계						

<분석 결과표>

교사/학생	주의불량	자세불량	장난치기	딴짓하기	기 타	계	%
판서하기							
설명하기							
·							
·							
계							
%							

다. 교사의 질문에 대한 학생의 응답 태도 분석

1) 관찰목적

교사의 질문이 단순한 정보회상을 요구하는 것이든 창의적인 사고를 요구하는 것이든지 간에 그에 대한 학생의 응답 태도는 다양하다. 예의 바른 자세로 명확하게 응답하는 학생이 있는가 하면 불량한 자세로 제대로 응답하지 못하는 학생도 있다. 따라서 교사의 질문에 대한 학생의 응답 태도를 관찰하여 학생들에게 올바른 응답 태도를 지도하기 위한 것이 그 목적이다.

2) 관찰 방법

학생의 응답 태도는 바른 자세로 말함, 적당한 음성, 정확한 발음, 내용이 요약됨, 군소리를 섞음, 끝까지 말함의 6개 항목으로 분류하였다. 관찰 방법은 답변하는 학생의 응답 태도를 항목별로 3점, 2점, 1점으로 점수를 부여한다.

〈표 3-46〉 교사의 질문에 대한 학생의 응답 태도 분석표

항 목 \ 학생	1	2	3	4	5	6	7	8	9	10	11	12	13	14	15	16	17	18	19	20	계
바른 자세로 말함	3	3	2	3	2	1	3	2	1	3	3	2	2	1	1	1	2				35
적당한 음성	1																				
정확한 발음	3																				
내용이 요약됨	1																				
군소리를 섞음	1																				
끝까지 말함	2																				
계	11																				
평가	항목별 백분율: (35)÷60×100=58% 개인별 점수 백분율: (11)÷18×100=61%																				

3) 분석 방법

개인별 점수를 집계하여 응답 태도를 평가한다. 항목별 비율이 50% 이하이면 그 항목에 대한 재지도가 요구된다고 할 수 있다. 위의 예시에서 보면 항목별 백분율은 최고점수 3에다 20명의 학생을 곱하면 60점이 나오는데 그것을 항목별 응답점수의 합계인 35로 나누어 100을 곱해 주면 58%가 나온다. 개인별 점수 백분율은 최고점수 3에다 6개 항목을 곱하면 18이 나오고 이것을 각 영역의 합계인 11로 나누어 100을 곱해 주면 61%가 나온다. 따라서 이 학생의 응답 태도는 비교적 양호하다고 할 수 있다.

4) 활용

학생의 응답 태도를 분석하는 것은 특별히 어떤 관찰자를 필요로 하기보다는 교사 자신이 응답 태도 분석표를 작성하여 그때그때 적절하게 기록할 수 있는 방법이다. 이렇게 함으로써 질문에 답변할 때에 올바른 자세를 취할 수 있도록 학생의 태도를 수정해 줄 수도 있고, 논리적으로 자신의 의사를 정확히 표현하는 발표력도 신장시켜 줄 수 있을 것이다.

학년반	학년 반	교 사		장 소		학생 수	
단원명				차 시		일 시	
본시학습목표:							

항목 \ 학생	1	2	3	4	5	6	7	8	9	10	11	12	13	14	15	16	17	18	19	20	계
바른 자세로 말함																					35
적당한 음성																					
정확한 발음																					
내용이 요약됨																					
군소리를 섞음																					
끝까지 말함																					
계																					
평가	항목별 백분율: ( )÷60×100 = % 개인별 점수 백분율: ( )÷18×100 = %																				

의견:

라. 과업집중 관찰법

1) 관찰목적

수업 중에 교사가 제시하는 과제나 과업을 수행하는 학생들의 행동은 다양하다. 과업에 집중하는 학생이 있는가 하면 주의가 산만하고 이탈된 행동을 하는 학생도 있다. 학생의 과업집중 행동은 학습에 있어서 중요한 요인이다. 학생이 교사가 제시하는 과업에 많은 주의를 집중하면 할수록 더 많이 배울 것은 분명하기 때문이다. 관찰목적은 학습 활동 중 학생이 학업에 열중하는지 또는 교사가 제시한 과제의 수준 또는 내용이 적절했는지에 대한 자료를 제공하는 데 있다.

2) 관찰 방법

학생이 학습에 집중하고 있는지를 알아보기 위해서 잠시 동안 각 학생의 행동을 체계적으로 살펴본 후, 2~4분 간격으로 5단계의 일을 반복하여 학생 수를 기록한다. 관찰을 위한 카테고리는 a - 개별학습, b - 교사와 같이하는 학습, c - 공동학습, d - 장난 또는 잡담, e - 기타이다. 색연필을 사용하면 더욱 편리하고 학생의 수가 많아서 관찰기록이 어려우면 교사가 요청하는 10여 명을 관찰하거나, 분담하여 관찰하는 것도 좋은 방법일 것이다.

〈표 3-48〉 과업집중 관찰표(숫자는 학생의 사례 수임)

시간 행 동	9:20	22	24	26	28	90	32	34	36	38	40	계	%
a. 개별 학습 활동	3	1	2	2								16	15
b. 교사와 같이 학습	0	0	1	2								8	7
c. 공동학습	2	1	0	2									
d. 장난, 잡담	4	5	4	3									
e. 기타	1	3	3	1									
합계	10	10	10									110	100

3) 분석 방법

특별한 시각(예 9:20)별로 카테고리 비율을 산출할 수도 있고 전표집시각별로 카테고리 비율을 산출할 수도 있다. 전 관찰시간별로 카테고리 비율을 산출하는 방법은 카테고리 합계를 총카테고리 합계로 나누어 100을 곱해 주는 것이다. 위의 예시 중 카테고리 a의 비율을 산출해 보면 $16÷110×100=15\%$가 나온다. 이런 방법으로 해서 과업집중도가 50% 이하이면 부족한 수업, 70% 이상이면 성공적인 원만한 수업이라고 할 수 있다. 특별한 시각 또는 전 표집 시각을 통해서 각 행동의 카테고리에 얼마나 많은 학생이 해당되는지를 찾아내어 학습 활동에 집중하지 않는 학생의 집단 활동이 함께 이루어지도록 한다.

4) 활용

과업집중 방법을 사용하는 데 있어서의 유의점은 관찰을 위해서 너무 많은 카테고리를 만들지 말아야 한다는 것이다. 카테고리가 많으면 관찰을 혼란시키기가 쉽고 자료를 해석하기도 어렵다. 아마도 카테고리 수는 5개가 적당할 것이다. 과업집중은 학생들의 과업집중도를 분석하여 교사가 제시한 과제의 내용과 수준이 적절했는지를 파악하는 데 활용할 수 있다.

〈표 3-49〉 과업집중 관찰 분석표

학년반	학년 반		교 사		장 소		학생 수	
단원명					차 시		일 시	
본시학습목표:								

(학생의 사례 수를 숫자로 표시)

행 동 \ 시 간	9:20	22	24	26	28	90	32	34	36	38	40	계	%
a. 개별 학습 활동													
b. 교사와 같이 학습													
c. 공동학습													
d. 장난, 잡담													
e. 기타													
합계													

의견:

마. 수업에 대한 학습 태도 검사(수학과의 경우)

1) 관찰목적

교과목에 대한 학생들의 학습 태도는 학업 성취를 결정하는 중요한 요인 중의 하나가 된다. 즉 특정한 교과에 대한 학생들의 일반적인 태도, 흥미, 관심도 등의 정의적 특성은 학업 성취도 향상을 위해서 중요한 요인으로 작용하기 때문이다. 특히 교과에 대한 정의적 특성을 분석함으로써 학생에게는 올바른 학습 태도를 제시해 줄 수 있으며 교사에게는 학생들의 요구가 무엇인지를 파악하여 이를 수용할 수 있게 해 준다.

2) 관찰 방법

관찰 방법은 10개 항목의 질문 내용에 대해 3점 척도(아니다, 그저 그렇다, 매우 그렇다)에 응답하도록 한다.

질문지를 작성하는 요령은 다음과 같다.

① 학생에게 검사지를 배부하고 신뢰할 수 있는 분위기 조성(결과에 대한 강박관념 해소 등)을 위해 조언한다.
② 응답 후 응답 번호의 숫자를 모두 합하여(30점 만점) 평가 척도에 따라 평정한다(아니다: 1점, 그저 그렇다: 2점, 매우 그렇다: 3점).
③ 학급 전체의 경향만을 파악고자 할 때에는 무기명으로 응답토록 한다.

<표 3-50> 수업에 대한 학습 태도 검사

일 반 학 습 태 도 검 사 지

( )학년 ( )학기 평가일시( )___학년___반___번 이름( )

이 검사는 여러분이 공부하고 있는 수학과에 대한 의견을 알아보기 위한 것으로 맞거나 틀리는 것이 없습니다. 여러분의 솔직한 생각만을 요구하는 것입니다.

3개의 ♡ 중 여러분의 생각과 일치하는 한 곳에만 까맣게 칠하시오.

	아니다	그저 그렇다	매우 그렇다
1. 나는 수학 시간이 재미있다.	♡	♡	♥
2. 나는 수학 시간에 배우는 것을 잘 이해한다.	♡	♡	♥
3. 나는 수학 문제를 푸는 것이 참 재미있다.	♡	♡	♥
4. 나는 수학경시부에 들어가서 공부하고 싶다.	♥	♡	♡
5. 나는 수학 문제를 풀 때 누구의 도움 없이 혼자서 해결하려고 노력한다.	♡	♥	♡
6. 나는 어려운 문제일지라도 끈기 있게 풀어 본다.	♡	♡	♥
7. 나는 문제를 풀 때 정신 집중이 잘된다.	♡	♡	♥
8. 나는 일상생활에서 수학시간에 배운 것을 잘 활용하고 있다.	♥	♡	♡
9. 나는 일상생활을 하는 데 있어 수학 공부가 꼭 필요하다고 생각한다.	♡	♥	♡
10. 나는 숫자를 이용한 놀이에 즐거움을 느낀다.	♡	♥	♡

(2)*1＝2 (3)*2＝6 (5)*3＝15
계: 23

---

3) 분석 방법

산출 집계한 점수가 21점 이상이면 - 상

산출 집계한 점수가 11～20점이면 - 중

산출 집계한 점수가 04점 이하이면 - 하

4) 활용

교과목에 대한 일반적인 학습 태도, 흥미, 관심도 등을 분석하여 학생에게는 올바른 학습 태도를 갖게 해 주는 조언 자료로 활용할 수 있으며, 교사에게는 이러한 자료를 토대로 하여 자신의 교과목에 대한 학생의 흥미를 유발시키는 자료로 활용할 수 있다.

〈표 3-51〉 수업에 대한 학습 태도 검사 일반 학습 태도 검사

(* 수학과의 경우)

일 반 학 습 태 도 검 사 지

( )학년 ( )학기 평가일시( )____학년___반___번 이름( )

이 검사는 여러분이 공부하고 있는 수학과에 대한 의견을 알아보기 위한 것으로 맞거나 틀리는 것이 없습니다. 여러분의 솔직한 생각만을 요구하는 것입니다.
3개의 ♡ 중 여러분의 생각과 일치하는 한 곳에만 까맣게 칠하시오.

	아니다	그저 그렇다	매우 그렇다
1. 나는 수학 시간이 재미있다.	♡	♡	♡
2. 나는 수학 시간에 배우는 것을 잘 이해한다.	♡	♡	♡
3. 나는 수학 문제를 푸는 것이 참 재미있다.	♡	♡	♡
4. 나는 수학경시부에 들어가서 공부하고 싶다.	♡	♡	♡
5. 나는 수학문제를 풀 때 누구의 도움 없이 혼자서 해결하려고 노력한다.	♡	♡	♡
6. 나는 어려운 문제일지라도 끈기 있게 풀어 본다.	♡	♡	♡
7. 나는 문제를 풀 때 정신 집중이 잘된다.	♡	♡	♡
8. 나는 일상생활에서 수학 시간에 배운 것을 잘 활용하고 있다.	♡	♡	♡
9. 나는 일상생활을 하는 데 있어 수학 공부가 꼭 필요하다고 생각한다.	♡	♡	♡
10. 나는 숫자를 이용한 놀이에 즐거움을 느낀다.	♡	♡	♡

( )*1 =( ) ( )*2 =( ) ( )*3 =( )
계:

의견:

바. 학생 응답 분석표

1) 관찰목적

수업 중에 교사와 학생 간의 언어적 상호작용이 활발히 일어날 때 수업 효과는 극대화될 것이다. 학생들의 응답은 교사의 질문 수준에 따라 다양할 것이다. 단순한 정보를 회상하는 응답일 수도 있고 자신의 생각을 논리적으로 전개하는 응답일 수도 있다. 관찰의 목적은 학생들의 다양한 응답을 분석함으로써 교사가 어떤 학생들에게 주로 어떤 방식의 질문을 하는지 알아보며 창의적 사고를 요구하는 질문을 전개하는 데에 필요한 정보를 제공하는 데 있다.

2) 관찰 방법

(1) 학생들의 응답을 관찰하는 방법은 편의상 4가지로 나누었다.
   (과목의 특성에 따라 다르게 변형시킬 수도 있다.)
1) 진위형(예: 예. 아니오)
2) 단답형(예: 그것은 ___입니다.)
3) 서술형(예: ____일 때는 ____이고 ___일 때는 ____입니다.)
4) 사고형(예: 제 생각으로_____)

(2) 교실의 책상배치 상황을 그림으로 그려서 학생들의 4가지 응답수준을 그 그림에 표시한다.

〈표 3-52〉학생의 응답 관찰 예시

교 사

(철수)	(영희)	(민수)	(순희)	( )	( )	( )	( )
1) 2			3				
2) 2			4				
3)							
4)							

( )	( )	( )	( )	( )	( )	( )	( )
1)							
2)							
3)							
4)							

3) 분석 방법

위의 표에서 철수의 경우 단답형과 진위형의 응답이 많았고 순희의 경우 다른 학생들에 비해 서술형과 사고형의 응답이 많았다. 철수보다 순희가 학과성적이 좋고 선생님의 질문에 대답을 바르게 잘하는 학생이라서 그러한 결과가 나왔는지 아니면 교사와의 거리가 가까워서 그 학생에게만 사고형의 질문을 많이 했는지는 협의회에서 교사와 함께 논의해 볼 문제이다.

4) 활용

교사가 1시간 수업 중 완벽하게 여러 명의 학생에게 개별화된 질문으로 공평하게 진행한다는 것은 현실적으로 불가능하며 이상에 가깝다고 볼 수 있다. 그렇지만 교사는 그렇게 하려고 노력하는 자세를 끊임없이 취하여야 한다.

교사는 자신의 질문 수준이 과연 학생의 창의력 향상에 기여하는지 아니면 단순한 지식회상을 요구하는지 가끔씩 점검해 볼 필요가 있기 때문에 이를 위한 하나의 분석도구로 활용할 수 있다.

〈표 3-53〉 학생별 응답 분석표

학년반	학년 반	교 사		장 소		학생 수	
단원명				차 시		일 시	
본시학습목표:							

1. 교사의 질문에 대한 학생의 응답으로 편의상 다음 **4**가지로 나누었다.
   (선생님께서 더 좋은 방법을 가지고 있다면 바꾸어서 사용하시기 바랍니다.)
   1) 진위형: 옳고 틀림을 표현한다.(예: 예. 아니오).
   2) 단답형: 단어 1개나 2개 정도의 짧은 표현을 한다.
      (예: 갑오경장입니다. 수동태 문장입니다. 등)
   3) 서술형: 상황에 맞고 조리 있게 설명해야 하는 답이다.
      (예:＿＿일 때는 ＿＿이고, ＿＿일 때는 ＿＿＿입니다.)
   4) 사고형(논리형): 서술형과 혼동되기 쉬우나 다른 점은 질문에 대한 정답이 없으므로 자신의
      생각을 논리적으로 표현한다.(예: 제 생각으로는 ＿＿＿)
2. 교실의 책상 배치 상황을 표로 그려서 학생들의 **4**가지 응답수준을 아래 표에 표시한다.

┌─────────┐
│ 교 사 │
└─────────┘

( )	( )
1) 2	
2) 2	
3)	
4)	

( )	( )

( )	( )

( )	( )

( )	( )
1)	
2)	
3)	
4)	

( )	( )

( )	( )

( )	( )

사. 문제학생에 대한 집중 관찰

1) 관찰목적

수업을 진행하다 보면 유난히 주의가 산만하고 집중하지 못하는 학생들이 있어 교수 활동을 중단하는 경우가 있을 것이다. 그러한 학생의 행동 원인이 무엇인지를 안다면 교사는 좀 더 효과적으로 지도할 수 있을 것이다. 따라서 문제학생을 집중 관찰하는 목적은 학생의 행동을 이해하는 데 필요한 정보를 체계적으로 수집하여 수업에 흥미를 느낄 수 있도록 지도하는 데 있으며, 아울러 특별히 관찰이 요망되는 학생의 생활지도를 하는 데 있다.

2) 관찰 방법

학생의 행동을 이해하기 위해서 관찰자는 실제적으로 문제학생을 관찰한다. 이때 문제행동이 발생된 시간과 빈도수를 기록함과 동시에 관찰자의 입장에서 이러한 문제행동의 원인이 무엇인지를 기록한다. 이러한 방법은 1명의 학생을 집중적으로 관찰할 수 있는 형태이다.

그러나 여러 명의 학생을 관찰하는 방식으로 활용할 수도 있다. 학생별로 A, B, C 등으로 부호화해서 구분한 다음 특정 항목에서 나타난 문제행동을 빈도수로 기록하여 분석한다.

<표 3-54> 문제학생의 집중관찰표

학생 활동 \ 학생이름	A학생		B학생		C학생		관찰자의 해석
	시 간	빈도수	시 간	빈도수	시 간	빈도수	
1. 주의를 집중하거나 과제에 대해서 적극적으로 노력하지 않는다.	9:05 9:30	/ /			9:17	/	A학생: B학생: C학생:
2. 허공을 응시하거나 눈을 감고 있다.			9:20	/	9:22	/	
3. 주의가 산만하여 자신이 흥미 있는 일에만 몰두한다.	9:35	/	9:15	/			
4. 다른 학생들을 방해한다. - 장난을 걸거나 농담을 한다.							
5. 다른 학생들을 방해한다. - 질문을 하거나 도움을 요청한다.							
6. 교사의 허락 없이 자리를 이탈한다.							
7. 수업 내용과 관련이 없는 질문을 한다.							
8. 교사의 지시에 대해서 거부하거나 불평을 한다.	9:25	/	9:31	/	9:45	/	

3) 분석 방법

시간의 흐름에 따라 특정 학생의 문제행동이 나타날 때마다 그 원인과 함께 관찰기록한 것이므로 당시의 원인과 잘 연관 지어 보아야 한다. 그 중에서도 원인 제공의 주된 요소가 교사냐 동료 학생이냐 그 밖에 외적인 요소에 의한 것인지를 주목할 필요가 있다. 왜냐하면 이러한 행동의 원인 제공 요소를 사전에 제거함으로써 보다 신속하고 적절하게 문제학생을 더욱 효과적으로 지도할 수 있기 때문이다.

여러 명의 학생을 관찰했을 경우에는 다음과 같은 표를 이용하여 분석한다.

<표 3-55> 문제학생의 집중관찰 분석표

학생 행동 \ 시 간	9:00-9:10	9:10-9:20	9:20-9:30	9:30-9:40	9:40-9:50	합 계	%
1. 주의를 집중하거나 과제에 대해서 적극적으로 노력하지 않는다.	/	/	/			3	30%
2. 허공을 응시하거나 눈을 감고 있다.		/	/			2	20%
3. 다른 학생들을 방해한다. －장난을 걸거나 농담을 한다.		/		/		2	20%
· · ·							
8. 교사의 지시에 대해서 거부 하거나 불평을 한다.			/	/	/	3	30%
합계	1	3	3	2	1	10	
%	10%	30%	30%	20%	10%		100%

4) 활용

시간 간격에 구애됨이 없이 자연스럽게 문제행동이 발생한 것을 관찰한 것이므로 어느 관찰 도구보다도 자세하게 문제학생을 쉽게 이해할 수 있다.

이처럼 자세한 사례연구는 당시의 상황을 생각해서 이해할 수 있기 때문에 다른 똑같은 상황에서 문제학생은 아니지만 문제행동이 발견될 경우, 그 당시의 문제행동을 유발한 원인을 재추적해 봄으로써 문제행동에 대한 적절한 대응책을 마련할 수 있을 것이다.

<표 3-56> 문제학생에 대한 집중관찰 기록표

학년반	학년 반		교 사		장 소		학생 수	
단원명					차 시		일 시	
본시학습목표:								

학생 이름							관찰자의 해석
학생 활동	시 간	빈도수	시 간	빈도수	시 간	빈도수	
1. 주의를 집중하거나 과제에 대해서 적극적으로 노력하지 않는다.							
2. 허공을 응시하거나 눈을 감고 있다.							
3. 주의가 산만하며 자신이 흥미 있는 일에만 몰두한다.							
4. 다른 학생들을 방해한다. −장난을 걸거나 농담을 한다.							
5. 다른 학생들을 방해한다. −질문을 하거나 도움을 요청한다.							
6. 교사의 허락 없이 자리를 이탈한다.							
7. 수업 내용과 관련이 없는 질문을 한다.							
8. 교사의 지시에 대해서 거부하거나 불평을 한다.							

의견:

아. 학생의 의사소통 관찰

1) 관찰목적

　의사소통은 학생 활동이 중심이 되는 토의식 수업이나 실험 수업과 같은 소규모 학습 활동에서 중요한 요소라고 할 수 있다. 토론 주제에 대한 학생들 간의 원활한 의사소통이 있어야만 소규모 학습의 효과를 거둘 수 있다. 따라서 본 관찰의 목적은 소규모 수업(실험 수업, 토의 학습 등)에서 학생 상호 간의 의사소통을 관찰·분석하여 소규모 수업을 진행하는 교사에게 적절한 수업진행 방식을 제공하는 데 있다.

2) 관찰 방법

의사소통 관찰 기법은 의사소통하는 데 필요한 10개 항목을 바탕으로 관찰하게 된다. 10개의 의사소통 항목을 가지고 학생들의 대화를 면밀히 관찰한다. 관찰 결과는 5, 4, 3, 2, 1로 나누어 그 정도를 평가한다. 다만 이 방법은 관찰자가 학생들 가까이에서 관찰해야 하는 어려운 점이 있다. 필요하다면 녹음 또는 녹화를 할 수도 있다.

〈표 3-57〉 의사소통 관찰기법 분석표 예시

학생 항 목	A학생	B학생	C학생	D학생	E학생
1. 주의 깊게 경청하고 진행상황을 잘 관찰한다.	3	5			
2. 자신의 생각을 명료하게 표현한다.	5	4			
3. 그림, 필름, 사물을 관찰하고 압축해서 진술한다.	2	1			
4. 내용을 파악해서 진술한다.	1	4			
5. 자료의 근원을 확인한다.	4	3			
6. 자신의 아이디어를 논리적으로 진술한다.	3	5			
7. 적절한 언어를 사용한다.	2	4			
8. 자신과 타인의 견해를 잘 정리한다.	1	3			
9. 타인의 노력을 높이 평가한다.	3	4			
10. 학습목표와 관련된 사항만을 진술한다.	2	4			
계	26	37			

3) 분석 방법

이 방법은 소규모 집단의 수업에서 모든 학생의 의사소통 정도를 분석하는 것이다. 그러므로 10개의 항목에서 어떤 점이 미약한 지를 알아보고, 학생 개개인의 어느 점이 취약점인지를 분석하여 이를 개선시켜 줌으로써 학생들이 수업에 보다 효과적으로 참여하도록 하는 방법이다. 점수화해서 유목화했을 경우에는 50점을 만점으로 하여 측정한 결과를 해석할 수 있다.

예시에 의하면, B학생이 A학생보다 더욱 효과적인 의사소통을 하였다. 특히 1번과 6번 항목에서 높은 점수를 받았기에 상황파악과 자신의 의견 진술을 효과적으로 하였다.

4) 활용

의사소통 관찰 기법은 학습자들이 토의식 수업에서 자신의 의견을 얼마나 적절히 발표하고 다른 사람의 의견을 수용하는지를 알아보는 데 활용할 수 있다. 토의식 수업에서 일부 학생들은 적극적으로 의사소통을 하고 있는 데 반해 일부 학생들은 거의 의사소통을 하지 않는 경우가 많이 있다. 이런 경우 관찰자는 교사가 수업진행에서 어떻게 대처해야 할지를 논의하는 기초 자료로 활용할 수 있다.

<표 3-58> 의사소통 관찰기법 분석표

학년반		학년 반	교 사		장 소		학생 수	
단원명					차 시		일 시	
본시학습목표:								

항목＼학생	A학생	B학생	C학생	D학생	E학생
1. 주의 깊게 경청하고 진행상황을 잘 관찰한다.					
2. 자신의 생각을 명료하게 표현한다.					
3. 그림, 필름, 사물을 관찰하고 압축해서 진술한다.					
4. 내용을 파악해서 진술한다.					
5. 자료의 근원을 확인한다.					
6. 자신의 아이디어를 논리적으로 진술한다.					
7. 적절한 언어를 사용한다.					
8. 자신과 타인의 견해를 잘 정리한다.					
9. 타인의 노력을 높이 평가한다.					
10. 학습목표와 관련된 사항만을 진술한다.					
계					

의견:

자. 학생의 학습 태도 관찰

1) 관찰목적

수업에 참여한 학생은 학습 태도를 통하여 수업에 대한 관심도를 나타낸다. 그러므로 학생의 학습 태도는 수업목표의 달성 여부를 판단하는 일차적인 자료가 될 수 있다.

학생의 학습 태도를 분석하는 방법은 여러 가지가 있을 수 있으나 가장 일반적인 형태는 수업에 대한 주의집중 정도이다. 주의집중을 하는 태도를 분석해 봄으로써 교사의 수업지도 능력 또는 학생의 참여도 등을 파악할 수 있다.

2) 관찰 방법

학생의 학습 태도는 주의집중 여부에 의해서 파악되는데 주의집중은 교사에 대한 시선 집중, 과제 수행, 교사의 질문에 대한 답변 또는 토의 학습 참여도 등으로 구분된다. 물론 학습 태도를 파악하는 데 있어서 주의집중을 하지 않는 경우를 함께 고려할 수 있다.

이러한 학생의 학습 태도를 수업 시간의 경과에 따라 대략적인 학생 수를 표시하여 분석할 수 있다. 표를 통하여 예시하면 다음과 같다.

〈표 3-59〉 학생의 학습 태도 관찰 예시

내 용\시 간	주의집중			산만한 태도		
	시선 집중	과제 수행	대답, 토의	시선을 집중하지 않음	과제를 수행하지 않음	잡 담
5	35			5		
10		20	2		10	4
15	30			5		2
20		20		6	10	6
25			2			8
30	30	35			5	6
35			3	5		8
40						2
45		30	1		10	6
50	50		2	5		4
소계	125	105	10	26	35	46
총계	240			107		

3) 분석 방법

합계를 통해서 분석해 보면 교사의 설명에 대해서 많은 학생들이 주의집중을 하는 것으로 나타났다. 그러나 교사의 질문에 대한 답변이나 토론에서 10명이 관찰된 것으로 보아 교사의 일방적인 강의식 수업이었음을 알 수 있다. 또한 산만한 태도의 잡담 항목이 수업 시작 후 5분이 경과되면서 계속 나타나고 있음을 볼 때에 교사가 학생들을 완전히 통제하지 못했음을 알 수 있다.

4) 활용

학생의 학습 태도를 분석해 봄으로써 학생들의 교과에 대한 또는 교사에 대한 관심도를 파악해 볼 수 있다. 이러한 자료를 분석하여 활용함에 있어서는 학생들의 학습 태도를 개선할 수 있는 입장에서 관찰해야 한다. 아울러 특히 산만한 학생들을 파악하여 교사에게 피드백해 줌으로써 해당 학생에 대한 특별한 지도 계획을 수립할 수 있는 계기를 마련하게 된다.

〈표 3-60〉 학생의 학습 태도 관찰 분석표

학년반	학년 반		일 시			장 소	
과목				단원명			
본시학습목표:							

내 용 시 간	주의집중			산만한 태도		
	시선 집중	과제 수행	대답, 토의	시선을 집중하지 않음	과제를 수행하지 않음	잡담
5	35			5		
10		20	2		10	4
15	30			5		2
20		20		6	10	6
25			2			8
30	30	35			5	6
35			3	5		8
40						2
45		30	1		10	6
50	50		2	5		4
소계	125	105	10	26	35	46
총계	240			107		

의견:

차. 학습자 중심 관찰 형식

1) 관찰목적

수업의 궁극적 목적은 학생 행동의 의도적이고 계획적인 변화이다. 만일 아무리 좋은 수업이라 하더라도 학생들의 행동에 변화가 없으면 수업의 효율성은 낮을 수밖에 없다. 교사의 교수 행동보다는 학생들을 중심으로 그들이 어떻게 학습하고 있는지를 관찰하여 수업의 질적 개선을 위한 노력을 할 수 있다.

2) 관찰 방법

관찰 방법은 학습자의 행동에 초점을 맞춰 수업이 진행되는 준비, 전개, 정리의 순서로 주요 관찰 사항을 기록한다. 그리고 관찰 내용은 학습자의 행동을 바람직한 학습행위와 바람직하지 못한 학습행위로 나누고 이에 대한 교사의 행위 역할을 촉진적인 교사행위, 방해하는 교사행위로 나누어 기록한다. 학습자 중심 관찰은 수업 전반을 관찰하면서 특징적인 내용을 중심으로 요약적으로 작성한다. 그리고 학생의 학습 행동을 관찰할 때, 사전에 수업지도안을 바탕으로 실제 수업에서 어느 정도나 계획대로 일어났는지를 알아보는 데 효과적이다. 특히 수업지도안에는 교사의 교수행위를 중심으로 학생의 반응이 나타나 있지만 여기서의 관찰 방법은 학생의 학습행위에 대한 교사의 행위를, 즉 실제적으로 교사의 행위가 학생의 학습에 도움이 되고 있느냐 그렇지 못하느냐 하는 점을 관찰하게 된다.

3) 분석 방법

수업지도안에 계획했던 대로 학생들의 학습 행동이 적절하게 일어났는지를 판단한다. 특히 수업지도안에 계획했던 것과 같이 이루어졌다면 바람직한 학습행위로 분류될 것이며, 그렇지 않으면 바람직하지 못한 행위로 분류될 것이다. 여기서는 교사와 학생의 상호작용을 핵심적으로 파악할 수 있도록 분석해야 한다.

4) 활용

분석 결과를 바탕으로 학생의 학습 형태를 파악할 수 있으며, 이에 대한 교사행동의 적절성을 알아볼 수 있다. 또한 차시수업지도안 작성에 반영한다면 짜임새 있는 수업지도안이 될 것이고 궁극적으로는 수업개선의 효과를 가져와 학습자의 학습 행동을 촉진하게 될 것이다.

〈표 3-61〉 학생 중심 관찰 양식

학년반	학년 반		일 시		장 소	
과목				단원명		
본시학습목표:						

단계	학생행위		교사행위	
	바람직한 학습행위	바람직하지 못한 학습행위	촉진적인 교사행위	방해하는 교사행위
준비				
전개				
정리				

구분 단계	학생 긍정 교사 긍정	학생 긍정 교사 부정	학생 부정 교사 긍정	학생 부정 교사 부정
준비				
전개				
정리				

* 관찰 결과를 횟수로 표시한다.

카. 이동형식

1) 관찰목적

좌석표를 이용하여 수업을 관찰하는 방법 중에는 수업 중의 교사와 학생의 이동을 기록하는 것이 있는데 이것을 SCORE(座席表觀察記錄, Seating Chart Observation Records), 즉 '이동양식'이라고 부른다.

실제로 교실에서 학생들에게 말하는 동안 항상 한 자리에만 서 있는 교사는 학생의 주의집중을 받기가 어렵다. 또 어떤 교사는 어떤 특정 학생에게만 시선을 줄 수도 있다. 또 학생들의 이동양식을 관찰함으로써 과업에 집중하는지 않는지를 밝힐 수 있다.

이처럼 실제 교수 상황에서 교사와 학생의 이동양식을 관찰함으로써 수업개선을 가져오고자 하는 것이 관찰의 목적이라고 할 수 있다.

2) 관찰 방법

관찰자는 주어진 시간 동안 교사와 학생 개인이 교실의 한 부분에서 다른 부분으로 어떻게 걸어가는지(움직이는지)를 기록하는 것이다. SCORE도구에서 사용되는 좌석표는 <그림 3-1>에서처럼 흔히 좌석이 붙어 있는 네모 칸으로 그려지기도 한다. 이동양식을 표시하기 위하여 각 학생과 교사는 독립된 이어진 네모 칸으로 표시한다. 좌석표는 통로와 책상 또는 학생들이 모이는 테이블을 포함하여 교실의 모든 물리적 상황을 나타낸다. <그림 3-2>는 이동양식자료를 기록하기 위하여 사용된 좌석표를 보여 준다. 교실의 한 지점에서 다른 지점으로의 교사 또는 학생의 움직임은 이어지는 선으로 표시한다. 각 선은 관찰자가 관찰을 시작할 때의 각 사

람의 교실 내 위치에서부터 시작한다. 교사와 학생은 한 지점에서
다른 지점으로 옮겨 가다 잠시 멈추기도 하고 그리고 다시 다른
곳으로 옮겨 간다. 각 정지지점은, 예를 들면 화살(⇒), 원(⊖) 또는
X(*) 같은 표시로 나타낸다.

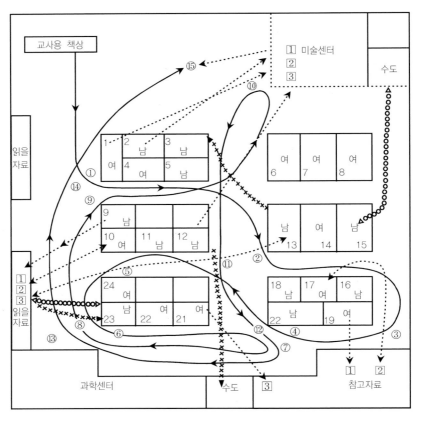

이동 범례

××× 지시된 학생 움직임

– – – 학생의 유목적적 움직임(지시되지 않은)

○○○ 학생의 무목적적 움직임

① 교사 – 학생 협의(숫자는 시차적 순서를 가리킴)

〈그림 3-1〉 이동양식 예시 Ⅰ

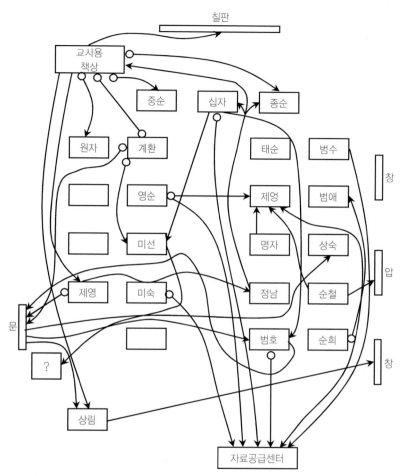

〈그림 3-2〉 이동양식 예시 Ⅱ

3) 분석 방법

<그림 3-1>은 정지지점을 숫자가 들어 있는 원(예: ⑮)을 사용하였다. 이 물리적 이동표는 교사가 교실 전면에 서서 수업을 시작하여 네모 칸으로 지정한 학생 쪽으로 이동하고 이어서 학생 13으로 나아갔다는 것을 나타낸다. 각 사람이 자기 책상에서 다른 위치로 갔다가 다시 자기 책상으로 되돌아왔을 때 각 선의 끝에 다른 표시를 한 선이 사용된다. 예를 들면, <그림 3-2>에서 교사는 교사용 책상(ㅇ로 표시된)에서 원자란 학생의 책상으로 갔다가 다시 교사용 책상으로 돌아왔다. 이와는 반대로 계환이는 자기 책상으로부터 교사 책상에 갔다가 되돌아왔다.

4) 활용

이동양식은 모든 수업에서 기록될 수 있다. 그러나 이 방법은 교수 상황이 교실을 움직일 가능성을 가지고 있을 때 가장 유용하다. 이동양식을 표시할 때에는 여러 색의 색연필을 사용할 수도 있다. 즉 처음 10분은 노란색, 다음 10분은 초록색으로…… 기록하면 될 것이다. 각 활동 중의 움직임도 다른 색연필로 기록할 수도 있다. 그러나 때때로 너무나 많은 학생들이 교실에서 빙빙 돌아다니기 때문에 이들의 이동을 모두 기록할 수는 없다. 이럴 때는 잠시 동안 자료 기록을 멈출 필요가 있다.

타. 언어흐름 관찰

1) 관찰목적

언어흐름은 주로 누가 누구에게 말하느냐를 기록하기 위한 방법이다. 언어흐름은 교사로 하여금 자기 자신의 언어행동에 있어서의 편견과 언어활동에 참여하는 학생들 간의 차이를 발견할 수 있도록 도와주는 데 그 목적이 있다.

2) 관찰 방법

언어의 흐름을 관찰하는 첫 단계는 학급 좌석표를 만드는 것이다. 학급 좌석표는 어떤 표준양식을 만들기보다는 몇 가지 형을 만드는 것이 좋다. 전 학급을 관찰하지 못하면 몇 개 분단만 중점적으로 관찰하는 방법도 있고 여러 사람이 관찰하게 되면 한 분단씩 나누어도 좋을 것이다. 하나의 네모 칸은 각 학생을 나타내는 데 쓰인다. 화살표는 언어적 상호작용 흐름의 방향을 표시하는 데 사용된다. 화살의 밑은 언어 상호작용을 주도하는(보내는) 사람을 표시하고 화살의 머리는 언어를 받은 사람을 가리킨다. 여기서 교사는 예외이다. 대개 교사가 대부분의 언어 상호작용을 주도하기 때문에, 교사에 해당하는 네모 칸에서부터 교사의 말이 향해 나아가는 학생의 네모 칸까지 화살표를 그릴 필요가 없다. 그리고 교사의 네모 칸에서 좌석표의 여러 방향에 있는 해당 학생의 네모 칸으로 가다 보면 화살표가 서로 엇갈려 십자형이 되기 쉽다. 화살표를 학생의 네모 칸 안에만 넣음으로써 이 문제는 피할 수가 있다. 화살표의 밑은 교사 쪽으로 일반적 방향으로부터 나오게 하면 된다. 이것은 교사가 이 학생에게 이 진술을 했다는 것을 의미한다.

표준적인 언어의 흐름표는 범주 수를 늘려서 보다 정교하게 될 수 있다. 다음은 교사의 가능한 범주이다.

⇒+: 교사의 칭찬 또는 격려하는 말

⇒-: 교사의 비평 또는 부정적인 말

⇒?: 교사의 질문

⇒1: 학급 전체에 대하여 교사가 한 질문이나 말

학생의 언어행동도 예를 들면 다음과 같이 구별될 수 있다.

⇒∨: 학생이 자발적으로 적절하거나 맞는 반응을 했다.

⇒×: 학생이 자발적으로 부적절하거나 부정확한 반응을 했다.

⇒?: 학생의 질문

⇒1: 학생이 학급 전체에 대하여 한 말

아래 예시의 언어 흐름표는 4개의 범주, 즉 ?: 교사의 질문, ↑: 학생의 반응, +: 교사의 긍정적 반응, -: 교사의 부정적 반응으로 기록하였다.

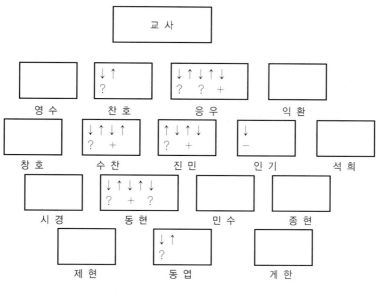

<그림 3-3> 언어 흐름표 예시

3) 분석 방법

언어흐름 자료는 여러 가지 관점에서 분석될 수 있다.

(1) 좌석 위치에 따른 선호: 어떤 교사는 특정 부분의 좌석에 더 주의를 기울인다. 이 현상은 상기 예시에서 분명히 나타나 있다. 상기 예시의 교사는 자기 시선의 방향에 곧바로 앉은 학생에게 대부분의 질문을 했음을 알 수 있다. 이러한 언어 흐름표를 통해서 교사는 가능한 한 변두리에 앉아 있는 학생에게도 질문을 해야 한다는 것을 시사받을 수 있다.

(2) 학생 선호: 각 카테고리의 언어행동을 학생들에게 고루 사용하였는지 살펴볼 필요가 있다. 상기 예시에서 보면 16명의 학생 중에서 이 교사는 웅우, 수찬, 진민, 동현이라는 학생에게 집중적

으로 질문하였음을 알 수 있다. 이것은 교사의 편견이 작용하였음을 알 수 있다.

(3) 언어행동의 선호: 교사와 학생이 얼마나 자주 특정행동을 사용하는지, 또 이들은 다른 행동보다 어떤 특정 행동을 강조하는지 알기 위하여 언어 흐름표를 검토해 볼 수 있다. 즉 교사가 사용한 부정적 행동과 긍정적 행동을 비교해 볼 수 있다. 상기 예시에서 부정적 행동은 1회인 데 비해서 긍정적 행동은 3회로 긍정적 행동을 많이 사용했음을 알 수 있다.

4) 활용

언어흐름은 수업에 토의, 문답 또는 교사와 학생 간에 많은 언어적 상호작용을 요구하는 수업 방법에 활용하는 것이 특히 좋다. 언어적 상호작용이 적은 수업(예: 강의와 학생 개인적 연구)에는 적당한 방법이 아니다.

<표 3-62> 언어흐름 관찰 분석표

학년반	학년 반	교 사		장 소		학생 수	
단원명				차 시		일 시	
본시학습목표:							

교 사

가. 교사 주도형 수업모형

1) 관찰목적

교사 주도형 수업모형은 일반적으로 우리나라 학교 현실에서 가장 많이 실시되고 있는 수업이라고 할 수 있다. 특히 고학년에서 주로 실행되는 학습 활동으로서, 새로운 개념을 학습할 때에 일반화된 수업모형이다. 계획적으로 구조화된 수업으로 정해진 시간 내에 보다 많은 내용을 확실히 학습하였는지를 관찰해서 짧은 시간 내에 많은 내용을 학습할 수 있도록 하는 것이 목적이다.

2) 관찰 방법

교사는 다음과 같은 방법을 얼마나 잘 활용하고 있는지 아래 예시표를 이용해서 점수화시킨다.

<표 3-63> 교사 주도형 수업모형 분석 사례

평가요소	점 수
진단 학습을 실시하였으며 출발점 행동에서 시작한다.	⑤ 4 3 2 1
예를 들어 설명한다.	5 ④ 3 2 1
단순 반복하지 않고 반복할 때 좀 더 심화시켜 설명한다.	⑤ 4 3 2 1
수업 내용의 핵심을 벗어나지 않는다.	⑤ 4 3 2 1
시각적인 자료(화일 등)를 사용한다.	5 ④ 3 2 1
학생들이 교사의 말에 열중한다.	5 4 3 ② 1
학생이 이해했는지를 확인(퀴즈 등)한다.	⑤ 4 3 2 1
합	4개 2개 1개 1개 개

3) 분석 방법

교사 주도형 수업은 주로 교사의 태도에 따라 수업 내용이 달라지므로 위와 같은 방법으로 그 교사의 특성과 약점을 보완시키도록 한다. 예시에서 보면, 5점 만점을 받은 항목이 많은 데 비해, 유독 '학생들이 교사의 말에 열중한다.'에서는 점수가 2점밖에 나오지 않았다. 그렇다면 다른 항목이 아무리 점수가 좋다 하더라도 산만한 수업 분위기였음을 알 수 있다.

4) 활용

위의 표를 토대로 해서 사후협의회 시간에 교사와 관찰자는 문제점에 관해서 의견을 교환한다.

<표 3-64> 교사 주도형 수업모형 분석표

(   )과 수업관찰자_____인

학년반	학년 반	교 사		장 소		학생 수	
단원명			차 시	일 시		년 월 일	

본시학습목표:

 # 다음 해당 항목의 점수란에 동그라미를 표하시오.

평가요소	점 수
진단 학습을 실시하였으며 출발점 행동에서 시작한다.	5 4 3 2 1
예를 들어 설명한다.	5 4 3 2 1
단순 반복하지 않고 반복할 때 좀 더 심화시켜 설명한다.	5 4 3 2 1
수업 내용의 핵심을 벗어나지 않는다.	5 4 3 2 1
시각적인 자료(화일 등)를 사용한다.	5 4 3 2 1
학생들이 교사의 말에 열중한다.	5 4 3 2 1
학생이 이해했는지를 확인(퀴즈 등)한다.	5 4 3 2 1
합	개 개 개 개 개

의견:

나. 개념수업모형 분석

1) 관찰목적

　개념학습은 학습 활동의 핵심 과제로서 새로운 개념을 학습할 때 필수적인 수업모형이다. 인간의 인지적 능력의 발달 정도는 개념학습 능력 수준과 비례한다. 개념학습이란 단순한 명칭이나 지식의 획득이 아니라 문제해결 능력이나 고등정신기능의 육성에 전제조건이 된다. 정해진 수업 시간 내에 교사가 학생들에게 계획적이고 구조화된 개념을 확실히 인식시켰고 이를 어느 정도 학습했는지를 확인하는 데 목적이 있다.

2) 관찰 방법

개념수업모형에서 교사는 아동들의 개념 획득 과정을 충분히 이해하여야 하며, 상위의 개념이나 추상적인 개념보다는 하위개념이나 구체적이고 기본적인 개념을 분명하고 체계 있게 제시하여야 한다. 그래서 개념수업모형 적용 절차를 확인한 다음에 개념수업을 통해서 학생의 능력이 어느 정도 향상되었는지를 구체적으로 관찰한다.

3) 분석 방법

'매우 자주', '가끔', '거의 없음'의 3가지 평정요소로 나누어서 해당되는 요소에 표시하고 그 하단에 합계를 낸다.

4) 활용

모든 수업이 분석표에 해당되는 수업모형이 될 수는 없겠지만 교사와 학생의 활동을 유목화해서 분석함으로써 문제점을 보다 세분화시킬 수 있다. 이러한 관찰 결과는 수업을 개선시킬 수 있는 좋은 자료가 된다.

점검표 1에서 양호한 점수가 나왔다면 외면적으로 완벽한 수업을 한 것으로 기대할 수 있다. 점검표 2에서도 좋은 점수가 나오는 것이 당연하겠지만 혹시 그렇지 않다면 수업 외적인 문제점이 있는 것으로 추측할 수도 있다.

〈표 3-65〉 개념수업모형 분석표

(   )과   수업관찰자 _____ 인

학년반	학년 반	교 사		장 소		학생 수	
단원명				차 시		날 짜	
본시학습목표:							

점검표 1: 수업과정과 개념수업모형 적용절차 확인

# 수업과정이 개념학습을 하는 데 어느 정도 밀도 있게 전개되었나?	매우 자주	가끔	거의 없음
1. 가능하면 직접 보거나 만져 볼 수 있게 구체적인 본보기를 제공한다.			
2. 학생들이 그들의 추론 과정을 설명할 수 있도록 격려해 준다.			
3. 학생들의 경험이나 지각과 관계가 없는 추상적인 것이나 가설적인 상황에 대하여 추론해 내도록 학생들에게 요구하지 않는다.			
4. 가능하면 예를 먼저 제시해 주고 그에 따라 아동들이 개념의 규칙을 스스로 찾아낼 수 있도록 한다.			
5. 관찰과 기술의 기능을 개발시키도록 도와준다.			
6. 가능하면 혼동을 초래하는 자료나 정보를 감소시키거나 제거시킬 수 있도록 본보기를 활용한다.			
7. 가능하면 변별해 내기 쉬운 본보기와 본보기 아닌 것으로 학습을 시작하여 점점 어려운 본보기로 진행해 나간다.			
8. 시간이 허락하는 한 본보기와 본보기 아닌 것을 많이 제공한다.			
9. 가능하면 본보기와 본보기 아닌 것을 동시에 제시하여 아동들이 본보기와 본보기가 아닌 것의 변별을 하는 데 가장 중요한 속성을 쉽게 동일시할 수 있게 한다.			
# 학생들은 다음과 같은 활동을 전개하였는가?	매우 자주	가끔	거의 없음
10. 동일 유목에 속하는 개념의 분류 및 이름 붙이기: 재분류 및 새로운 이름 붙이기			
11. 개념의 명칭 부여 및 부여된 명칭의 적절한 사용			
12. 개념의 규칙을 진술하기			
13. 관련이 있는 속성과 관련이 없는 속성의 구별			
14. 개념의 속성을 진술하기			
15. 본보기와 본보기 아닌 것의 구별			
16. 개념에 대한 새로운 예의 지시			

점검표 2: 능력 수준의 향상 정도

# 아동들의 능력 수준 및 학습 의욕은 향상되었는가?	예	잘 모르겠다	아니오
1. 분류 및 이름 붙이기: 재분류 및 새로운 이름 붙이기			
2. 개념에 명칭 부여 및 부여된 명칭의 적절한 사용			
3. 개념의 규칙을 진술			
4. 관련되는 속성이나 관련 없는 속성의 구별			
5. 개념의 속성을 진술			
6. 본보기와 본보기 아닌 것의 구별			
7. 개념의 새로운 예를 제시			

분 석 표

평정 요소	매우 자주 (예)	가끔 (잘 모르겠다)	거의 없음 (아니오)
1. 수업과정과 개념수업모형 적용 절차 확인	개	개	개
2. 학생들의 수업 활동	개	개	개
3. 개념수업 결과 확인	개	개	개
합	개	개	개

의견:

다. 경험 중심 수업모형 분석

1) 관찰목적

경험 중심 수업모형이란 학생들의 발달 수준에 맞는 적절한 경험을 제공해 줌으로써 논리적 사고 기능을 개발할 수 있도록 하는 데 목적이 있다.

2) 관찰 방법

1) 정보처리, 개인의 성장 및 사회적 상호작용 기술에 맞게 진행
   되었는지 살펴본다.
2) 학급 조직과 교수 자료, 학습 활동의 선택 등이 적용 조건이
   되어야 하며, 가능하면 학생들 스스로 학습 과제를 해결했는
   지에 역점을 두어 관찰한다.
3) '매우 자주', '가끔', '거의 없음'의 3가지 평정 요소로 나누어
   서 해당하는 요소에 표시하고 그 하단에 합계를 낸다.

3) 분석 방법

1) 경험 중심 수업모형은 학생들에게 학교 및 학습 활동에 긍정
   적인 태도를 길러 줌으로써 학생들이 경험 중심 수업 활동을
   통한 학습경험에의 만족이나 자극으로 연쇄학습의 효과가 있
   는지 분석한다.
2) 상호 작용적인 토론을 함으로써 사회적 과정의 학습도 동시
   에 일어났는지 살펴본다.
3) 논리적 사고 방법과 사고과정의 발달을 위해 학생들이 관찰
   기능과 조직·분류하는 능력이 향상되었는지 살펴본다.

4) 활용

1) 수업 절차의 타당성 면에서 교사의 활동이 적절했는지 평가
   한다.
2) 수업 활동 면에서 학생들이 수업에 임하는 방법이나 참여도,

객관적인 자료 제시 여부 등을 항목별로 살펴볼 수 있어서 다음 수업에서 개선할 점을 쉽게 알아볼 수 있다.

<표 3-66> 경험 중심 수업모형 분석표

(   )과 수업관찰자_____인

학년반	학년 반	교 사		장 소		학생 수	
단원명				차 시		날 짜	
본시학습목표:							

다음에 제시한 문항들은 경험 중심 수업모형에 비추어 보았을 때 얼마나 수업이 성공적으로 이루어졌는지를 알아보기 위한 것이다. 각 문항의 평점 척도인 '매우 자주', '가끔', '거의 없음' 중에서 해당되는 난에 √표시를 하면 된다.

수업절차의 타당성	매우 자주	가 끔	거의 없음
1. 학습 활동을 선택할 때 학습자의 흥미나 호기심을 고려한 정도			
2. 학습자들에게 실질적인 경험의 조작이나 참여 정도			
3. 구체적이고 조작 가능한 자료의 다양성 정도			
4. 사고기능을 발달시키기 위한 자료나 활동의 구조화 정도			
5. 학생들 간·학생과 교사 간의 상호작용 정도			
6. 학생들에게 사고를 촉진하기 위한 설명이나 질문 횟수			
7. 학생의 질문이나 답변에 교사가 경청하는 정도			
8. 학생들에게 관찰이나 설명을 촉진하기 위한 교사의 단서 제공 정도			
9. 학생들의 자유로운 질문을 개방한 정도			

학생들의 수업 활동	매우 자주	가 끔	거의 없음
1. 학습 활동의 조직화를 도와준 정도			
2. 학생들 간에 자신의 의견을 교환한 정도			
3. 동료의 지도를 받는 정도			
4. 협동학습의 정도			
5. 학습 자료나 활동을 선택하는 자유도			
6. 질문에 대한 답변이나 설명의 시범 횟수			
7. 보고 들은 것을 기술, 설명한 정도			
8. 자신의 관찰과 동료의 관찰을 상호 비교한 횟수			
9. 문제해결 학습 활동의 횟수			

분 석 표

평정 요소	매우 자주	가 끔	거의 없음
1. 수업 절차의 타당성	개	개	개
2. 학생들의 수업 활동	개	개	개
합	개	개	개

의견:

라. 집단탐구수업모형 분석

1) 관찰목적

집단탐구수업모형은 국내에서 일반화되지는 않았지만 시범수업에서는 자주 실시되고 있다. 학생 스스로가 해결할 수 있는 수업 활동을 전개하는 것이므로 학생의 참여도나 지적 호기심 등으로 인하여 적극적인 수업 활동이 이루어졌는지를 관찰하기 위해서이다.

2) 관찰 방법

2가지의 점검표를 사용해서 수업과정과 학생 활동을 관찰한다. 평정 척도로 '매우 자주', '보통', '드물게'를 사용하며 점검 항목에 대한 빈도수를 분석표에 기록한다.

3) 분석 방법

'매우 자주' 항목이 많이 나오면 효과적인 수업이라 볼 수 있고 '드물게' 항목이 많이 나오면 비효과적인 수업이라 할 수 있다.

분석한 내용을 바탕으로 수업에서 부족했던 점이 무엇인지 상세히 파악하여 다음 수업을 준비하면 보다 효과적인 수업을 할 수 있을 것이다.

4) 활용

집단탐구수업모형의 목표는 수업 활동에서 학생들의 적극적인 참여와 능동적인 탐구 활동을 통하여 탐구문제 해결 능력을 기르는 데 있다고 할 수 있다. 따라서 관찰 결과를 가지고 교사와 함께 토론함으로써 수업의 질적 개선에 활용할 수 있다.

특히 탐구 결과에 대해서 학생들 스스로가 서면이나 구두로 혹은 도식화시켜 제시하는 방법 등을 논평란에 기록한다.

<表 3-67> 집단탐구수업모형 효과 분석표

( )과 수업관찰자_____인

학년반	학년 반	교 사		장 소		학생 수	
단원명				차 시		날 짜	
본시학습목표:							

다음에 제시한 두 가지 유형의 평가 척도는 집단탐구수업 프로그램의 효과성을 평가해 보는 데 유용한 자료가 될 것이다. 첫 번째 평가척도는 집단탐구수업모형에 비추어 볼 때 수업운영 실태가 어느 정도 잘 이루어졌는지를 평가해 보는 것이며, 두 번째의 평가 척도는 집단탐구 수업 프로그램에서 학생 활동이 어떻게 전개되었는지 알아보려는 것이다.

점검표 Ⅰ: 수업과정이 집단탐구수업모형을 어느 정도 밀도 있게 전개하였나?

	(매우 자주)	(보통)	(드물게)
(1) 집단탐구활동을 전개하기 위한 질문들을 탐색할 때 흥미롭고 매력적인 상황들을 학생에게 제시하였는가?	_____	_____	_____
(2) 학생들의 탐구활동을 자극할 만큼의 곤란도를 지닌 자료들을 다양하게 제공하였는가?	_____	_____	_____
(3) 집단 구성원들이 집단 탐구활동에 골고루 공헌하였는가?	_____	_____	_____
(4) 학생들에게 집단 내에서 다양한 역할을 수행하도록 기회를 주었는가?	_____	_____	_____
(5) 학생들은 자유스럽게 집단을 운영해 가고, 남의 간섭 없이 탐구활동 전개에 대한 결정을 내렸는가?	_____	_____	_____
(6) 교사는 탐구집단 활동을 지도 감독하였으며, 학생들은 원만하게 탐구목표를 학습해 갔는가?	_____	_____	_____

점검표 II : 학생들은 다음과 같은 활동을 전개하였는가?

	(매우 자주)	(보통)	(드물게)
(1) 탐구적인 질문을 제시한 정도는?	_____	_____	_____
(2) 제기된 질문들 중에서 탐구활동에 의미 있는 질문을 선택하였는가?	_____	_____	_____
(3) 타인의 견해를 경청하였는가?	_____	_____	_____
(4) 자신의 견해를 분명하게 발표하였는가?	_____	_____	_____
(5) 탐구활동에 필요한 정보 수집을 위하여 유용한 자원을 선정하였는가?	_____	_____	_____
(6) 집단탐구활동의 계획에 모두 참석하였는가?	_____	_____	_____
(7) 집단탐구활동에서 역할 분담을 하였는가?	_____	_____	_____
(8) 탐구 결과를 서면, 구두 또는 그래픽 방식으로 제시하였는가?	_____	_____	_____
(9) 집단탐구과정의 평가활동에 참석하였는가?	_____	_____	_____

분 석 표

평정 요소	매우 자주 (매우 많이)	보 통	드물게 (거의 없음)
1. 수업과정이 집단탐구수업모형을 어느 정도 밀도 있게 전개하였나?	개	개	개
2. 학생들은 다음과 같은 활동을 전개하였는가?	개	개	개
합	개	개	개

논평:

마. 집단토의 수업의 분석

1) 관찰목적

집단토의는 학급의 전체 학생들이 특정한 주제에 대한 정보를 서로 교환하고, 그 정보를 분석, 평가하여 결론에 도달하는 데 활용된다. 모든 학생들이 능동적으로 참여할 때, 이상적인 집단토의가 이루어질 수 있다.

집단토의에서는 자신의 생각을 명확하게 제시하고 타인의 의견을 청취하는 자세가 필요하다. 그리고 집단토의의 궁극적인 목적은 의사 결정이나 목적 설정이라기보다는 역시 활발한 아이디어의 상호 교환에 있다.

그러므로 집단토의의 장·단점을 분석하여 학생들의 참여도를 높여서 보다 효과적인 토의수업을 실시하기 위해서 관찰을 한다.

2) 관찰 방법

교사와 사전협의회를 통하여 학급 전체를 관찰할 것인지 또는 특정한 학생들을 관찰할 것인지를 미리 정한다.

평정척도는 상, 중, 하로 한다.

〈표 3-68〉 집단토의 수업관찰 예시

평가 요소	평 정		
1. 수업을 받는 전체 학생이 참여한다.	□□	중	하
2. 교사가 토의 진행 과정을 부드럽게 지도한다.	□□	중	하
3. 전체 학생이 제기된 아이디어에 관심을 갖고 평가한다.	상	□□	하
4. 교사는 학생이 비판적인 사고를 하도록 조장한다.	□□	중	하
5. 교사는 학생의 여론을 주도하지 않는다.	상	□□	하
6. 토의의 진행속도가 느리지 않고 주제를 벗어나지 않는다.	상	중	⑪
합계	3개	2개	1개

3) 분석 방법

위의 분석표를 살펴보면 수업에 전체 학생이 고루 참여하기는 했지만 토의의 진행 속도가 느리고 주제에서 벗어난 것으로 보인다. 평정 결과를 바탕으로 단점을 보완하면 보다 효과적인 토의수업이 될 것이다.

4) 활용

교사 혼자서 평정표를 보고 다음 수업을 계획할 수도 있겠지만 학생의 활동이 많은 부분을 차지하는 수업이므로 위의 평정표를 학생들에게 골고루 보도록 해서 학생 스스로도 보다 효과적인 수업을 위해 노력해야 할 부분을 공유하도록 한다.

〈표 3-69〉 집단토의 수업모형 분석표

학년반	학년 반	교 사		장 소		학생 수	
단원명				차 시		일 시	
본시학습목표:							

평가 요소	평 정		
1. 수업을 받는 전체 학생이 참여한다.	상	중	하
2. 교사가 토의 진행 과정을 부드럽게 지도한다.	상	중	하
3. 전체 학생이 제기된 아이디어에 관심을 갖고 평가한다.	상	중	하
4. 교사는 학생이 비판적인 사고를 하도록 조장한다.	상	중	하
5. 교사는 학생의 여론을 주도하지 않는다.	상	중	하
6. 토의의 진행속도가 느리지 않고 주제를 벗어나지 않는다.	상	중	하
합계	개	개	개

의견:

바. 심포지엄 수업모형 분석

1) 관찰목적

심포지엄은 훨씬 형식적이고 패널토의보다 자발성이 적다. 심포지엄은 특별한 논점, 문제점 혹은 주제를 다양한 측면에서 각기 견해가 다른 발표자가 발표를 하는 것이다. 일반적으로 발표자는 3명에서 6명으로 이루어지며 5분에서 10분 동안 각자의 의견을 발표한다. 미리 준비했던 의견을 발표한 후에 발표자들은 토의에 참여할 수 있다. 또한 다른 발표자에게 질문을 할 수도 있고 청중의 질문에 응답을 하기도 한다.

심포지엄 수업모형은 교사의 역할이 최소화되어 있기 때문에(만약 교사가 사회자로서 역할을 한다면) 교사의 역할을 평정하기보다는 여러 가지 측면을 고려하여 효과적으로 진행된 심포지엄인지 확인하는 데 그 목적이 있다.

2) 관찰 방법

관찰자는 청중의 한 사람으로서 심포지엄에 참가한다. 평정척은 상·중·하로 해서 그 합계를 하단에 적는다.

〈표 3-70〉심포지엄 수업모형 관찰 예시

평가요소	평 정		
1. 주제를 제기하는 방법이 체계적이다.	□□	중	하
2. 교사는 발표자의 발표 시간을 알맞게 조절한다.	□□	중	하
3. 청중의 질문에 대해 거의 완벽하게 응답을 한다.	상	중	⑨
4. 교사는 사고가 예리하고 답을 명확히 하도록 요구한다.	상	□□	하
5. 청중과 발표자 사이의 자발적인 상호 의사 교환을 한다.	상	□□	하
6. 질의응답이 빠르게 진행되어 흥미롭다.	상	중	⑨
7. 사회자(교사)가 능력이 있어서 토의에서 많은 문제를 취급 하도록 한다.	□□	중	하
8. 교사는 학생의 여론을 주도하지 않는다.	□□	중	하
9. 토의의 진행 속도가 느리지 않고 주제를 벗어나지 않는다.	상	□□	하
합계	4개	3개	2개

3) 분석 방법

위의 내용을 분석한 바로는 교사는 사회자로서 수업의 흐름을 잘 진행시켰으나 발표자의 선정 면에서 각 방면의 전문가를 고루 선정하는 데 실패한 것으로 보인다(3번과 6번의 평정이 낮게 나왔으므로).

4) 활용

심포지엄 수업은 일반적인 강의식 수업보다는 많은 학생들을 대상으로 하는 것이니만큼 발표자의 선정 면에서 주의를 기울이도록 노력한다.

심포지엄을 개최한 후에는, 다음 수업 시간에 前 시간의 심포지엄에 대하여 집단토의를 할 수도 있으며 이에 대한 교사 자신의 의견을 제시할 수도 있다. 다른 토의 기법과 마찬가지로 관찰자는 교사와 학생들이 심포지엄에 대하여 평가하도록 도와주고 개선점을 깨닫도록 의견을 제시한다.

<표 3-71> 심포지엄 수업모형 분석표

학년반	학년 반	교 사		장 소		학생 수	
단원명				차 시		일 시	
본시학습목표:							

* 평정은 상·중·하로 해서 그 합계를 하단에 적는다.

평가요소	평 정		
1. 주제를 제기하는 방법이 체계적이다.	상	중	하
2. 교사는 발표자의 발표 시간을 알맞게 조절한다.	상	중	하
3. 청중의 질문에 대해 거의 완벽하게 응답을 한다.	상	중	하
4. 교사는 사고가 예리하고 답을 명확히 하도록 요구한다.	상	중	하
5. 청중과 발표자 사이의 자발적인 상호 의사 교환을 한다.	상	중	하
6. 질의응답이 빠르게 진행되어 흥미롭다.	상	중	하
7. 사회자(교사)가 능력이 있어서 토의에서 많은 문제를 취급 하도록 한다.	상	중	하
8. 교사는 학생의 여론을 주도하지 않는다.	상	중	하
9. 토의의 진행 속도가 느리지 않고 주제를 벗어나지 않는다.	상	중	하
합계	개	개	개

의견 :

사. 패널토의 학습 분석

1) 관찰목적

패널토의란 소집단이 토의를 하는 것을 청중이 방청하는 형식이다. 패널토의 발표자들은(약 3~4명) 토의할 수 있는 형태로 배치되며, 청중이 쉽게 보고 들을 수 있도록 교실의 한가운데에 자리한다. 사회자(교사)는 토의를 진행시키며 균등한 참여가 이루어질 수 있도록 함으로써 학습목표를 효과적으로 달성시킬 수 있도록 해야 한다.

2) 관찰 방법

관찰자는 청중의 한 사람으로서 관찰한다. 평정척은 상·중·하로 해서 그 합계를 하단에 적는다.

〈표 3-72〉 패널토의 학습 관찰 예시

평가요소	평 정
1. 주제를 제기하는 방법이 체계적이다.	□□ 중 하
2. 교사는 발표자의 발표 시간을 알맞게 조절한다.	□□ 중 하
3. 청중의 질문에 대해 거의 완벽하게 답변을 한다.	상 □□ 하
4. 사회자(교사)는 사고가 예리하고 답을 명확히 하도록 요구한다.	상 □□ 하
5. 청중과 발표자 사이의 자발적인 상호 의사 교환을 한다.	□□ 중 하
6. 질의응답이 빠르게 진행되어 흥미롭다.	□□ 중 하
7. 사회자(교사)가 능력이 있어서 토의에서 많은 문제를 취급하도록 한다.	상 □□ 하
8. 교사는 학생의 여론을 주도하지 않는다.	상 중 하
9. 토의의 진행 속도가 느리지 않고 주제를 벗어나지 않는다.	□□ 중 하
합계	5개 3개 1개

3) 분석 방법

전반적으로 흥미로운 패널토의인 것으로 분석되나 8번 항목에서 '하'의 평정을 받은 것으로 보아 교사가 토의 중 학생들의 여론을 주도한 것으로 보인다.

그러나 저학년인 경우 학생들의 역량 부족으로 인해 교사의 개입은 어쩔 수 없는 경우가 많으므로 전반적으로 수업의 진행 속도도 원활하고 의사 교환도 활발한 수업으로 보인다.

4) 활용

계속적으로 수준 높은 토의식 수업을 진행하기 위해 여러 번 분석해 보고 학생들도 함께 다음 수업을 위해 개선해야 할 부분을 찾도록 한다.

<표 3-73> 패널토의 수업모형 분석표

학년반	학년 반	교 사		장 소		학생 수	
단원명				차 시		일 시	
본시학습목표:							

* 평정은 상·중·하로 해서 그 합계를 하단에 적는다.

평가요소	평 정		
1. 주제를 제기하는 방법이 체계적이다.	상	중	하
2. 교사는 발표자의 발표 시간을 알맞게 조절한다.	상	중	하
3. 청중의 질문에 대해 거의 완벽하게 답변을 한다.	상	중	하
4. 사회자(교사)는 사고가 예리하고 답을 명확히 하도록 요구한다.	상	중	하
5. 청중과 발표자 사이의 자발적인 상호 의사 교환을 한다.	상	중	하
6. 질의응답이 빠르게 진행되어 흥미롭다.	상	중	하
7. 사회자(교사)가 능력이 있어서 토의에서 많은 문제를 취급하도록 한다.	상	중	하
8. 교사는 학생의 여론을 주도하지 않는다.	상	중	하
9. 토의의 진행 속도가 느리지 않고 주제를 벗어나지 않는다.	상	중	하
합계	개	개	개

의견:

아. 문답식 수업

1) 관찰목적

질문은 때때로 새로운 주제를 소개할 때 한다. 그러나 학생들이 방금 읽기나 보기를 마친 교육과정자료를 복습·검토할 때 가장 자주 사용된다. 질문은 책에서 한 장(章)을 읽은 다음, 필름을 본 다음, 과학실험을 마친 다음, 역할 학습에 참여한 다음 생긴다. 질문은 교사가 학생에게 또는 학생이 교사에게 할 수도 있다. 특히 교사가 학생에게 하는 질문이 학생의 논리적이고 창의적인 사고력의 신장에 도움을 주는 것인지를 파악하기 위해서도 질문의 영역을 관찰할 필요가 있다.

이처럼 수업에서 교사와 학생 간의 질문이 학생의 참여를 증가시키는 행동인지, 사려 깊은 반응을 이끌어 내는 행동인지, 아니면 오히려 부작용을 가져오는 질문인지를 관찰함으로써 수업의 질적 개선을 가져오고자 하는 데 그 목적이 있다.

2) 관찰 방법

문답의 내용을 <표 3-74>처럼 세 가지 영역으로 나누어서 관찰할 수 있다. 관찰 결과 그 빈도수를 오른쪽 난에 표시한다(필요한 경우에 관찰자는 관찰영역을 임의로 변경하여 활용할 수 있다.).

〈표 3-74〉 문답식 수업을 위한 체크리스트

영역 1. 학생의 참여를 증가시키는 행동	빈도수
1. 비자발적인 사람을 지명한다.	
2. 같은 질문을 재지시한다.	
3. 학생의 반응을 칭찬한다.	
4. 학생 주도형 질문을 환영한다.	
영역 2. 사려 깊은 반응을 끌어내는 행동	
1. 고도의 인지적 질문을 한다.	
2. 질문한 다음 3~5초 기다린다.	
3. 첫 응답에 대하여 추적 질문을 한다.	
영역 3. 부정적 행동	
1. 학생의 반응에 부정적으로 반응한다.	
2. 자신의 질문을 반복한다.	
3. 복수적 질문을 한다.	
4. 자신의 질문에 답한다.	
5. 학생의 대답을 반복한다.	

3) 분석 방법

학생의 참여를 증가시키는 행동 영역에서는 교사가 자발적으로 반응하지 않는 사람을 지명하는지, 똑같은 질문을 여러 학생에게 재지명하여 학생의 참여를 증가시키는지, 학생의 반응에 고개를 끄덕거리면서 한 질문에 대한 부가적인 질문을 이끌어 내는지, 학생의 대답을 칭찬하는지, 학습 내용에 대하여 학생 자신이 어떤 질문이 있는지 등을 분석하면 된다. 다른 영역도 같은 방법으로 분석을 할 수 있다.

4) 활용

<표 3-74>의 체크리스트에 있는 처음 두 영역은 '해야 할 (do's)' 행동을 요구하는 질문에 해당한다. 세 번째 영역은 '하지

말아야 할(don'ts)' 질문에 해당한다. 교사가 비판적인 말을 함으로써 또는 귀찮다는 표정을 보여 줌으로써 학생들 반응에 부정적으로 반응하는 것을 피해야 한다는 것을 알 수 있다. 교사의 이러한 행동은 오히려 학생들로 하여금 앞으로 질문은 하지 말아야겠다는 마음만 증가시킬 뿐이다. 이러한 관찰 결과를 통하여 교사가 어떻게 행동해야 하는가를 잘 알 수 있을 것이다.

〈표 3-75〉 문답식 수업관찰 분석표

학년반	학년 반	교 사		학생 수	
단원명			차 시	일 시	년 월 일
본시학습목표:					

영역 1. 학생의 참여를 증가시키는 행동	빈도수
1. 비자발적인 사람을 지명한다.	
2. 같은 질문을 재지시한다.	
3. 학생의 반응을 칭찬한다.	
4. 학생 주도형 질문을 환영한다.	
영역 2. 사려 깊은 반응을 끌어내는 행동	
1. 고도의 인지적 질문을 한다.	
2. 질문한 다음 3~5초 기다린다.	
3. 첫 응답에 대하여 추적 질문을 한다.	
영역 3. 부정적 행동	
1. 학생의 반응에 부정적으로 반응한다.	
2. 자신의 질문을 반복한다.	
3. 복수적 질문을 한다.	
4. 자신의 질문에 답한다.	
5. 학생의 대답을 반복한다.	

의견:

자. 강의 – 설명수업

1) 관찰목적

현재 초·중등학교에서 대부분의 교사는 수업 시간의 2/3를 교사 자신이 설명하는 형태를 취하고 있다. 이러한 비율은 어떤 곳에서는 더 높고 어떤 곳에서는 더 낮을 것이다. 이러한 시간의 대부분은 학생들에게 새로운 개념과 정보를 전달하는 데 또는 교육과정의 어려운 부분을 설명하는 데 쓰이고 있다. 많은 교사들이 교수 전략으로 강의법을 별로 사용하지 않는다고 말하지만, 실제로는 많은 시간을 학생에게 설명하는 데 사용하고 있다는 것은 자명하다. 그렇기 때문에 강의 – 설명수업의 효과성을 높이는 데 기여하기 위해서 관찰할 필요가 있다.

2) 관찰 방법

<표 3 – 76>은 교사의 강의 – 설명수업의 여러 측면을 분석하기 위하여 설계된 것이다. 이 체크리스트는 두 부분으로 나누어 놓았다. 첫 부분에서 관찰자는 어떤 행동이 나타날 때마다 빈도수를 기록한다. 체크리스트의 두 번째 부분에서 관찰자는 교사의 행동을 5점 척을 활용하여 평정한다.

<표 3-76> 강의-설명수업 체크리스트

계수될 행동

영역 1. 의미 깊은 내용	빈도수
1. 학생들에게 이미 친숙한 내용과 강의 내용을 관련짓는다.	/
2. 개념을 설명하기 위하여 예를 든다.	//
3. 일반화나 의견을 위해서 설명을 한다.	/
영역 2. 학생 참여	
1. 학생들이 의문을 가지는지 학생들에게 질문을 한다.	/////
2. 학생들에게 질문을 한다.	//
3. 학생들이 활동에 전념하게 한다.	/

평정될 행동

영역 1. 조직	좋음 개선요
1. 강의가 분명하게 조직되고 시간절차를 가지고 있다.	5 ④ 3 2 1
2. 강의 조직을 알려 주기 위해 칠판 배부물 등을 사용한다.	5 4 ③ 2 1
3. 학생들 강의에서 기억하기 바라는 것을 학생들에게 말한다.	5 4 3 2 ①
4. 요점을 반복해 주고 강의 끝에 이것을 요약해 준다.	⑤ 4 3 2 1
5. 주제로부터 이탈되는 것을 피한다.	⑤ 4 3 2 1
영역 2. 전달	
1. 천천히, 분명히 말한다.	5 4 3 2 1
2. 열의 있게 전달한다.	5 4 3 2 1
3. 강의 노트(교안)를 그대로 읽어 주는 것을 피한다.	5 4 3 2 1
4. '예', '알았지' 같은 중간 채우는 말을 피한다.	5 4 3 2 1
5. 불안한 몸짓을 피한다.	5 4 3 2 1
6. 학생들과 계속 눈을 마주치고 있다.	5 4 3 2 1
7. 유머를 사용한다.	5 4 3 2 1

3) 분석 방법

예를 들면, 계수될 행동 영역에서는 교사가 학생들이 의문을 가지는지 학생들에게 질문을 많이 하였음을 알 수 있다. 또 평정될 행동 영역에서는 강의가 조직 면에서 잘 이루어졌음을 알 수 있다. 다른 영역에서도 같은 방법을 사용하여 분석을 할 수가 있을 것이다.

4) 활용

대부분의 학교에서 이루어지고 있는 강의 – 설명수업의 효과성을 분석해 효과성을 높이는 데 기여할 수 있다.

<표 3-77> 강의 – 설명수업 분석표

학년반	학년　반		교 사			학생 수		
단원명				차 시	일 시		년　월　일	
본시학습목표:								

계수될 행동

영역 1. 의미 깊은 내용	빈도수
1. 학생들에게 이미 친숙한 내용과 강의 내용을 관련짓는다.	
2. 개념을 설명하기 위하여 예를 든다.	
3. 일반화나 의견을 위해서 설명을 한다.	
영역 2. 학생 참여	
1. 학생들이 의문을 가지는지 학생들에게 질문을 한다.	
2. 학생들에게 질문을 한다.	
3. 학생들이 활동에 전념하게 한다.	

평정될 행동

영역 1. 조직	좋음 개선요
1. 강의가 분명하게 조직되고 시간절차를 가지고 있다.	5 4 3 2 1
2. 강의 조직을 알려 주기 위해 칠판 배부물 등을 사용한다.	5 4 3 2 1
3. 학생들 강의에서 기억하기 바라는 것을 학생들에게 말한다.	5 4 3 2 1
4. 요점을 반복해 주고 강의 끝에 이것을 요약해 준다.	5 4 3 2 1
5. 주제로부터 이탈되는 것을 피한다.	5 4 3 2 1
영역 2. 전달	
1. 천천히 분명히 말한다.	5 4 3 2 1
2. 열의 있게 전달한다.	5 4 3 2 1
3. 강의 노트(교안)를 그대로 읽어 주는 것을 피한다.	5 4 3 2 1
4. '예', '알았지' 같은 중간 채우는 말을 피한다.	5 4 3 2 1
5. 불안한 몸짓을 피한다.	5 4 3 2 1
6. 학생들과 계속 눈을 마주치고 있다.	5 4 3 2 1
7. 유머를 사용한다.	5 4 3 2 1
의견:	

5. 기타의 수업관찰과 분석의 실제

가. 학생을 통한 수업평가

1) 관찰목적

최근에는 교수의 질을 높이기 위해서 학생이 교사의 수업을 평가하는 방식이 대학교를 중심으로 전개되고 있다. 아직 초·중등에서는 이러한 방법이 활용되고 있지는 않지만 교사가 자신의 교수 방식에 대해서 학생들이 어떻게 생각하는지를 파악함으로써 보다 효과적인 교수 방법을 모색할 수 있을 것이다. 따라서 학생을 통한 수업평가의 목적은 교수학습 활동에 대한 학생들의 지각 정도를 파악하여 교수학습 방법 개선에 관한 자료를 제공하는 데 있다.

2) 관찰 방법

수업을 마친 후 학생들에게 교수·학습 활동에 대한 질문지를 주고 각 질문 항목에 따른 학생들의 솔직한 의견을 표하게 한다. 학생들의 솔직한 의견을 알아보기 위해서는 허용적인 분위기 조성과 익명으로 하게 하면 더욱 효과적일 것이다.

본 질문지는 이번 시간에 선생님께서 가르친 활동에 대한 여러분의 생각을 알고자 마련된 것입니다. 다음 항목에 대하여 여러분의 솔직한 의견을 ( ) 안의 응답 요령과 같이 기록해 주시기 바랍니다.

※ 응답요령: 전혀 그렇지 않다(1), 그렇지 않다(2), 잘 모르겠다(3), 그렇다(4), 매우 그렇다(5)

선생님께서는

1. 이번 시간의 학습 내용에 대하여 잘 알고 있다고 생각합니까? ( )
2. 수업단계별로 학습 흥미와 요구에 맞게 진행합니까? ( )
3. 분명한 목소리로 알아듣기 쉽게 가르칩니까? ( )
4. 누구에게든지 발표의 기회를 골고루 주십니까? ( )
5. 문제를 해결하기 위해 다양한 자료를 적절하게 제시해 주십니까? ( )
6. 자유롭게 질문하고 좋은 생각을 말하도록 하십니까? ( )
7. 여러분의 좋은 생각에 대하여 칭찬이나 격려를 해 주십니까? ( )
8. 칠판에 써 주신 글자의 크기가 알맞다고 생각합니까? ( )
9. 공부한 내용을 잘 요약해서 정리해 주십니까? ( )
10. 공부한 내용을 얼마나 알았는지 꼭 확인해 주십니까? ( )
11. 여러분의 능력에 맞게 과제를 제시해 주십니까? ( )

※ 1*( ), 2*( ), 3*( ), 4*( ), 5*( ) 총 득점: ( ).
환산점수 = 환산점÷문항 수

3) 분석 방법

환산점수는 다음과 같이 해석한다.

1	2	3	4	5
매우 부정적	부정적	보통	긍정적	매우 긍정적

4) 활용

교사의 교수행위를 학생이 평가한다는 것이 자칫 부정적 의미로 받아들일 수도 있겠지만, 수업에 대한 피드백 자료로 활용한다는 측면으로 생각하면 거부감이 극복될 수 있다. 이러한 이유로 인해서 학생을 이용한 수업평가는 또한 교수학습 방법의 개선에도 활용할 수 있다.

〈표 3-79〉 학생을 통한 수업평가표

학년반		학년 반	교 사		장 소		학생 수	
단원명					차 시		일 시	
본시학습목표:								

본 질문지는 이번 시간에 선생님께서 가르친 활동에 대한 여러분의 생각을 알고자 마련된 것입니다. 다음 항목에 대하여 여러분의 솔직한 의견을 ( ) 안의 응답 요령과 같이 기록해 주시기 바랍니다.

※ 응답요령: 전혀 그렇지 않다(1), 그렇지 않다(2), 잘 모르겠다(3), 그렇다(4), 매우 그렇다(5)

선생님께서는

1. 이번 시간의 학습 내용에 대하여 잘 알고 있다고 생각합니까? ( )
2. 수업단계별로 학습 흥미와 요구에 맞게 진행합니까? ( )
3. 분명한 목소리로 알아듣기 쉽게 가르칩니까? ( )
4. 누구에게든지 발표의 기회를 골고루 주십니까? ( )
5. 문제를 해결하기 위해 다양한 자료를 적절하게 제시해 주십니까? ( )
6. 자유롭게 질문하고 좋은 생각을 말하도록 하십니까? ( )
7. 여러분의 좋은 생각에 대하여 칭찬이나 격려를 해 주십니까? ( )
8. 칠판에 써 주신 글자의 크기가 알맞다고 생각합니까? ( )
9. 공부한 내용을 잘 요약해서 정리해 주십니까? ( )
10. 공부한 내용을 얼마나 알는지 꼭 확인해 주십니까? ( )
11. 여러분의 능력에 맞게 과제를 제시해 주십니까? ( )

※ 1*( ), 2*( ), 3*( ), 4*( ), 5*( ) 총 득점: ( ).
환산점수 = 환산점+문항 수

의견:

나. 수업 교구 분석

1) 관찰목적

수업 활동에서 교사들이 사용하는 교구는 여러 가지가 있다. 예를 들어 교과서와 노트, 보충 교재, 학습카드 지도(地圖), 시청각 교재, 사본 자료, 안내서, 설문지 및 학교 시설, 평가 등에 이르기까지 모든 것을 포함시킬 수 있다. 이러한 교구들을 사용하는 목적은 학생들의 학습 활동을 보다 더 촉진시키기 위한 것이다. 그러므로 수업교구 분석은 수업 중에 사용된 교구가 적절하였는지를 파악하는 것이다.

2) 관찰 방법

교구분석은 크게 내용, 구성, 표현 등 3가지 영역으로 된다. 관찰 방법은 각 영역별로 제시된 항목별로 관찰하여 해당되는 교구 명칭을 적고 사용에 대한 평정을 5점 척으로 하여 점수를 기록한다. 각 항목의 점수를 기록한 후 이를 통합하여 각 분야별 합계표에 기록한다.

3) 분석 방법

판정 기준은 각 분야별로 평균 이상의 점수를 획득하면 활용이 잘된 것으로 인정할 수 있다.

4) 활용

관찰 결과를 교사에게 제시해 줌으로써 수업의 질적 향상을 위한 참고가 되게 할 수 있다.

<표 3-80> 수업 교구 분석표

학년반	학년 반	교 사		장 소		학생 수	
단원명				차 시		날 짜	
본시학습목표:							

1. 내용

항 목	교구명	점 수
1. 타당성: 교구가 정확하여 믿을 만한가?		
2. 적절성: 교구의 내용이 학습자의 수준에 적절한가?		
3. 연관성: 교구의 내용은 수업 내용과 연관성이 있는가?		
4. 동기유발성: 교구에 의해서 학습 흥미가 유발되었는가?		
5. 적용성: 수업 내용에 합당하게 적용되었는가?		
6. 정확성: 교구에 포함된 내용이 정확한가?		
7. 간략성: 교구의 내용이 간략하게 나타나 있는가?		
합계		

2. 구성

항 목	교구명	점 수
1. 매체 선택: 수업목표를 달성하는 데에 적절한 매체로 선택되었는가?		
2. 의미성: 학습자에게 의미 있는 도구인가?		
3. 적절성: 내용이 학습자의 요구나 이해 수준에 적절한가?		
4. 단계성: 교구 제시가 적정한 단계에서 순서적으로 이루어졌는가?		
5. 수업적 전략: 교구는 수업 전략에 적절한 형식인가?		
6. 관련성: 교구가 학습자에게 관련성이 있는가?		
7. 평가: 교구 활용에 대한 평가 계획이 있는가?		
합계		

3. 표현

항 목	교구명	점 수
1. 시간의 효과적 사용: 적절한 시간에 활용되었는가?		
2. 속도: 교구 활용 속도가 적절한가?		
3. 이해에 대한 도움: 중요한 개념이 교구에 의해서 강조되어 학습 내용을 하는 데에 도움을 주었는가?		
4. 시각적 특성: 교구의 색, 명암, 위치, 움직임 등이 적절한가?		
5. 청각적 질: 청각적 기능을 하는 도구들이 효과적으로 활용되었는가?		
6. 물리적인 질: 교구의 크기와 형태는 사용하여 보관하기에 편리한가?		
합계		

* 각 분야별 합계표

분 야	내 용	구 성	표 현	총 점
최고점	35	35	30	100
관찰 점수				
%				

다. 교사 - 학생의 언어적 상호작용 분석

1) 관찰목적

교사 - 학생의 언어적 상호작용을 분석하는 목적은 교사의 발문에서부터 학생들의 대답, 그리고 교사의 피드백 등 교사와 학생의 언어적 상호작용을 관찰하여 효과적인 수업이 될 수 있는 자료를 제공하는 데 있다.

2) 관찰 방법

관찰자는 교사와 학생 사이에 상호작용이 일어나는 과정을 관찰한다. 교사－학생의 언어적 상호작용 분석은 부분적으로 교사의 발문이나 교사의 피드백 방법과 비슷하지만 구체적인 차이점은 교사의 언어적 진술을 일일이 기록하는 것이 아니라 교사와 학생 사이에 일어나는 여러 가지 활동을 관찰하는 것이다. 다만 이런 관찰 방법은 다른 관찰 방법과는 달리 더 정확한 관찰 자세와 이를 해석하는 데 있어 자신의 주관성을 배제하도록 신경을 써야 한다. 즉 관찰 자료의 신뢰성에 관한 문제로 여러 명의 관찰자가 똑같이 수업을 관찰하고 나온 결과가 다를 수 있는 소지가 많기 때문에 사전협의회에서부터 수업관찰 그리고 피드백협의회에 이르기까지 교사와의 면밀한 협의가 이루어져야 하며, 만일 일방적인 수업관찰을 하게 된다면 자료의 신뢰성이 떨어질 수 있다.

교사－학생의 언어 상호작용에서 나타날 수 있는 범주를 토대로 예시에서 나타나는 가상적인 수업 상황을 그려 보면 "교사의 발문 후 어느 정도 여유(기다리는 시간)가 있은 다음에 학생이 대답했다. 그리고 교사는 학생들이 생각할 수 있는 단서를 준다." 이와 같이 학생들에게 긍정적인 강화를 주는가, 부정적인 강화를 주는가를 관찰한다. 그리고 학생의 질문이나 교사가 쉽게 결론을 내려 학생들이 생각할 시간을 주지 않는 것까지 관찰하게 된다. 가산점 부여는 5점 척(－2부터 ＋2까지)을 활용하여 교사의 일방적 결론이나 부정적인 강화를 제외하고는 긍정적인 가산점을 부여하게 된다.

〈표 3-81〉 교사-학생의 언어적 상호작용 분석 예시

항목 시간	교사 발문	기다리는 시간	학생 대답	교사의 일방적 결론	교사의 단서 제공	학생 질문	긍정적 강화	부정적 강화	비고
09:10	1								
09:11		1							
09:12			1						
09:13	1		1		1				
·									
09:48					1				
09:49				1					
09:50									
계	(2)×1 =(2)	(1)×2 =(2)	(2)×2 =(4)	(1)×(-1) =(-1)	(2)×1=(2)	( )×2 =( )	( )×2 =( )	( )×(-2) =( )	

3) 분석 방법

교사-학생의 상호작용은 교사의 질문과 이에 대한 학생의 대답 등으로 진행된다. 교사의 중요한 역할 중의 하나는 학생들의 지적 호기심을 자극하여 학생 스스로 학습에 열중하도록 하는 일이다. 그러나 이런 일은 생각처럼 쉽게 이루어지지 않으며, 자칫 강의일 변도의 수업에서 나타날 수 있는 교사의 일방적인 의사소통과 주입식 위주의 교육으로 치우치기 때문에 학생들의 학습에 대한 파지율이 떨어질 수 있다. 교사-학생의 언어적 상호작용 분석은 각항목마다 가산점(+2에서 -2)을 부가하여 누계를 내고 이를 합산하여 점수화시킨다.

4) 활용

교사-학생의 언어적 상호작용 분석은 수업진행의 흐름을 알 수 있고, 수업의 효율성을 높일 수 있는 자료를 제공한다. 왜냐하면

자료 분석 결과를 바탕으로 교사의 일방적인 수업 주도를 방지하고 학생들이 수업에 적극적으로 참여할 수 있는 기회를 더 많이 확보하도록 하기 때문이다. 특히 교사의 질문에 학생들이 답변할 시간을 주지 않고 일방적으로 교사가 수업 내용을 결론지어 전달하는 수업 방식이 진행되는 우리의 학교 현실을 감안할 때 수업의 질적 개선을 위해서 좋은 관찰 방법이 될 것으로 여겨진다.

〈표 3-82〉 교사 - 학생의 언어적 상호작용 분석표

학년반	학년 반	교 사		장 소		학생 수	
단원명				차 시		일 시	
본시학습목표:							

항목\시간	교사 발문	기다리는 시간	학생 대답	교사의 일방적 결론	교사의 단서 제공	학생 질문	긍정적 강화	부정적 강화	비고
계	( )×1 =( )	( )×2 =( )	( )×2 =( )	( )×(-1) =( )	( )×1=( )	( )×2 =( )	( )×2 =( )	( )×(-2) =( )	

의견:

라. 교사 – 학생 활동 분석

1) 관찰목적

수업 중에 나타나는 교사와 학생의 활동을 분석하여 피드백 자료로 활용함으로써 수업의 효과를 증진시킬 수 있는 개선 방안을 모색한다.

2) 관찰 방법

수업진행 순서에 따라서 5분 간격으로 조사하여 기록한다.
(*시간 간격을 2분으로 하여 정밀하게 조사할 수도 있다.)

〈표 3-83〉 교사 – 학생 활동 분석 예시

활 동	항 목 \ 시 간	5	10	15	20	25	30	35	40	45	50	계
학생 활동	1. 전체토의 학습						/			/		2
	2. 소집단 학습	//			/				/			4
	3. 개별 학습											
	4. 거수											
	5. 반응적 발언											
	6. 자발적 발언	/						/				2
	7. 필기											
	8. 사료 조작											
	9. 판서 활동											
교사 활동	10. 안내, 지시											
	11. 기억발문	/				/						2
	12. 사고발문											
	13. 강의, 설명											
	14. 격려, 칭찬											
	15. 개별 지도											
	16. 판서	/										1
	17. 자료 활용											
	18. 권위, 비판							///				3

3) 분석 방법

시차별로 학생 활동의 9개 항에 균등한 분포를 나타내었다면 학생이 주체가 된 학습 활동으로 보인다. 반면에 교사 활동 항목에 집중된 경향을 보이면 교사 주도 활동으로 볼 수 있다.

다음과 같은 항목에서 높은 빈도를 보였다면 바람직한 교사 활동이라고 할 수 있다.

1) 학습단계별로 가장 많이 균등히 기록되어야 할 사항 - 12, 14, 15.
2) 적소, 적기에 또는 적절히 기록되어야 할 항목 - 10, 17.
3) 가급적 적게 기록되어야 하는 항목 - 11, 16.
4) 가급적 기록되지 말아야 할 항목 - 18.

4) 활용

가장 바람직한 수업은 교사의 안내 역할을 통한 학생 주도 활동의 수업이 이루어질 때이다. 이는 학교 현장에서 학생의 활동을 강조하는 수업과 동일한 것이다. 위와 같은 자료를 통하여 수업을 분석해 봄으로써 학생 주도의 수업을 할 수 있는 계기를 마련할 수 있을 것이다.

〈표 3-84〉 교사 – 학생 활동 분석표

학년반	학년 반	교 사		장 소		학생 수	
단원명				차 시		일 시	

본시학습목표:

활 동	항 목 \ 시 간	5	10	15	20	25	30	35	40	45	50	계
학생활동	1. 전체토의 학습											
	2. 소집단 학습											
	3. 개별 학습											
	4. 거수											
	5. 반응적 발언											
	6. 자발적 발언											
	7. 필기											
	8. 사료 조작											
	9. 판서 활동											
교사활동	10. 안내, 지시											
	11. 기억발문											
	12. 사고발문											
	13. 강의, 설명											
	14. 격려, 칭찬											
	15. 개별 지도											
	16. 판서											
	17. 자료 활용											
	18. 권위, 비판											

의견:

마. 교실 환경 분석

1) 관찰목적

교수 학습 환경에서 중심이 되는 환경이 교실 환경이다. 교실 환경은 사회심리적 환경과 물리적 환경으로 나누어진다. 사회심리적 환경은 학생들 간의 우정의 유형, 또래집단의 규범, 학생들 간의 의사소통 형태 등이 예가 된다. 물리적 환경은 교실 내의 벽 색깔, 창문의 크기와 균형, 비품의 배열 등을 말한다. 여기서는 효과적인 수업을 위한 교실 내의 물리적 환경 요인에 국한하여 관찰한다.

2) 관찰 방법

관찰 방법은 관찰자가 수업 도중에 교실의 환경 요인을 면밀히 검토하는 것이다. 한 가지 예로 "교사가 수업을 하기 위한 교실의 물리적 환경은 어느 정도가 조성되어 있는가?"라는 질문에 몇 가지 세부 항목을 생각할 수 있다. 예를 들어 칠판은 잘 닦여 있는가, 교실은 몇 개의 분단으로 나누어져 있는가, 학생들의 좌석 배치는 어떻게 되어 있는가, 특히 남녀공학인 경우의 좌석 배치는 어떻게 되어 있는가, 교실 내의 캐비닛 등의 위치는 어디에 있는가, 수업을 위한 기자재는 준비되어 있는가(예를 들어 OHP 등), 책상과 의자의 크기는 학생들에게 맞는가 등을 나누어 관찰할 수 있다. 교실의 물리적 환경 요인을 관찰하기 위해서는 관찰하고자 하는 항목을 세부 항목까지 검토하는 것이 중요하다. 이렇게 세밀한 부분까지 수업을 위한 정돈과 정리가 되어 있지 않으면 심리적인 수업 분위기가 흐트러져 수업이 효과적으로 이루어질 수 없다.

관찰기록은 세부 항목까지 관찰하고 관찰 결과를 관찰자가 직접 서술적으로 기술한다. 관찰자는 가능한 한 자세하게 관찰 결과를 작성하는 것이 좋다. 만약 교과서 준비가 안 된 학생이 있다면 그 학생이 누구인지까지 기록해 두는 것이 좋다. 구체적인 자료를 위해서 일일이 기록하는 것이 바람직하다. 그래야만 교사와의 사후협의회에서 교사에게 좋은 자료를 제공할 수 있다.

〈표 3-85〉 교실 환경 분석 예시

관찰항목	세부항목	관찰결과
정리 · 정돈 (환경 미화)	창문은? 책상 배열? 교실 바닥? 게시판?	양쪽으로 균등하게 잘 열려 있다. 똑바로 잘 배열되어 있다. 약간의 종이가 떨어져 있다. 학생들의 미술작품만 몇 점 있다.
좌석 배열	좌석 배열? 교사의 활동 공간?	남학생과 여학생이 분리되어 있다. 2분단과 3분단 사이의 줄이 좁다.
학습 자료	교과서 준비? 노트 준비? 참고서(교사)?	7명의 학생이 없다(2분단 3째 줄……). 9명의 학생이 없다(1분단 1째 줄……). 교사용 지침서를 가지고 있다.
수업보조자료	자료목록?	

3) 분석 방법

일반적으로 초 · 중등학교는 물론 대학교까지 교실 내의 환경 요인은 거의 비슷한 것으로 생각하고 실제로 크게 차이가 없는 경우가 많다. 하지만 세밀히 따져 보면 어느 정도 수업 분위기를 바꿀 수 있는 개선의 여지는 있을 수 있다. 특히 강의식 수업이 대부분인 학교교육에서 교실 환경에 대해 주의를 기울일 필요가 있다. 단순히 몇 가지만 관찰해도 수업에 여러 가지 어려운 점이 있음을 알 수 있다. '교사의 활동 공간이 2분단과 3분단 사이가 좁다.'라는 사실, '교과서와 노트를 준비하지 않은 학생이 상당수가 있다.'는 등을 분석하여 이에 대한 적절한 대안을 강구한다.

4) 활용

교실 내의 환경 요인이 제대로 갖추어지지 않을 경우, 교사뿐만 아니라 학생들의 학습 의욕을 저하시키는 요인이 될 수도 있다. 하지만 교실 내의 환경 요인을 교사가 하나하나 다 정리하는 것은 어렵다. 그리고 특히 중·고등학교의 경우는 담임이 직접 수업을 하는 것이 아니라 교과별로 수업이 이루어지기 때문에 이를 일일이 교과담당 교사가 수업 전에 체크를 한다는 것은 수업 시간 중에서 별도의 시간을 할애해야 하기 때문에 상당히 어렵다. 하지만 교사가 수업을 제대로 하기 위해서, 이런 점을 담임교사가 미리 알고 학생들 스스로 준비한다.

〈표 3-86〉 교실 환경 분석표

학년반	학년 반	교 사			학생 수	
단원명			차 시	일 시	년 월 일	

본시학습목표:

관찰항목	세부항목	관찰 결과
교실 물리적 환경	칠판은? 분단 나누기는? 비품 종류 및 그 위치는? (캐비닛 등)?	
정리·정돈 (환경 미화)	창문은? 책상 배열? 교실 바닥? 게시판?	
좌석 배열	좌석 배열? 교사의 활동 공간?	
학습 자료	교과서 준비? 노트 준비? 참고서(교사)?	
수업보조자료	자료목록? 품목: 수량	
보조자료의 사용	자료의 정돈 학생의 관찰 가능성 수업 내용과 연계성 칠판의 활용	
칠판의 활용	칠판 공간 활용 교사의 위치	
기타 사항		

의견:

바. 교사와 학생의 시선 분석

1) 관찰목적

교사가 수업을 진행하면서 학생들과의 상호작용 방법은 언어를 통한 직접적인 방법도 있지만 교사와 학생 간의 시선 접촉도 중요하다. 교사와 시선이 자주 부딪히는 학생은 자연히 수업에 그만큼 열중하게 되기 때문이다. 그러므로 수업 중에 교사의 시선이 주로 어디에 집중되고 있고 학생들도 얼마나 자주 부딪히고 있는지를 분석할 필요가 있다.

2) 관찰 방법

관찰 방법은 우선 학생들의 좌석표를 기준으로 대체적으로 8구역으로 구분하여 관찰한다. 관찰자는 임의로 일정하게 구역을 정해 놓고 구역마다 일련번호를 부여한다. 지나치게 세분화하면 할수록 교사의 시선이 정확히 어디에 머무는가를 파악하기 어려운 점도 있다. 교사의 시선이 어느 구역을 향해 있고 동시에 그 구역 내에 학생들도 교사를 바라보고 있는지를 관찰한다. 학생들이 교사를 바라보는 유형은 a) 학생의 시선이 교사와 마주치지 않는 경우, b) 학생의 시선이 교사와 일부 마주치는 경우, c) 학생의 시선이 교사와 전체적으로 마주치는 경우로 나눌 수 있다. 이와 같은 방법은 VTR을 이용해서 관찰하면 효과적일 수 있지만 비용과 시간이 너무 많이 들고 이를 수업 시간 전체에 활용하기란 다소 무리가 있다. 구체적인 관찰 방법은 <표 3-87>과 같다.

〈표 3-87〉 교사의 시선 분석표 - 구역의 예

교 사			

Ⅰ 구역	Ⅱ 구역	Ⅲ 구역	Ⅳ 구역
Ⅴ 구역	Ⅵ 구역	Ⅶ 구역	Ⅷ 구역

시작(10:15) Ⅰ(a) Ⅱ(a) Ⅲ(b) Ⅶ(b) Ⅱ(c) Ⅵ(a) Ⅲ(a) Ⅷ(a) Ⅲ(c) Ⅱ(a) Ⅳ(c)
Ⅷ(b) Ⅷ(b) Ⅶ(c) Ⅳ(c) Ⅴ(c) Ⅲ(c) Ⅳ(b) 끝(10:35)
a: 학생의 시선이 교사와 마주치지 않는 경우
b: 학생의 시선이 교사와 일부 마주치는 경우
c: 학생의 시선이 교사와 전체적으로 마주치는 경우
예) Ⅲ(b)는 교사의 시선은 Ⅲ번 구역을 쳐다보고 학생들의 시선은 일부만 교사와
시선이 마주친 경우이다.

3) 분석 방법

분석 방법은 관찰이 끝난 후 관찰 결과를 가지고 다음과 같은
표를 작성한다.

〈표 3-88〉 교사와 학생의 시선 분석 요약

구 역		Ⅰ	Ⅱ	Ⅲ	Ⅳ	Ⅴ	Ⅵ	Ⅶ	Ⅷ
시선횟수		1	3	4	3	1	1	2	3
일치정도	a	0	1	2	2	1	0	2	2
	b		2	2			1		
	c				1				1

위와 같은 방법을 사용하여 교사의 시선 흐름과 학생들의 시선
일치 정도를 파악하여 교사의 수업진행 과정을 유추해 볼 수 있다.
만약 교사와 학생의 시선 일치 정도가 특정구역에 편중되어 있을
경우에 바람직한 수업이었다고 보기 어려우므로 그 원인을 교사와
협의하여 분석해야 한다. 교사와 학생의 시선 일치 정도가 한 구

역에 편중되지 않고 전체 영역에 비슷하게 나타났을 경우에 그 수업은 교사와 학생 간의 상호작용이 많았다고 볼 수 있다.

4) 활용

수업 중에 교사의 시선은 학생들의 주의집중의 중요한 요인 중의 하나이다. 특히 초임교사의 경우 수업에서 학생들을 제대로 쳐다보지 못하고 수업을 진행하는 경우가 많이 있다. 이는 수업에 대한 열의나 교과지식의 부족이라기보다는 학생들과의 상호작용에 대한 자신감이 부족하기 때문이다. 그리고 학생들도 교사와 한 번도 시선을 마주치지 않는 경우가 많이 있다. 눈은 마음의 창이라고 하는데 교사와 학생 사이에 시선의 교환이 없다면 수업에서 상호작용이 떨어진다고 볼 수 있다. 특히 강의식 수업이 많은 우리나라 현실에서 교사의 시선에 대한 관찰을 통해 교사가 수업에 대한 자신감을 갖도록 도와줄 수 있다.

〈표 3-89〉 교사와 학생의 시선 분석표

학년반	학년 반	교 사			학생 수	
단원명			차 시	일 시	년 월 일	
본시학습목표:						

교 사			
Ⅰ	Ⅱ	Ⅲ	Ⅳ
Ⅴ	Ⅵ	Ⅶ	Ⅷ

* 관찰차가 임의로 구역을 정해 놓고 일련번호를 붙인다(가능한 한 8구역 정도는 넘지 않게).

시작: 시   분

구역(일치 정도)		구역(일치 정도)	
Ⅰ.	( )	Ⅴ.	( )
Ⅱ.	( )	Ⅵ.	( )
Ⅲ.	( )	Ⅶ.	( )
Ⅳ.	( )	Ⅷ.	( )

끝: 시   분

a: 학생의 시선이 교사와 마주치지 않는 경우
b: 학생의 시선이 교사와 일부 마주치는 경우
c: 학생의 시선이 교사와 전체적으로 마주치는 경우

구 역								
시선횟수								
일치 정도	a							
	b							
	c							

의견:

사. 교사의 목표에 대한 학생의 반응 관찰

1) 관찰목적

교사 중심으로 수업을 관찰하는 방법은 여러 가지가 있을 수 있다. 여기서는 교사 행동에 초점을 맞춰 시간 순서에 따른 교사의 목표와 행동, 학생 반응을 기술한다. 이러한 관찰도구는 일화기록법과 유사하다고 볼 수 있다. 그러나 일화기록방법은 전반적으로 있는 그대로를 진술하지만 여기서는 특정한 부분에 중점(교사의 목표, 교사의 행동, 학생의 반응)을 두고 관찰한다는 점이 다르다고 하겠다.

2) 관찰 방법

교사 중심 관찰 내용은 교사의 목표, 교사의 행동, 학생 반응으로 나누어 관찰한다. 이 세 가지는 매우 밀접한 관계를 갖고 있으며 서로 연계되어 일어나는 행동이다. 관찰 방법은 두 가지로 할 수 있다. 첫 번째 방법은 관찰자와 교사가 수업관찰 전에 수업진행 내용을 사전에 협의하여 교사의 목표를 미리 확인하고, 수업하는 동안 교사의 목표에 대한 교사의 행동과 학생의 반응이 어떻게 일어나는가를 관찰한다. 두 번째 방법은 관찰자와 교사가 사전에 협의하지 않고 관찰자가 수업관찰 도중에 교사의 행동을 보고 미루어 교사의 목표(의도)를 파악하고 이에 대한 교사의 행동과 학생의 반응을 관찰하여 기록한다.

관찰 내용을 진술할 때 특별히 주의해야 할 점은 교사의 목표나 행동 그리고 학생의 반응을 느낌이나 상상적인 용어(예: ~잘하고 있는 것 같은)를 사용하지 말고 확인 가능한 동사(말하다, 고쳐 주다, 설명하다 등)를 사용하여 진술해야 한다. 또한 그 구성체에 있어 정확하고 객관적인 진술이 필요하다. "몇 명의 학생들이 과업에 참여하고 있다."고 진술하기보다는 "22명 중 6명만이 또는 4명만이 과업에 집중하고 있다."고 하는 것이 바람직한 관찰 방법이다.

구체적인 예시는 <표 3 - 90>과 같다.

<표 3-90> 교사의 목표에 대한 학생의 반응 관찰 예시

시 간	교사 목표	교사 행동	학생 반응
11:00	작문에 대한 흥미 자극	어린이날에 무엇을 하고자 하는가에 대하여 학생들과 토의	아이디어를 생각해 낸다.
11:02	학생들로 하여금 보다 질서 정연한 형태로 아이디어에 대하여 토의하도록 한다.	학생들에게 손을 들고 차례를 기다릴 것을 상기시킨다.	아이디어를 생각해 낸다.
11:28	학생들에게 실용적인 어휘를 제공한다.	칠판에 아이디어를 필기한다.	아이디어를 생각해 낸다.
11:04	학생들로 하여금 글짓기를 하게 한다.	원고지를 나누어 준다.	질문을 한다.
11:08	학생들로 하여금 완전한 문장을 쓰게 한다.	칠판에 "나는 ~이 되고자 한다."를 쓴다.	질문을 한다.
11:10	학생들의 글짓기를 촉진한다.	교실을 순회하며 단어의 맞춤법을 고쳐 준다.	질문하거나 할 일을 분명히 한다.
11:14	학생들의 글짓기를 촉진한다.	교실을 순회하며 단어의 맞춤법을 고쳐 준다.	22명 학생 중 6명이 과업에 집중
11:19	학생들의 글짓기를 촉진한다.	교실을 순회하며 단어의 맞춤법을 고쳐 준다.	22명 학생 중 6명이 과업에 집중
11:22	학생들의 글짓기를 촉진한다.	끝마친 사람은 조용히 하고 무엇인가 새로운 것을 발견해야 한다고 설명한다.	4명의 학생이 과업에 집중
11:25	학습의 결론을 맺는다.	글짓기 원고를 제출하라고 한다.	학생들은 글짓기 한 것을 전달하고 크게 떠들며 자리를 떠난다.

3) 분석 방법

예시에 나타난 교사 중심의 수업관찰 시간은 약 30분 정도였다. 관찰 내용을 보면 교사의 목표와 교사의 행동 그리고 이에 대한 학생의 반응을 중심으로 구성되어 있다. 교사의 의도대로 교사의 행동이 적절했는지 그리고 이에 대한 학생의 반응을 알아봄으로써 수업 전체의 분위기를 알아볼 수 있다. 수업관찰 내용을 보면 수업의 후반부에 학생들의 글짓기 시간 동안 학생 차에 의한 개인차를 고려하지 않고 있어 일부 일찍 끝난 학생들은 과업에 집중을 하지 못하고 있음을 알 수 있다. 특히 11:20분부터 약 11:25분까지 학생들 중 과업에 열중할 수 있을 것으로 본다.

4) 활용

효과적인 수업은 교사 혼자서 주도하는 것이 아니라 학생들과의 상호작용을 통해서 이루어진다. 교사 혼자서만 수업에 열중할 것이 아니라 학생들의 동기를 적절히 유발시킴으로써 수업에 계속 참여할 수 있도록 유도해야 한다. 교사 중심 관찰에서 교사는 열심히 교실을 순회하며 학생들의 글짓기 맞춤법 교정을 해 주고 있지만 일부 과업이 끝난 학생들이 무엇을 해야 하는지를 사전에 미리 분명한 심화학습 과제를 제시해 주지 못하고 있다. 이런 점에 대해서 수업 계획에서부터 철저하게 고려한다면 교사의 수업은 한층 더 개선될 수 있을 것이다.

〈표 3-91〉 교사의 목표에 대한 학생의 반응 관찰 분석표

학년반	학년 반	교 사			학생 수	
단원명			차 시	일 시		년 월 일
본시학습목표:						

시 간	교사 목표	교사 행동	학생 반응

의견:

아. 수업관찰보고서 작성

1) 관찰목적

관찰자는 수업관찰이 끝난 후 수업관찰 내용을 정리하여 교사에게 전달해야 한다. 문제는 수업관찰 내용이 얼마나 정확하고 구체적으로 작성되어 있느냐 하는 점이다. 수업관찰 결과가 구체적이고 정확하게 대안까지 담고 있을 정도로 가치 있는 정보라면 교사가 자신의 수업 개선 활동에 적극적으로 활용할 수 있다. 그러므로 수업관찰보고서를

어떻게 작성하느냐는 수업관찰을 제대로 하는 것 이상으로 중요하다.

2) 관찰 방법

수업관찰보고서는 교사의 전문적 자질, 수업, 개인적 자질, 학생의 학습 등 크게 4가지 부분으로 구분되어 있다. 관찰 결과는 관찰자의 견해를 자유기술식으로 작성하되 교사의 행동을 그대로 묘사하는 것이 아니라 권유 또는 개선 사항에 역점을 두어 진술하도록 되어 있다. 그러므로 단순히 '좋다' 또는 '개선의 여지가 있다'라는 식으로 진술하기보다는 '수업은 잘 계획되어 있는데 수업의 후반부로 갈수록 시간의 배분에서 여유가 부족했다.'라는 식으로 작성해야 한다. 왜냐하면 교사가 자신의 수업개선을 위한 자료로 활용하기 위해서는 추상적이거나 전체적인 표현은 크게 도움을 줄 수 없기 때문이다. 그러므로 관찰 결과를 자유기술 식으로 표현할 때는 용어의 선정에 주의를 기울일 필요가 있다. 수업관찰보고서 예시는 <표 3-92>와 같다.

〈표 3-92〉 수업관찰보고서 예시

A. 전문적 자질	평가권고
1. 교과목에 대한 지식	① 교과목에 대한 지식은 풍부했으나 예제의 선정이 어려웠다.
2. 전문가로서의 관심과 목적	② _____
B. 학급수업	
1. 잘 계획된 수업	① 수업 계획은 잘되었으나 후반부로 갈수록 시간의 배부에 여유가 부족했다.
2. 학급 분위기	② 다양하고 흥미 있어 하는 학생들이 많아 학습 분위기가 활발하다.
3. 진지한 학생 참여	③ _____
(이하 생략)	

3) 분석 방법

관찰 결과가 자유기술식으로 진술된 관찰 결과는 통계적으로 요약해서 제시하기가 어렵기 때문에 이를 한눈에 알아보기는 쉽지 않다. 그래서 이를 요약·정리하기 위해서는 다음과 같은 양식을 사용하여 알아보기 쉽게 다시 나타낼 수 있다.

〈표 3-93〉 수업관찰 결과 보고서 요약표

	장점	
수 업	단점	
	개선점	
	장점	
교 사	단점	
	개선점	
	장점	
학 생	단점	
	개선점	

이렇게 정리가 되면 수업개선에 활용하는 데 훨씬 용이할 것이다.

4) 활용

수업관찰 결과 보고서는 자신의 수업에 대한 결과의 평론이다. 그리고 수업의 개선에 실제 활용되기 위해서는 보다 더 정확하고 구체적인 지적을 담고 있는 수업관찰보고서가 의미 있는 것이다. 만일 누군가에게 평가를 받았다는 느낌으로 받아들이게 되면 오히려 본래의 의도가 왜곡될 염려가 있다.

교사는 수업개선에 활용할 때, 장점보다는 단점이나 개선점을 어떻게 해결할 것인가에 대해 심사숙고하여 새로운 대안을 모색해야 한다. 이때 장학담당자, 교장, 교감 또는 주임교사나 동료 교사의 의견을 들어 보는 것이 중요하다.

〈표 3-94〉 수업관찰 결과 보고서

학년반	학년 반	교 사		학생 수	
단원명		차 시	일 시	년 월 일	
본시학습목표:					

A. 전문적 자질	평가권고
1. 교과목에 대한 지식	1. _____
2. 전문가로서의 관심과 목적	2. _____
B. 학급수업	
1. 잘 계획된 수업	1. _____
2. 학급 분위기	2. _____
3. 진지한 학생 참여	3. _____
4. 수업 자료와 설비의 효과적인 활용	4. _____
5. 의미 있고 합당한 과제 부여	5. _____
6. 개인차에 따른 수업 조정	6. _____
7. 긍정적인 학생 - 교사 관계성	7. _____
8. 분명한 설명	8. _____
9. 학습에 적절한 기강	9. _____
10. 안정된 학급 관리	10. _____
11. 매력적인 학급 환경	11. _____
C. 개인적 자질	
1. 적절한 두발과 복장	1. _____
2. 분명하게 발음하고 표준어를 사용함	2. _____
3. 침착하고 자기통제를 잘함	3. _____
D. 학생의 학습	
1. 새로운 지식을 습득한 것이 반영됨	1. _____
2. 새로운 지식을 적용하고 있는 것이 반영됨	2. _____

IV

수업평가와 임상장학

이 장에서는 제2장과 3장에서 제시한 여러 가지 수업관찰 방법에 의해서 얻어진 자료를 분석하여 궁극적으로 수업개선을 가져오는 데 도움을 주기 위해서 1) 수업평가의 의의와 필요성, 2) 수업평가의 목적, 3) 수업평가의 절차, 4) 수업평가의 방법, 5) 수업평가와 임상장학의 관계를 알아보도록 한다.

가. 수업평가의 개념과 필요성

고전적인 평가 개념은 학생의 학습을 고려할 때는 시험(testing)
으로 간주되며, 교사의 효과성을 고려할 때는 평정(rating)으로 간
주되었다. 이러한 고전적인 평가 개념은 관련 문헌과 실제 상황에
서 많이 나타난다. 그러나 최근 들어 평가 개념은 수업 사태에 관
한 증거를 체계적으로 수집하여 이들 자료를 분석하는 방법 쪽으
로 이해되고 있다. 이러한 최근의 평가 경향은 교수 개선(教授改
善)에 도움을 주기 위해서 구체적으로 고안된 방법으로 여겨지기
때문에 수업평가에 대한 관심이 더욱 커지고 있다.

1) 수업평가의 개념

수업이란 복잡하고 다양한 의미를 지닌 행동이기 때문에 수업을
평가한다는 것은 매우 복잡하고 다양한 의미를 지닌 활동이라고
할 수 있다(배호순, 1991: 13). 이것은 수업평가가 단순한 활동이
아니고 다양한 변인들이 복합적으로 작용한 여러 가지 특성을 지
닌 활동임을 암시한다. 구체적으로 평가란 무엇인가 하는 물음에
대한 해답은 수업평가의 개념을 밝히는 열쇠가 된다. 수업평가의

개념에 대한 학자들의 견해는 매우 다양하다. Cronbach(1980: 12)는 "평가란 현재의 프로그램 속에서 발생하는 사태들에 대한 체계적인 검토(examinations)"라고 보았다. 김영채(1980: 360)는 평가란 "교육 활동의 효율성을 증거에 의하여 따져 보고 판별하는 체계적인 과정"이라고 정의하였다.

또한 박도순(1986: 12)은 "수업평가는 수업에 투입된 내용이 의도된 대로 되었는지 어떤지를 알아보는 것"이라고 하였다. 즉 수업평가는 의도된 성과와 실현된 성과를 비교함으로써 수업이 제대로 되었는지를 결정하려는 것이다. 그러므로 수업평가는 궁극적으로 수업에 관련된 제반 요인인 투입변인, 과정변인, 산출변인의 가치를 판단하는 활동이다. 또한 수업평가는 여러 가지 행정적 결정을 위해서도 필요하다. 그러므로 행정가들은 여러 가지 교육적 자원을 효율적으로 분배하는 데 책임을 지고 자원의 투입 시기와 장소, 투입 대상, 투입 방법 등을 결정해야 되며, 수업의 효율성에 장애가 되는 것이 무엇인지, 어떤 프로그램을 지속적으로 유지할 것인가 또는 중단할 것인가를 결정해야 한다. 이러한 의사 결정의 근거가 되는 것이 바로 수업평가의 결과이다.

Harris(1985: 10 - 12)는 "수업평가는 필요한 자료의 수집·분석·해석을 위해서 기획하고, 도구를 제작하고, 조직하고, 절차를 적용하고, 수업개선을 위해 의사 결정을 하는 일"이라고 하였다. Harris는 수업평가에서 교사·학생·프로그램 등 학교의 교육적 요소를 모두 평가의 대상으로 하고 있다.

또한 수업평가는 각 교육 행정 수준별로 이루어진다고도 할 수 있다. 즉 교육부는 국가 교육목표의 달성 정도를 알아보기 위해서 수업평가를 할 수 있고, 시·도 교육청은 시·도 교육청의 교육목표 성취 정도를 알아보기 위해서 할 수 있고, 시·군 교육청은 지역 학생들의 학업 성취 정도를 알아보기 위해서 수업평가를 할 수도 있다. 각 학교는 학교 교육목표 달성 정도를 알아보기 위해서 수업평가를 할 수 있다.

이처럼 수업평가는 평가자의 의도와 각 행정 수준별 필요성에 의해서 진행할 수도 있다. 어떤 의도에서, 어떤 목적을 가지고 수업평가를 하든지 간에, 수업평가는 궁극적으로 수업에서 투입변인·과정변인·산출변인을 분석함으로써 수업의 질적 개선을 도모하여 교수 효과성을 높이는 데 초점을 둔 활동이라고 할 수 있다.

2) 수업평가의 필요성

수업평가의 필요성은 수업평가를 하고자 하는 평가자의 목적과 밀접한 관계가 있다. 따라서 수업평가의 필요성이 평가 목적을 규정하기도 하며, 또 수업평가의 목적이 그 필요성을 규정하기도 한다. 그렇기 때문에 수업평가의 필요성은 상당히 다양하다. 학교 행정가의 경우 수업의 질을 향상시키기 위하여 교육자원의 분배와 투입시기의 결정, 교원에 대한 평정 및 교사의 임용과 해고, 학교 교육목표 달성 여부, 학생의 성취도 정도를 알아보고자 할 때 수업평가의 필요성을 느끼게 된다. 교사들에게 있어서는 자신 수업의 질적인 향상을 위해서 수업평가의 필요성을 인식할 수 있다.

배호순(1991: 16－17)은 수업평가의 필요성을 다음과 같이 설명하고 있다.

① 교육행정가가 학교교육 효과를 평가하려고 할 때, 교사들의 수업을 평가해야 할 필요성이 있다. 이때의 수업평가는 학교가 추구해 온 교육목표의 달성 정도와 전반적인 교육 효과를 평가하기 위한 주된 수단으로써 수업을 평가하는 것이다.

② 교육행정가가 교사들의 근무평정을 하려고 할 때, 수업평가를 할 필요가 있다. 이때의 수업평가는 교사들의 수업목표 달성 정도나 수업 능력을 평가하는 데 초점을 두어야 한다.

③ 교사들 스스로 수업의 효율성·질적 개선을 위해서 수업평가는 필요하다. 자신의 수업을 평가하기 위해서는 비디오·오디오·동료 관찰·학생의 교사평가 등을 이용해서 수업평가를 할 수 있다.

④ 학생의 학업성취도 평가를 위해서 수업평가는 필요하다. 이때의 수업평가는 학생의 학습 결과를 통한 수업 효과 및 수업목표 달성 정도에 평가의 초점을 둔다.

⑤ 바람직한 수업모형의 개발을 위해서 수업평가는 필요하다. 이때의 수업평가는 수업평가 준거 행동과 그 효과 간의 관계, 수업 패턴의 탐색, 수업모형의 효율적 및 효과적 적용, 특정 교수 자료의 효과 검증에 수업평가의 초점을 둔다.

또한 박도순(1986: 12 – 15)도 수업평가의 필요성을 다음과 같이 설명했다.

① 수업평가는 다양한 행정적 결정을 위해서 필요하다. 행정가들은 다양한 교육적 자원의 배분과 수업 프로그램의 지속·중단을 결정해야 되기 때문이다.

② 수업평가는 수업의 실제 적용 상황에서 개선을 위한 정보를 얻기 위해서 필요하다. 수업 프로그램의 효율성에 관한 정보 없이는 그 수업 프로그램의 개선은 기대할 수 없기 때문이다.

③ 수업 프로그램은 의도하지 않은 성과도 나타내기 때문에 그 수업 프로그램의 의도하지 않은 성과가 무엇인지를 밝히기 위해서 수업평가가 필요하다.

④ 수업 프로그램의 지속 여부를 결정하기 위한 정보를 얻기 위해서 수업평가는 필요하다. 수업 프로그램을 지속하거나 확대하려 할 때는 그 수업 프로그램이 얼마나 가치가 있는지를 결정하는 것이 필요하다.

⑤ 수업평가는 새로운 수업 설계를 위해서 필요하다. 즉 수업평가 결과를 바탕으로 수업에 투입될 변인으로서 자원의 재분배 결정을 위해서 필요하다. 그래서 수업평가는 목표 설정·우선순위 결정·자원 재분배 등에 관한 의사 결정의 일환으로서 수업평가가 필요하다.

이들의 견해를 종합해 보면, 수업평가의 필요성은 크게 두 가지로 나누어진다. 하나는 수업의 질적 개선을 위해서, 다른 하나는 행정적 개선을 위해서 수업평가가 필요하다고 할 수 있다. 전자는 수업의 효과성을 높이기 위한 임상장학과도 연계해서 살펴볼 필요가 있다. 그 이유는 검증이 대상 교사의 수업평가가 주를 이루고 있기 때문이다. 이것은 이 장의 뒷부분에서 자세하게 살펴볼 것이다. 후자는 수업의 질적 개선을 위한 행정적 지원체제의 개선이라고 할 수 있다.

이와 같이 수업평가는 누가, 언제, 어떤 목적으로 무엇을 알기 위해서, 어디에 초점을 두고 수업평가를 실시하느냐에 따라 수업평가의 필요성과 형태가 달라진다. 그러므로 수업평가를 하기 전에 수업평가의 의도가 어디에 있는지, 어떤 필요성에 의해서 하는지, 어떤 목적으로 하는지를 먼저 명료화하는 것이 필요하다. 수업평가자는 이런 점을 먼저 명료화한 다음 수업평가를 기획하고 실천해야 본래의 목적을 성취할 수 있을 것이다.

나. 수업평가의 목적

수업평가의 목적은 명확하고 한계가 분명해야 하며, 실천 가능해야 한다. 만약 수업평가의 목적이 너무 많으면 의도했던 소기의 목적을 달성하기 어렵고, 오히려 노력에 비해 아무것도 제대로 평가할 수 없다. Harris(1985: 191 – 192)는 수업평가의 목적을 ① 새로운 프로그램이 낡은 프로그램보다 어느 정도 좋은지를 파악하기 위해서, ② 특별 프로젝트를 수행하기 위해 필요한 연구비의 정당성을 입증하기 위해서, ③ 새로운 수업 프로그램을 위해 경비가 얼마나 많이 드는가를 알기 위해서, ④ 고용 재계약을 위한 정보를 얻고자 할 때, ⑤ 대학에 진학할 준비가 잘되었는지 어떤지를 알아보기 위해서 수업평가를 한다고 하였다. 위의 다섯 가지 형태 모두를 포괄적으로 접근하는 것은 바람직하지 못하다. 효과적인 평가를 위해서는 수업평가의 범주를 구체화하여 우선순위를 부여함과 동시에 상대적인 비중을 두어야 한다. 그리고 이에 따라 수업평가를 하는 것이 바람직하다. Sergiovanni와 Starratt(1983: 262)는 수업평가의 목적을 더욱 포괄적으로 제시하였는데 ① 필요에 따라 더욱 효과적인 방법을 모색할 수 있는 정보를 제공하기 위하여, ② 다른 학교 또는 학과와 비교하기 위하여, ③ 학술적인 결과가 표준화된 준거에 맞는지의 여부를 파악하기 위하여 평가를 한다고 하였다. 즉 평가를 하는 이유는 보다 효과적인 결정을 할 수 있는 자료가 무엇인지를 판별하는 것으로, 의사결정자들은 여기에서 나온 자료를 기초로 하여 정책을 결정하게 된다.

수업평가의 목적은 두 가지로 분류해서 생각할 수 있다. 하나는, 수업의 질적 개선을 가져오기 위한 것이고 또 다른 하나는 행정적 개선을 목적으로 수업평가를 하는 것이다. Gorton(1983: 238 – 241)에 의하면 전자는 교사들이 어떤 면에서 장학을 필요로 하는지를 알아보기 위한 것이고, 후자는 신규 교사를 계속 고용할 것인가 또는 해고할 것인가를 결정하기 위한 것이다. Guthrie와 Reed(1983: 302)는 평가의 목적을 형성적 목적과 총괄적 목적으로 나누고 전자는 프로그램 과정 중에 수정하는 것을 목적으로 하고 후자는 프로그램을 최종적으로 판단하기 위한 것으로 보았다. Darling – Hammond, Wise와 Pease(1983: 302)는 이 두 가지 목적을 개인과 조직 차원에서 네 가지로 구분한다. 개선을 위한 목적이 개인적 차원에서는 교사 개인의 개발을, 조직적 차원에서는 학교 개선을 위한 것으로 본다. 또 행정적 목적은 개인 차원에서는 개인의 인사문제의 결정을, 조직 차원에서는 학교의 지위 결정을 위한 것으로 본다. 또 Anderson과 Gall(1978: 37 – 42)은 평가 목적을 (1) 수업 프로그램 정착 여부 결정, (2) 수업 프로그램의 지속 여부 결정, (3) 수업 프로그램의 변경 여부 결정, (4) 수업 프로그램 결정을 위한 긍정적인 자료 수집, (5) 반증적인(against) 자료 수집, (6) 기본 과정 이해 등 6가지로 분류한다. Harris(1985: 191 – 200)는 수업평가의 목적을 (1) 분명한 의사 결정, (2) 수업개선, (3) 조작적(操作的) 의사결정(operational decision making), (4) 프로그램의 지속·중단에 관한 의사 결정 등으로 나누고 있다.

수업평가의 목적은 수업평가의 필요성이 명료하고 구체적일 때 평가의 목적이 분명해지기도 한다. 흔히 수업평가는 한 가지 목적보다는 여러 목적을 동시에 추구하는 경우가 많다. 그러므로 수업평가를 할 때는 평가의 목적을 보다 명확히 해야 한다. 이에 대해서 배호순(1991: 18－19)은 수업평가의 목적을 7가지로 세분하여 제시한다.

① 수업의 질을 개선하기 위한 목적
② 수업목표의 달성 정도를 파악하기 위한 목적
③ 학교교육 효과로써 수업 효과를 탐색하기 위한 목적
④ 교육과정 및 교육과정 자료를 개선하기 위한 목적
⑤ 교원 인사행정에 필요한 자료를 수집하기 위한 목적
⑥ 학생 지도를 위한 목적
⑦ 교육 연구를 위한 목적

먼저 수업의 질적 개선을 위한 목적으로 수업을 평가할 때는 교사의 수업 전개 능력과 학생의 학습 활동 지도 능력 및 기술(skill)뿐만 아니라, 교실에서 일어나는 여러 사태에 대한 관리 능력, 수업 계획 및 수행과 평가 등에 필요한 의사 결정 능력 등에 평가의 초점을 맞추어야 한다.

또한 수업목표의 달성 정도를 파악하기 위한 수업평가는 수업목표가 본래 의도한 바대로 달성되고 있는가를 중심으로 단기적인 수업 효과를 확인하는 데 평가의 초점을 맞추어야 한다.

학교교육 효과를 평가하고자 할 때는 각 교과 단원마다의 수업 목표뿐만 아니라 학교의 교육목표나 교육 방침의 성취 정도를 평가한다는 점을 강조하여 교사들의 수업이 학교교육목표나 교육 방침의 성취에 어느 정도 기여했는가, 그것을 실제 수업에서 어느 정도 교과와 관련짓는가 등을 중요시하여 장기적인 안목으로 수업의 효과를 확인하는 데 평가의 초점을 맞추어야 한다.

교육과정 및 교육과정 자료를 개선하기 위한 수업평가는 교육과정의 목표나 정신을 어느 정도 구현하고 있는가를 포함하여 교육과정 내용 분석 능력 및 교육과정의 재조직 및 재구성 능력, 교육과정 목표의 실현 가능성 등에 평가의 초점을 맞추어야 한다.

교사의 인사행정 결정 자료 수집을 위한 수업의 평가는 교사의 기본적인 재능으로서 수업 능력이나 수업 기술, 얼마나 성실하게 교육과정을 운영하는지, 수업에 얼마나 열성적인지, 학생에 대해 얼마나 많은 열정을 쏟는지 등에 평가의 초점을 두어야 한다.

학생 지도를 위한 목적으로 수업을 평가할 때는 학생들의 학업 성취 정도, 수업 이해 정도, 학생들이 수업에 능동적으로 참여하도록 동기 부여를 얼마나 하였는가, 수업 전개가 학생들의 수준에 적절하였는가, 개별화 학습이 어느 정도 이루어졌는가 등에 평가의 초점을 두어야 한다.

교육 연구를 위한 평가는 연구 목적이 의도한 바에 중점을 두어 평가를 하여야 한다. 예를 들어서, 새로운 수업 모델의 적용 정도를 평가하고자 할 때는 그 수업 모델의 이해 정도, 새로운 모델로 수업을 한 결과 학생들의 학업 성취 정도, 그 수업 모델의 일반화 가능성 등에 평가의 초점을 두어야 한다.

이처럼 평가의 목적은 다양하게 정의되고 있으나 공통적인 것은 수업개선을 위한 목적과 행정적 개선을 목적으로 하고 있다.

그런데 이러한 두 가지 목적은 실제적으로 교사의 입장에서 볼 때 갈등을 일으키기도 한다. 이 두 목적은 늘 공존하고 있기 때문에 실제로 학교 현장에서 수업을 평가할 때, 교사는 수업의 개선을 위해서는 자신이 개방적이어야 하고 평가에 협조적이어야만 한다. 그러나 자신의 인사 문제와 관련되었을 때는 자기의 결점을 드러내 놓고 싶지가 않다. 바로 여기에서 갈등이 생긴다고 할 수 있다.

특히 우리나라에서의 수업과 관련된 평가는 시·도 교육청 및 시·군 교육청과 각급 학교별로 시행되고 있다. 이런 평가 기능은 이미 오래전부터 교육부와 교육청의 업무 중에 학생 성취도평가와 교원의 인사에 관한 근무평정이 주요한 목적으로 인정되어 왔으며, 학교에서도 교장 및 교감의 업무 중에서 학교 경영계획평가·학생 성취도평가·교원의 근무평정 등이 평가의 중요한 목적으로 인식되어 왔다. 특히 교원의 승진과 관련하여 교원의 근무평정제도는 일선 교사들의 주된 관심의 대상이 되어 왔다는 것은 이미 많은 선행연구들에서 알 수 있다.

그러나 이러한 평가는 획일적인 기준에 의해 시행되어 평가 자체가 경직되어 있으며, 대부분의 교사평정은 비공개로 이루어지고 있으며, 특히 학생의 성취도와 관련된 평가, 즉 수업평가의 결과는 거의 반영되지 못하는 것이 현장 실정이다. 그 이유는 학교에서 수업평가 자체가 대부분 형식적이며, 수업평가에 관해 전문성을 갖춘 사람이 부족할 뿐만 아니라, 수업평가의 전문성 함양을 위한 프로그램의 지원도 거의 없기 때문에 전문적인 자질을 갖출 수가 없다. 따라서 수업평가도 자연히 형식적이며 겉치레에 불과할 수밖에 없다.

이와 같이 수업평가의 목적이 무엇인가에 따라 그 수업평가에서 특히 강조하고 중점을 두어야 할 점이 달라질 것이므로 이 점을 미리 파악하여 수업평가를 기획하고 설계할 때 그 평가의 타당도와 신뢰도가 보다 높아질 것이다.

다. 수업평가 절차

평가 절차는 평가를 수행하는 과정을 의미하는데, 학자에 따라서 다양한 형태로 나타난다. Harris(1985: 190)는 "평가 과정이란 하나의 고립된 과정으로서가 아니라 연속적인 과정"이라고 하면서, 평가과정을 다음과 같이 일곱 가지 과정으로 제시하고 있다.

① 준거 명료화: 관찰목적과 준거의 명료화.
② 도구화: 적절한 자료 수집을 위한 도구의 선택과 개발 및 활용처(use)를 분명하게 설계.
③ 자료 수집: 타당성 있는 자료를 얻기 위해서 적절한 방법으로 도구를 채택.
④ 자료 분석: 적절한 도구와 자료 수집 절차들을 통하여 얻어진 원자료(源資料: raw data)를 분석된 자료를 통해서 경향, 의도, 관련성, 대조 유사성, 유형을 식별.
⑤ 결과 해석: 명료화된 준거에 따라서 자료를 해석.
⑥ 가치화: 명료화된 준거와 결과 해석을 비교하면서 해석된 결과에 가치를 부여.
⑦ 의사 결정: 결과 해석에 대한 가치 부여는 변화, 유지, 보다 나은 평가를 위한 의사 결정의 지침으로 사용.

Guthrie와 Reed(1986: 262 – 264)는 평가의 단계를 ① 목표 확인, ② 설계와 방법, ③ 측정으로 구분하고 있다. Stufflebeam과 그의 동료들(1971)은 체제분석이라는 모형(CIPP)을 개발하였는데, 이들은 관련 변인을 상황변인(Context variables), 투입변인(Input variables), 과정변인(Process variables), 산출변인(Product wariables)으로 나누어서 질문을 제기하였고 그 질문에 답하는 것이 CIPP 모형의 주된 기능으로 보인다. 그 질문은 다음과 같다.

① 외부로부터 프로그램 수행에 영향을 미치는 것은? (상황 평가)
② 프로그램 운영에 활용되는 투입 변인들의 적합성과 필요성은? (투입 평가)
③ 프로그램이 의도대로 잘 운영되었는가? 프로그램의 질적 개선을 위해서 필요한 변화는? (과정 평가)
④ 의도한 산출과 실제 산출을 비교한 결과는? (산출 평가)

이러한 CIPP 모형은 산출 결과가 기대한 것처럼 나왔는지, 산출되지 않았다면 그 이유가 무엇인지를 파악하기 위해서 연구되었다. 강영삼(1994: 245)은 미국에서 실제로 활용되고 있는 평가과정을 인디애나 주의 사례를 들어 8가지 유형으로 분류하고 있다.

* 유형 Ⅰ: ① 동료교사 지명, ② 피평가자 · 동료 · 행정가로 구성된 팀에서 평가, ③ 연례보고
* 유형 Ⅱ: ① 자기평가, ② 교사와 행정가 간의 협의회, ③ 행정가의 평가, ④ 평가표에 서명
* 유형 Ⅲ: ① 자기평가, ② 교장에 의한 평가, ③ 협의회

* 유형 Ⅳ: ① 자기평가, ② 학급 방문, ③ 1차 협의, ④ 평가,
　　　　　　⑤ 2차 협의, ⑥ 서명
* 유형 Ⅴ: ① 지난번 평가의 검토, ② 학급 관찰, ③ 개별 협의,
　　　　　　④ 일반적 제언
* 유형 Ⅵ: ① 관찰, ② 평가자에 의한 평가, ③ 협의
* 유형 Ⅶ: ① 평가자의 평가, ② 협의
* 유형 Ⅷ: 수업 활동을 협동적으로 분석

　한국에서의 교사 평가는 교육공무원승진규정 제18조, 19조, 20조에 의해 평정자와 확인자에 의해 일방적으로 수행되며 평가 과정이 공개되지 않는다. 평가 항목은 <표 4 - 1>과 같다.

〈표 4 - 1〉 교사의 근무 평정표(교육공무원승진규정 제19조 별지 제3호 서식)

평정사항		자질 및 태도		근무실적			평정합계	환산점
평정 요소		교육자로서의 품성	사명의식	학습지도	생활지도	학급경영, 교육연구 및 담당업무		
평정점	평정자	12	12	24	16	16	80	40
	확인자	12	12	24	16	16	80	40

　평가 과정에서 교장이 비평가자인 교사들과 함께 평가를 위한 회의를 하고 그 회의에서 평가에 활용될 목표・준거・평가 과정 등을 함께 논의하고, 계획하고 명료화하는 것이 필요하다. 이러한 평가 과정을 거친다면 교사들의 이해를 구하기가 쉽고 또 교사는 평가에 대한 부담을 덜 수 있을 것이고 평가 후에 나타나는 부작용도 줄일 수 있을 것이다. 평가자는 평가 후에 평가 결과는 공개하지 않더라도(공개를 할 수 있으면 더욱 훌륭한) 교사가 개선해야 될 부분을

개별적 또는 집단적으로 반드시 피드백할 필요가 있다. 그것은 교사의 개선이 곧 수업의 개선과 직결되기 때문이다. 수업과 관련되는 교사 평가 영역은 '학습지도' 부분으로서, 다른 영역에 비해 높은 비중을 두고 있음을 알 수 있다. 이는 교사의 수업 지도력이 교사를 평가하는 데 절대적인 영향력을 발휘하고 있음을 나타내는 것이다.

이처럼 평가의 절차는 학자에 따라 다양하게 제시되고 있지만 몇 가지 공통점을 추출할 수 있다. 그것은 첫째, 평가해야 될 수업 프로그램이 의도하는 성과가 무엇인지를 명확히 해야 하고, 둘째, 의도한 성과를 성취하기 위해 수업 프로그램의 계획을 명료화하고, 셋째, 수업 프로그램의 계획이 실제로 잘 실천되고 있는지 확인해야 하고, 넷째, 수업 프로그램이 의도한 성과와 실제 산출과 비교하여 의도한 성과가 얼마나 성취되었는지를 확인하는 것이다.

라. 수업평가 방법

수업평가 방법은 평가의 초점을 어디에 둘 것인가, 평가의 목적이 무엇인가, 평가의 의도가 어디에 있는가에 따라 다양한 평가 방법을 적절하게 적용할 수 있다. 교육 효과의 성패를 좌우하는 것은 바로 교실수업이라고 해도 과히 틀린 말은 아닐 것이다. 교육 개선을 위한 노력은 교사와 학생의 상호작용이 이루어지는 교실수업의 변화로 귀착된다. 교사의 수업 기술을 향상시키고 교사의 태도 변화를 촉진할 수 있는 것이 바로 수업평가이다. 바로 여기에서 수업평가의 중요성을 찾을 수 있다. 그러므로 수업을 평가하기 전에 평가의 의도와 목적, 한계, 평가의 초점, 적절한 평가 방법을 기획하고 준비하는 것은 매우 중요하다. 이러한 과정에서 평가를 하고자 했던 성과를 기대할 수 있다.

수업평가의 방법은 평가의 대상에 따라 학생 중심 평가와 교사 중심 평가, 과정 평가로 분류할 수 있고 행정 수준에 따라 교육부 평가, 시·도 교육청 평가, 시·군 교육청 평가, 학교 평가로 나누어지고 평가의 변인에 따라 투입변인·과정변인·산출변인 평가로 분류할 수 있다. 여기에서는 학교에서의 수업의 질적 개선과 교사의 변화를 가져오는 데 도움을 주기 위해서 주로 학생 중심 평가와 교사 중심 평가, 수업과정 평가에 초점을 두어서 기술할 것이다.

1) 학생 중심 평가

수업평가에 관한 연구들이 주로 교사에게 집중되는 경향이 있다. 특히 평가의 목적이 교사의 수업 기술을 개발하거나 강화시키는 것보다는 행정적인 것에 치중하고 있다. 그러나 수업평가에서는 학생 중심의 평가도 동일하게 강조되어야 한다. 학생들의 행동을 연구함으로써 평가자는 학생의 입장에서 수업에 관한 것뿐만 아니라, 학생들이 개별적으로 또는 집단적으로 수업을 진행할 때, 학생의 이해력과 학생에게 미치는 영향에 대해서 파악할 수 있다.

가) 개별 학생 연구(pupil pursuit)

학생의 입장을 파악하기 위해 사용되는 방법 중에는 '개별 학생 연구'가 있는데, 이는 한 명 또는 두 명 학생의 학교생활 전체 시간을 관찰하는 것이다. 이 방법은 초등학교에서는 하루 대부분의 시간을 동일한 교실에서 학생들의 활동을 관찰하여 기록하는 것이다. 그러나 중등학교에서는 7~8번 정도 서로 다른 장소를 방문하여 관찰·평가할 수 있다. 개별 학생 연구의 중요한 의도는 학생이 자신에 대해서 지나치게 의식하지 않는 상태에서 특정한 학급이나 집단에서 나타나는 특징을 파악하는 것이다.

물론 학생을 선정하는 데에는 문제가 있으며 소수의 학생을 근거로 해서 전체 학급의 경험으로 일반화하는 데에도 문제가 있다. 예를 들면 가장 성적이 좋은 학생에 대한 관찰이 다른 학생들의 본래적인 특성을 왜곡시킬 수도 있다. 학생의 교실 행동을 기록하는 일지를 통하여 교실 생활에서 흥미로운 점들을 많이 발견할 수 있다. 다음의 사례는 평가자가 평가를 위해서 무엇을 관찰하고 기록해야 하는지를 시사해 준다.

중등학교에서 실습을 받고 있는 교생들을 선정해서 그들의 언어 사용 전략이 실제적으로 어떻게 적용되었는지에 관해서 연구할 수 있다. 교생들은 각 학급에 배치되어 대상 학생들을 하루 동안 관찰한다. 교생들은 어떤 종류의 언어활동이 발생되었는지를 일지에 기록한다. 즉 수업의 여러 단계에서 학생들의 읽기, 쓰기, 듣기, 말하기 등을 기록한다. 조사 결과가 매우 흥미로웠다. 어떤 학생들은 시간의 수업을 받으면서 7번의 수업 활동카드(workcard)를 작성하였는데, 어떤 학생은 각각의 수업에서 한 번만 작성하였다. 일부 학생들은 읽기와 쓰기를 많이 하였으며, 교재나 칠판에 있는 내용을 적기도 하였다. 그러나 구체적인 활동이 거의 없었으며, 교사와 다른 학생들에게 말을 하는 경우도 거의 없었다. 또 다른 학생들은 그들의 언어 사용에 있어서, 즉 읽기, 말하기, 교사에게 질문하기, 동료 학생들과 토의하기, 여러 가지 학습목표에 적합하게 학습 내용을 정리하는 데 있어서 매우 활발하였다. 3일 동안 관찰한 후에 교생들로 하여금 "내가 오늘 이 학급의 학생이었다면……"이라는 제목으로 글을 쓰게 하였다.

조사 결과를 교사에게 제시하였을 때 많은 논의가 있을 수 있다. 수업을 실시했던 대부분의 교사들은 이전 수업 시간에 나타난 상황을 자세하게 알지 못하고 있었기 때문에 그날의 7번째 수업 시간에 교사가 "이 수업 활동카드(workcard)를 작성하도록 하라."는 말을 하였을 때, 학생들은 많은 수업 활동카드(1교시부터 7교시까지)를 작성해야 하기 때문에 고통스러워했다. 학생들이 작성한 많은 수업 활동카드는 이전의 수업 시간에 발생되었던 사태들이 자세하게 나타난다. 그러므로 교사들은 작성된 수업 활동카드를 분석함으로써 자신의 수업을 개선하는 데 활용할 수 있고 분석한 결과를 토대로 하여 다른 연령 집단의 학생들에게 적용할 수 있는 대안을 찾을 수도 있다.

　　한 명의 학생이 활동하고 있는 것을 자유스러운 일기형식으로 기록할 수도 있다. 몇 분 단위로 표집해서 시간마다 기록할 필요가 있으며 기록한 것을 부연 설명할 수 있는 학생 행동의 여러 측면들을 기록할 필요가 있다. 이러한 방식의 행동을 기록할 때에는 학생의 소리(예: 읽기, 쓰기, 듣기, 짝꿍과의 잡담 등)를 듣는 순간에 어떠한 행동을 하였는지를 기록해야 한다. 또는 교사가 어떤 행동을 하였으며, 학생의 입장에서는 어떻게 행동하였는지(행동을 하지 않았다면 어떤 경우인지)를 기록해야 한다. 잘못된 행동과 과제를 수행한 시간을 기록하기 위해서 간략한 양식을 사용할 수 있는데 이는 제2장과 제3장에서 기술한 여러 가지 관찰 기법을 활용하는 것으로 한 가지 사례를 제시하면 다음과 같다. 10분마다 또는 관찰을 시작할 때 신속하게 표시할 수 있는데, 다음과 같이 학생의 행동을 이중으로 구분하여 표시한다.

〈표 4-2〉 개별 학생 행동 관찰 표기법

구분 / 시간	관련 정도			이탈 정도		
	낮음	중간	높음	없음	중간	많음
09:00	/				/	
09:10			/	/		
09:20			/	/		
09:30		/		/		
09:40			/	/		
09:50	/				/	

나) 집단 연구

평가의 중점을 학생에게 두는 방법에는 특수한 집단에서의 학생의 활동을 집단적으로 연구하는 방법이 있다. 하나의 계획을 공동으로 수행하며 동일한 탁자에 앉아서 하는 경우일 것이다. 다음과 같은 사항을 중심으로 평가의 초점을 맞출 수 있다.

① 학생들의 활동은 개별적인가 협동적인가? (두 가지 형태가 모두 허용될 수 있는가?)

② 집단은 어떻게 구성되었는가? 학생이 선택한 자율적 집단인가? 교사가 지정해 주었는가?

③ 활동이 조화로운가? 무질서한가? 만약 그렇다면 이유는?

④ 임무를 잘 수행하고 있는가? 자신의 임무가 무엇인지를 잘 모르고 있는가?

⑤ 과제의 수준이 집단에 적절한가? 수준이 낮거나 높은가?

⑥ 서로가 과제를 잘 분담하였는가? 한 학생이 전담함으로써 다른 학생들이 참여하지 못하고 있는가?

⑦ 학생들 각자의 역할은 무엇인가? 남학생만으로 구성하였는가?

혼성으로 구성되었는가? 남학생과 여학생이 활동하는 방식에
는 어떠한 차이가 있는가?
⑧ 교사는 학생들이 어떠한 활동을 하고 있으며 학생들이 무엇
을 학습하고 있는지를 어떻게 관찰하고 있는가?

위와 같은 평가의 초점이 모든 집단 연구에 대해서 '적합하다'고
할 수는 없으나, 논의할 만한 가치가 있으며 더 많은 활동이 있을
수 있는 수업에서 집단 활동의 연구에 관한 논의 사항을 제기한다.

2) 교사 중심 평가

교사에 대한 공식적인 평가는 교사의 활동에 대한 일반적인 것을
광범위하게 평가하기보다는 적어도 교사들이 교실에서 실제로 수행
한 것 중에서 일부를 평가해야 한다. 만약 평가가 교실에서 일정한
간격으로 일어난 것에 대한 형식적인 평가에 그친다면 교사의 활동
에 대한 수업 관찰은 형식적이고 겉치레에 불과할 것이다. 그러나
만약 평가가 지속적인 과정으로서 전문성의 본질적인 영역으로 간
주된다면 교실에서 일어난 사태에 대한 평가 특히 자기평가는 수업
의 진행에 대한 중요한 요소를 검토하는 과정이 될 수 있다.

교수 능력에 대한 공식적 평가에 영향을 미치기 위해서는 회고
와 전망, 즉 성취했던 것을 되돌아보아야 하고 미래에 해야 될 것
을 전망해야 한다. 또한 개별 학습과 집단 학습의 개선에 관련된
교사의 정서(情緒)는 안정되어야 한다. 그렇지 않으면 보다 나은
변화는 일어나지 않는다. 관찰자는 앉거나 서서 한두 시간의 수업
을 볼 수 있다. 반면에 교사들은 상대적으로 짧은 그들의 경력에

비해 수많은 시간을 가르친다. 만약 평가가 교수의 질 개선을 의미한다면, 교수형태에서 관찰자를 즐겁게 하기 위한 표면적인 변화보다는 진실한 장기간의 변화가 훨씬 더 바람직하다.

평가를 하기 전에 몇 가지 중요한 사항들을 미리 점검해야 한다. 이들은 다음과 같다.

① 교장이 평가를 하는 목적은 무엇인가?
② 누가 누구를 관찰할 것이며 어떤 목적으로 관찰할 것인가?
③ 무엇을 준비해야 할 것인가? (관찰자의 연수, 교사들의 보고회 등)
④ 어떤 조건하에서 관찰을 할 것인가? (관찰횟수, 언제, 어떤 교실 또는 집단에서)
⑤ 어떤 형식을 사용할 것인가? (자유기술법, 체크리스트, 준구조화된 평정표)
⑥ 관찰 후에 토론과 보고회는 어떤 형식으로 할 것인가?
⑦ 교실 관찰과 토론의 결과 수업개선을 추구하는 교사들에게 어떻게 지원할 것인가?

수업평가의 가장 흔한 형태로 동료 교사인 선·후배 교사들 간에 서로 수업을 관찰하는 동료 평가는 상당히 가치 있는 평가가 될 수 있으며, 다양한 제안들을 할 수 있다. 특히 동료 평가는 모든 교사들 상호 간에 협동적, 반성적 사고에 대한 중요성과 긍정적 행동에 대한 헌신에 초점을 맞추는 데 좋은 방법이다. 문제는 동료 교사들 간에 서로 수업관찰을 할 수 있는 학교 문화가 형성되어야 한다.

가) 교사의 직무 분석

실제적인 교수 활동을 살펴보기 위해서 교사의 하루 일과를 분석할 필요가 있다. 이는 교사들이 준비와 기획, 학부모와의 만남, 직원회의, 실외조회, 학급조회, 출석점검, 수업료 납부 독려, 주변 청소와 같은 실제적인 교수 이외의 활동을 하는 데 많은 시간을 보낼 수 있기 때문이다. 교사의 하루를 세밀하게 조사하는 방법 중의 하나는 교실 활동을 누군가 계속적으로 관찰하는 것이다. 예를 들어 학교가 실험보조원을 고용하기 위해 학교 예산의 일부를 지출하고자 한다면, 관련 교사에 대한 수업의 관찰과 인터뷰를 함으로써 실험보조원이 수행해야 할 직무가 무엇인지를 알 수 있다.

이와 같은 것은 특수한 목적을 가진 직무 분석의 사례이다. 교사의 교실 활동의 일부를 명료화하는 것은 전문성을 갖춘 관찰자에 의해서 진행될 수 있다. 직무분석의 목적이 분명할 때 관찰 방법은 목적에 적합하게 고안될 수 있다. 직무분석법 중의 하나인 자유기술법은 실험보조원이 수업에서 두드러지게 유용했었던 점만 단순히 기록할 수 있다. 이에 대한 대안으로 시간선(時間線, time line)이나 체크리스트법을 사용할 수 있다. 실험보조원이 할 수 있는 적합한 과업목록을 작성한다. 초등학교 고학년이나 중등학교에서는 수업 기자재 준비, 실험 기구나 교수 자료 분배와 회수, 과제물 걷기, 유인물 나누어 주기 같은 것들이 될 수 있다. 관찰자는 시간선이나 점검표(checklist)를 작성할 수 있고 기록 일지에 각 과업에 소비된 시간을 기록할 수 있고 과업이 두드러질 때 각 항목을 확인할 수 있다. 이러한 정보는 어떻게 하면 실험보조원을 가장 잘 활용할 것인가와 누구를 실험보조원으로 채용할 것인가를 결정하는 데 유용한 자료가 된다. 참고로 시간선 관찰법과 체크리스트법을 간략히 소개한다.

<표 4-3> 시간선 관찰법

시 간(분) 과 업	5	10	15	20	25	30	35	40	45	50
수업 기자재 준비	O									
과제물 수합		O								
실험 기구 분배		O	O							

【과업】　　　　　　　　　【횟수】

청소　　　　　　　　　////
실험도구 정리　　　　　////////////////////////////
과학실 문단속　　　　　/

〈그림 4-1〉 체크리스트 관찰법

　　직무분석은 항상 어떤 목적을 위해서 진행되는 것은 아니다. 심지어 직무분석을 즉각적으로 할 필요성이 없다고 하더라도 때때로 직무분석은 사람들이 시간을 보내는 방법을 파악하기 위해서 그 자신이 스스로 분석할 필요도 있다. 관찰은 직무분석의 한 영역으로서 자기 보고서, 질문지 또는 인터뷰 등을 포함하고 있다. 특히 사람들의 다양한 행동을 정밀하게 조사할 때, 대부분 응답자들은 그들의 부담을 과장할 수 있고 단순히 과장해서 보고할 수 있기 때문에 작업수행 예정표나 일정표에는 많은 활동을 한 것으로 나타날 수 있다.

　　다른 한편, 교실에서 보내는 시간을 살펴보는 것이 단지 그 과정의 한 영역이라고 하더라도 교사들이 하루 동안 실제로 수행한 것을 파악해 보는 것이 중요하다. 교수의 본질에 관한 대부분의 연구들은 교사에 대한 관찰과 더불어 시작할 수 있다. 가장 효과적인 방법으로 인터뷰와 관찰을 통하여 교사가 하루 동안에 수행한 과업의 광범위한 영역을 파악할 수 있다. 이때 재정문제, 교구,

행정가와 관련된 여러 다른 문제들이 포함된 업무와 마찬가지로 출판사들, 조사위원회, 지방당국, 경찰서, 사회봉사기관들과의 교류 등과 같은 외부와의 접촉도 포함될 수 있다.

　나) 교사의 직무 성과 기준(performance criteria)

　'직무 성과'라는 말을 교사와 관련시키는 경우는 많지 않다. 왜냐하면 이 말은 흔히 상업적인 의미를 연상시키기 때문이다. 즉 교수(敎授)는 즉각적으로 논증할 수 있는 것이 아니다(교수는 무대 공연이 아니며, 수업 중 질서를 유지하는 것도 쉽지 않으며, 학습 부진아들을 향상시켜야 하며, 정서적으로 미성숙한 청소년기를 다루어야 하기 때문이다.). 교수를 예술로 보는 사람이나 다양한 전문적 기술을 요구하는 과정으로 보는 사람들 때문에, '직무 성과'라는 말을 잘 사용하지 않는다. 그러나 '직무 성과와 관련된 임금'이라는 개념은 '직무 성과에 근거한', '능력에 근거한' 교원 교육(teacher education)이라는 말처럼 최근에 등장한 개념이다.

　만약 '직무 성과'라는 말의 기계적·금전적인 연상을 깨끗이 제거할 수 없다면 재직 기간 동안 교사들이 어떻게 근무할 것인지보다는 교사들의 질적 개선을 고려하는 것이 더 바람직할 것이다. 만약 바람직한 교수 요소라고 여겨지는 것이 있다면, 교사의 발달 수준과 진보 수준을 파악할 수 있는 계서수준별(the form of a hierachy of levels)로 기록할 수 있다. 그래서 수준 1은 신규 교사에 의해서 성취될 수 있는 아주 단순한 것이다. 반면에 수준 10은 매우 노련한 교사가 성취하기를 바라는 열망(熱望)이 될 것이다.

　Harvard와 Dunne(1992)는 엑스터 대학교에서 교원 연수를 하면서 자기평가 방법을 제시하였는데, 이들은 자기평가 영역을 8개로 나누어서 제시하였다. 여기에는 '강의', '확인 지도', '질서 유지', '기획과 준비'가 포함된다. 교사들의 진보 수준은 8개로 나누어진다. 수준 1은 신규 교사들이 할 일이고 수준 8은 경험 있는 교사들이 할 수 있는 역할이다. 그 중 일부 사례를 소개하면 다음과 같다.

수준 1

1. 준비된 교구들을 분배한다. 학생들의 반응을 확인한다.
2. 순서대로 활동하기 위해 절차들을 정한다.
3. 정해진 활동에 관한 학생들의 작업을 위하여 기초 자원들의 활용을 계획한다.
4. 자신의 활동에 대해서 보고서를 작성하도록 한다.
5. 적절한 질문에 대한 설명의 명료화를 확인한다. 적절한 언어와 비언어적 행동을 한다.
6. 학생들을 균형 있게 다루기 위해 학생들과 대화를 의도적, 비의도적으로 지속한다. 교권 침해와 같은 문제는 신중해야 한다.
7. 제한된 규칙과 절차 내에서 활동한다.

수준 5

1. 공통교과과정의 영역에서 성취 목적에 적합하도록 실용적인 프로그램을 준비한다.
2. 교과과정의 특별한 영역에서는 계획된 토론식 수업을 진행한다.
3. 여러 가지의 확인된 기법과 지적 과정들을 활용하기 위해서 간단한 작업 프로그램들을 계획한다. 그리고 활동들 사이의 변화에 주의를 기울여야 한다.
4. 작업에 대한 학생들의 반응에 대해서 합당한 설명을 한다. 다

음 작업을 위해서 실용적인 방법으로 설명한다. 학생들의 상이한 성취도에 대해서 이해를 한다.

수준 8

1. 능률적이고 자세한 설명을 한다.
2. 교수 진단에 도움이 되는 광범위한 프로그램을 지속한다.
3. 수업진행에 있어서 질서를 유지한다.
4. 교사의 세심한 시간 관리를 분명히 언급함으로써 시간과 자원의 활용을 효율적으로 계획한다.

직무 성과에 대한 계서적 관찰은 분명한 발달 단계를 유지하고 있음에도 불구하고 여러 가지 문제가 발생될 수 있다. 첫째, 최고의 수준은 유능한 교사들도 어려워할 수 있고 최고의 수준에 도달하지 못할 때에는 자책감에 빠질 수도 있다. 둘째, 각 수준들의 특성이 상당히 상세함에도 불구하고 다르게 해석될 수 있는 '적절함' 또는 '고려해 볼 만한'이라는 용어를 사용함으로써 애매모호하고 혼동을 일으킬 수 있다는 점이다. 셋째, 만약 사람들이 호평을 받기를 원하거나 보다 많은 임금을 받을 수 있는 자격을 갖추기를 원한다면, 자신들이 유리한 쪽으로 해석하기 쉬울 것이다. 그럼에도 불구하고 이러한 계서적 관찰은 교사들이 수업의 질적 개선을 가져오는 데 도움이 될 수 있다. 그러나 엑스터 모델은 한 사례로서 제시한 것이지 모방할 만한 이상적 전형(典型)으로서 제시된 것은 아니다. 누군가 그들에게 단순히 강요하는 것보다는 교사집단이 개인적, 전문적으로 헌신적이라고 느꼈던 것들에 대해 일련의 수업평가를 수행한다면 보다 효과적일 것이다.

다) 동료 평가

교사 평가는 동료들 간에도 할 수 있다. 최근의 추세는 학교가 대형화되면서 교사들은 행정가들에 의한 평가를 기피하며 평가를 담당할 장학 요원도 충분하지 못하다는 점을 감안한다면, 오히려 동료 교사에 의한 상호 장학의 측면에서 동료 평가는 좋은 방법이 될 것이다. 더구나 교사 개개인의 발달 수준이 다르기 때문에 동료 평가에 의한 수업개선은 충분한 활용 가능성이 있다.

같은 학교 내에 있는 동료 교사는 쉽게 접할 수 있으며, 행정 계층에서 오는 위화감 없이 오히려 친근감을 갖는 분위기에서 도와줄 수 있고 동일한 환경에 처해 있기 때문에 상황을 잘 파악할 수 있다는 장점이 있다.

동료 평가의 장점은 첫째, 동료가 능력을 평가하는 데에 가까운 위치에 있고, 둘째, 실제 현장에서 개선을 위한 구체적이며 실질적인 조언을 할 수 있다.

그러나 동료 평가를 위해서 무조건 교사끼리 집단을 만들고 이 집단에 모든 것을 맡겨서는 곤란하다. 동료 평가(또는 동료 장학)에 대한 연수를 실시하여 장학자나 다른 전문가를 대신하여 평가할 수 있는 능력을 길러 주고 실시해야 효과를 거둘 수 있다. 동료 교사끼리 팀을 만들어서 나중에 설명하게 될 임상장학 방법을 적용하여 평가하는 방법도 가능하고 교과 단위, 학년 단위의 동료 평가도 가능하다. 비슷한 입장에 있는 또는 관련 교과의 교사끼리 소수의 자발적 집단(3~4명이 적당함)을 구성하여 수업을 계획하고 관찰·분석하는 방안도 가능할 것이다. 경험 있는 유능한 교사를 초임 교사에게 짝을 지어 주어 동료 장학을 하는 '동료 협조체제 (buddy system)'도 자연스럽게 동료로부터 배우는 사회화의 한 가지 방법이 될 것이다.

이와 같은 방법을 통하여 새로운 교수 전략, 새로운 교수자로 새로운 수업 구조 등을 모색하고 새로운 아이디어와 경험을 나누어 가질 수 있다.

동료 평가를 할 때에는 다음과 같은 몇 가지 사항을 고려해야 한다. 첫째, 교사들은 적어도 두 번 이상은 서로 수업을 관찰하고 관찰 후에 협의회를 가져야 한다. 둘째, 교사 간의 관계성은 상호 우호적인 동료적 관계여야 한다. 교장·교감이나 장학자가 지원해 주거나 가끔 확인해 보더라도 관찰과 협의회·토의는 전적으로 교사들만이 참여하는 것이 좋다. 셋째, 교사들의 관계성이 평가를 위한 평가적인 입장이 되어서는 안 된다. 교사 상호 평가로 이용될 때에는 진실한 상호 성장이 어렵다. 동료 평가의 목적은 평가를 위한 평가가 아니라 수업개선에 그 목적이 있는 만큼 교사들에게 평가보고서를 강요해서도 안 되며 어디까지나 교사들의 자율성에 맡겨야 한다. 더구나 한국의 학교 풍토에서 동료 평가를 행정적 차원에서 평가 결과로 이용하려고 한다면 오히려 역효과만 가져올 것이 분명하다. 그렇기 때문에 무엇보다 중요한 것은 교사의 자발성과 성장 의욕, 동기 유발에 호소해야 본래 의도했던 소기의 성과를 거둘 수 있을 것이고 교사들의 전문적 성장을 가져올 수 있을 것이다.

동료 교사에 의한 평가는 미국에서 시행되고 있기는 하지만, 아직까지 국내에서는 활성화되지 못하고 있다. 학교 현장에서 교사들의 평가에 대한 인식이 부정적이고 현실적으로 수업개선을 위한 평가는 거의 이루어지지 못하고 있다. 단지 행정적 차원에서 교사의 근무평정만 실시되고 있다. 또 입시 위주의 학교교육으로 인하여 교사들이 현장에서 동료 평가를 할 수 있는 마음의 여유가 거의 없다.

동료 평가는 제3장에서 제시한 여러 가지 방법을 활용하면 될 것이다.

라) 자기평가

자기평가는 교사 혼자서 일정한 목표를 세워 놓고 그 목표를 향해서 혼자서 독립적으로 노력하는 것이다. 본래 교사는 고독한 직업이다. 오늘날 대부분의 직업이 여러 사람과 어울려 일을 하게 되어 있으나 교직은 아직도 혼자 계획하고 수업하고 평가하는 외로운 직업이다. 팀티칭과 협동수업 방법이 있으나 아직 우리나라에서는 보편화되지 못하고 있다.

한 가지 예를 들면, 미국 뉴욕의 하이드 파크(Hyde Park)에 있는 교육구에서 1972년 이래 계속 MBO(management－by－objective)체제에 의하여 실시하고 있는 자기평가체제(self－appraisal)이다. 이를 간단히 요약하면, 그해 교육구·학교교육목표에 의하여 교사 개인의 목표와 직무수행도 또 그 성취도달 방법, 필요한 자원, 도달평가 방법을 제시하여 계약을 맺고 정기적으로 그 진전 상황을 협의하고 최종적으로 총괄평가·협의하는 과정으로 이어지는 교사의 자기평가 방법이다.

자기평가의 목적은 첫째, 자신의 수업개선이다. 자신의 수업전개 과정을 분석·평가하여 자기 수업의 질적 향상을 기함으로써 수업효과를 극대화하는 데 있다. 둘째, 자기 수업을 스스로 분석·평가함으로써 교사 자신의 전문적 성장을 가져오는 데 있다. 자기 수업을 자기가 분석·평가함으로써 자기 수업을 보다 다양화시킬 수도 있다. 이것은 바로 자신의 전문성을 제고(提高)시키는 것과 직결된다고 할 수 있다. 셋째, 자기 수업을 스스로 분석·평가함으로써 자기 수업에 대한 자긍심을 가질 수 있다. 그러나 이것이 자신에 대한 과신으로 흘러서는 안 된다. 넷째, 자기 수업을 분석·평가함으로써 학습의 수요자인 학생과 학부모에 대한 교사의 책무성을 스스로 고취할 수 있다. 학습의 수요자는 바로 학생과 학부모이기 때문에 자기수업을 분석·평가하는 반복적인 노력은 수요자에 대한 최소한의 책임감을 갖추는 것이고 교사로서 의무를 다하는 것이라고 할 수 있다.

이와 같은 자기평가를 통하여 교사는 자신의 수업을 한 단계 더 높은 수준으로 끌어올릴 수 있을 것이고, 자신의 전문적 성장과 스스로의 인간적 발전을 가져올 수 있고 학습의 수요자에 대한 최소한의 임무를 다할 수 있을 것이다.

자기평가의 방법은 자기 수업을 오디오나 비디오를 통하여 녹음 또는 녹화를 하여 수업을 분석할 수 있고 다른 방법은 학생들 반응을 조사하는 것에 의하여 자기 스스로 자기의 수업을 분석하는 자기 분석법이다. 비디오도 한쪽은 학생 장면, 다른 한쪽은 교사의 장면을 녹화하는 이분법(split screen technique)에 의하여 녹화하며, 분석할 때도 처음에는 소리를 끄고 비언어적 행동(nonverbal behavior)만을 집중적으로 분석하고 이어서 화면을 끄고 언어적 행동을 집중적으로 분석하고 나서 전체를 분석하는 식으로 되풀이하여 분석하면 많은 것을 발견할 수 있을 것이다. 이 방법은 미국 Ohio 주의 Maume 교육구에서 개발하여 사용하고 있다. 또 이것을 적용한 이 교육구의 교사들은 전통적 평가나 장학보다 비디오테이프에 의한 자기평가를 더 좋아하는 것으로 나타났다.

우리도 교단 개혁을 위해서 학교에 많은 예산을 투입하여 많은 새로운 기자재를 도입하고 있다. 새로운 기자재를 도입할 때, 이런 점을 고려하여 예산의 효율적인 투입을 하여야 할 필요가 있다. 비싼 예산을 들여서 구입한 기자재가 교실에서 활용되지 못하고 창고에 또는 학교의 한구석에 방치되어 있다면 이는 예산의 효율적 집행이라고 할 수 없을 것이다.

또한 교사들도 새로 구입한 기자재를 최대한 활용하여 자신의 전문성 성장에 힘을 기울여야 할 것이다. 만약 비디오가 없다면 녹음기만 가지고도 자기 수업 분석에 많이 활용할 수 있을 것이다. 중·고등학교나 초등학교 상급 학년에서는 분석 목적에 따라 학생들의 반응이나 피드백에 의하여 수업개선에 노력할 수 있을 것이다. 여기에 대해서는 다음에 보다 자세하게 기술할 것이다.

교사가 전문가라면 스스로 발전하고자 노력하는 것이 가장 좋은 방법이 될 것이다. 자기평가에 의한 수업개선의 노력도 연간계획에 의해 계획적으로 해야 한다는 것을 명심해야 한다.

마) 학생에 의한 교사 평가

학생이 교사를 평가하는 주체가 될 수 있다. 학생들은 교실 내에서 가장 빈번히 교사와 상호작용을 하고, 교사가 어떤 때 동기화되어 있는지를 알고 있으며, 교사의 영향을 받아 학생의 행동에 변화가 일어나고, 학생들의 평정이 교사에게 피드백되고 있다는 점에 초점이 주어진다. 교사 평가의 궁극적인 목적이 학습의 수요자인 학생들을 만족시킬 수 있는 수업을 추구하는 데 있고 동시에 학생의 학습의 질을 향상시키고 학습의 효과를 최대화하는 데 있기 때문에 수업의 질적인 향상과 수업의 효과성 증대를 위해서 학생의 입장을 충분히 고려한다는 점에서 그 의의(意義)를 찾을 수 있다.

학생들이 교사를 평가하는 데에 대해서 아직 국내에서는 인식이 부족하여 충분히 알려져 있지 못하다. 또 교사들도 아직까지는 여기에 대해서 부정적인 시각을 가지고 있는 것이 사실이다. 따라서 학생에 의한 교사 평가 방법을 활용할 때는 주의해야 한다. 즉 효과적인 평가가 되도록 하기 위해서는 학생의 발달 수준, 연령, 학년 등을 중시하여 평가 항목과 변인들을 선정하여야 한다. 초·중등 학생의 경우, 수업 전반에 걸친 평가보다는 교사와 학생의 상호작용 중에서 학생 중심 변인, 교사의 학생에 대한 태도 등 특정 영역의 특정 변인에 대해서 평가하는 것이 바람직하다. 한 교실에는 다양한 수준의 학생들이 있기 때문에 이들이 반드시 같은 견해를 가지고 있는 것이 아니다. 또 학생들은 보편적인 견해보다는 자기 입장에서 자신의 견해만 제시하기가 쉽다는 점을 중시해야 한다. 또 평가 문항의 진술 및 표현에 있어서 학생들이 쉽게 이해할 수 있도록 문장 표현이나 문항 구성에 주의해야 한다.

학생에 의한 교사평가는 학생들의 수준이 다양하기 때문에 다소 신뢰성이나 타당성에 문제가 있을 수는 있으나 측정도구를 정확하게 제작한다면 중등학교 내지는 초등학교 상급 학년에서는 시도해 볼 수도 있다.

미국에서는 일찍부터 많은 교육구들이 학생들로 하여금 교사를 평가하는 사례가 있다. 국내에서는 미국에서처럼 학생에 의한 교사평가가 활용되고 있지 못하나 교사의 품위 유지에 대한 학부모나 학생들의 반향을 평가자가 고려하기도 한다.

바) 비전문가에 의한 평가

교사처럼 전문성을 갖추지는 않았지만 학부모 학교운영위원들, 지원자(支援者) 또는 후원자(後援者)와 같이 합법적인 이해관계를 가지고 있는 사람들에 의해서 수업관찰이 이루어질 수도 있다. 여기에 대해서 일반적으로 다음과 같은 의문이 생길 수도 있다. '비전문가도 수업을 관찰할 수 있는가' 또는 매우 구체적으로 '학교운영위원들이 수업관찰을 통한 교사평가에 참여해야 하는가?'

이러한 의문들은 우리가 한 번쯤 고려해 볼 만한 가치가 있는 의문이다. 학부모나 운영위원들, 학교를 지원하는 다른 사람들 그리고 지역사회 인사들과 같은 비전문가들도 교실에서 일어날 수 있는 사태들을 관찰할 권리가 있다. 그러나 교수 능력에 대한 평가와 같은 문제에 관여해서는 안 된다. 그들이 교실을 관찰할 때 적용할 수 있는 직관적인 통찰력이 무엇이든지 간에 평가의 형태를 취할 수는 없다. 평가는 전문성의 문제이다. 수업을 정기적으로 평가하지 않는 외부인들이 수업을 관찰할 수 있는 여러 가지 방법이 있다. 이들은 다음과 같다.

① 열린 교육을 하는 날에 방문자들은 어느 교실이든지 방문할 수 있고 교실에서 무엇이 진행되는지를 볼 수 있다(지나치게 혼잡함을 피하기 위하여 적절한 배치는 필요하다).

② 방문객들을 위하여 의자를 준비한다. 교사들과 학생들은 평소와 다름없이 국어, 수학, 영어 수업을 한다. 방문객들은 나중에 질문을 할 수도 있다.

③ 방문객들에게 수업에 대한 비디오를 보여 주면서 수업 방법 또는 수업 내용을 설명할 수도 있다.

④ 오후에 학부모들을 교실로 초대해서, 하루 동안 그들의 자녀들이 했었던 동일한 방법·내용의 수업 – 과학수업이나 특수과제 수업과 같은 – 을 진행할 수도 있다. 그러므로 학부

모들은 그들의 자녀들이 교실에서 수업하는 것을 보고 토론할 수도 있다.

위에서 제시한 몇 가지 방법으로 학부모들이나 지역사회인사들, 그 외에 수업을 보고 싶어 하는 비전문가들에게 수업을 관찰하게 할 수 있다. 이것은 학부모들이나 지역사회 인사들이 자연스럽게 학교교육에 관심을 갖게 할 수 있고 교육현실을 이해할 수 있고 또 이들에게 학교의 어려움을 자연스럽게 알릴 수 있는 기회가 될 수도 있다.

그러나 이들을 위해서 특별한 계획을 세워서 수업을 할 필요는 없다. 그것은 오히려 학교교육에 대한 현실을 왜곡할 수 있기 때문이다. 평소에 해 왔던 것을 그대로 보여 주어야 이들이 교육의 현실을 올바르게 이해하는 데 도움을 줄 것이다.

위에서 제시한 방법으로 수업을 관찰하되, 특별히 구조화된 스케줄이나 다른 불필요한 것들을 가지고 학부모들이나 다른 방문자들에게 부담을 주는 것보다는 자연스럽게 수업의 진행 과정을 관찰하게 하는 것이 가장 현명하다.

그러나 지침에 따라 간단한 기록을 할 수는 있으며, 이들에게 교사가 성취하기 위해 시도한 것을 설명하고 다른 과업에 어떻게 적합하게 되는가를 설명하는 것은 이들의 이해를 돕는 데 도움이 될 수 있다.

3) 과정 중심 평가(process evolution)

과정 평가에서는 어떤 변인들이 교수 - 학습 과정의 구성 요소로서 연구되어야 하고 어떤 변인들이 상황변인, 투입변인, 산출변인들로 보다 적절하게 고려될 수 있는가를 결정하는 것은 중요하다. 예를 들면, 교사의 교육적 자질은 투입변인으로 고려될 수는 있지만 교사의 수업 중 구두(口頭) 행위는 과정변인이다. 학교에 OHP가 얼마나 많은가 하는 것은 투입변인이다. 그러나 교사가 수업에서 얼마나 자주 OHP를 사용하느냐 하는 빈도수는 과정변인이다. 교사의 봉급체계는 상황 요소이며, 새로이 채용된 교사 수(數)도 역시 상황 요소이다. 새로 채용된 교사들이 적극적인 강화방법을 언어로 나타내는 것은 과정변인이다. 학생들이 어떻게 반응하는가는 산출변인이다.

과정변인의 한계를 매우 엄격하게 제한하더라도 고려해야 할 과정변인의 수는 무수히 많다. 이들 변인들을 분류하는 하나의 가능한 방법은 ① 교사변인, ② 학생변인, ③ 교육과정 변인, ④ 수업방법 변인, ⑤ 자료변인으로 구분하는 것이다. 이들 범주들은 많은 작은 변인들을 폭넓게 포함하고 있다. 예를 들어 교사집단 변인에는 ① 보조교사(teacher – aide) 행동, ② 훈육방법, ③ 학생의 아이디어에 대한 반응 등과 같은 변인들이 포함될 수 있다.

과정 평가에서는 개개 범주의 변인들을 고려하는 것이 필요할 뿐만 아니라 변인들 간의 상호작용도 똑같이 고려해야 한다.

수업의 질적 개선을 가져오고자 하는 임상장학 활동이 수업평가 활동과 밀접한 관련을 맺고 있다는 것은 주지의 사실이다. 그러므로 여기에서는 임상장학과 수업평가의 관계를 논하고자 한다. 그러나 본서(書)에서는 임상장학에 관한 내용이 전혀 언급되지 않고 있기 때문에 먼저 임상장학 이론을 간략히 기술한 다음에 수업평가와 임상장학의 관계를 기술할 것이다.

가. 임상장학의 의미

임상장학은 지시적이기보다는 상호 작용적이고 권위주의적이기보다는 민주적이고, 장학자 중심적이기보다는 교사 중심적인 하나의 대안적 장학 모형이라고 할 수 있다.

Acheson과 Gall(1982)은 일반 장학 활동과 구분하여, 임상장학이란 교실 내 교수 활동 내용의 합리적인 수정에 관심을 두고 수업계획, 관찰, 분석을 통한 체계적 순환 방법으로 수업개선에 초점을 두는 장학 활동이라고 정의한다. 임상(臨床, clinical)이란 말은 교사와 장학자의 대면적 관계성(face－to－face relationship)과 교사의 교실 내 실제 행위에 초점을 둔다는 뜻으로 교사를 중심으로 한 교사의 수업 행위상의 문제점이나 단점을 수정하고 개선하기 위한 처방을 내리는 것을 의미한다.

그러므로 임상장학이란 교실 현장에서 교사와 장학자의 친밀한 1:1의 관계 속에서 계획협의회, 수업관찰과 분석, 피드백협의회의 순환적 과정을 거치면서 교사의 전문적 성장과 특히 교사의 교수 기술 향상을 실현하는 특별한 하나의 장학 대안이다.

이러한 임상장학의 개념 속에는 ① 건전한 장학 풍토 조성, ② 친밀한 동료 의식으로 된 임상장학의 상호 협력 체제, ③ 계획협의회, 수업관찰, 피드백협의회로 구성되는 장학의 과정이라는 세 가지 기본 요소로 구성되어 있다.

동시에 이러한 임상장학은 다음과 같은 근본 특징과 전제에서 출발한다(주삼환: 1988, 27 - 28).

(1) 수업개선을 위해서는 교사가 특별한 지적·행동적 기능을 배워야 한다.
(2) 장학사의 주 기능은 교사에게 이러한 기능을 가르치는 것이다.
   ① 수업 과정에 대한 복잡한 분석적 지각 기능
   ② 뚜렷한 관찰적 증거에 의한 수업 과정의 합리적 분석 기능
   ③ 교육과정의 혁신·실천·실험 기능
   ④ 교수수행기능(敎授遂行技能)
(3) 장학의 초점은 교사가 무엇을 어떻게 가르치느냐에 중점을 둔다. 장학의 주요 목적은 수업을 개선하는 것이지 교사의 인성을 변화시키자는 것이 아니다.
(4) 수업 계획과 분석에서의 장학의 초점은 관찰 증거에 의한 수업의 가설을 설정하고 검증하는 데 있다.

(5) 장학의 초점은 수적(數的)으로는 적지만 교육적으로 중요하고 지적으로 교사에게 접근 가능하고 변화 가능한 수업에 있어서의 이슈에 있다.

(6) 장학의 초점은 실패에 대한 비난보다는 진실적인 분석과 수업의 성공적 형태에 대한 강화에 있다.

(7) 장학의 초점은 관찰 증거에 있는 것이지 비실제적 가치 판단에 있는 것이 아니다.

(8) 계획, 교수, 분석의 순환은 과거의 경험에 바탕을 두어 형성하는 계속적인 것이다.

(9) 장학은 장학자와 교사가 상호 교육적 이해를 추구하기 위한 동료로서 상호 교환(give – and – take)의 역동적 과정이다.

(10) 장학의 과정은 수업 분석에 중점을 둔 주로 언어적 상호작용 과정이다.

(11) 각 교사는 수업의 문제점을 찾는 데 주도권을 잡고 자신의 수업을 분석하고 개선하고 개인적 교수 스타일을 개발하기 위한 자유와 책임을 가지고 있다.

(12) 장학은 복잡한 지각, 합리적 분석, 개선이라는 과정 활동으로 그 형태가 규정된다.

(13) 교사가 자기 수업을 분석하고 평가하는 것과 마찬가지로 장학사도 자기 자신의 장학을 분석하고 평가할 자유와 책임감을 가진다.

이 외에도 임상장학은 Y이론에 의하여 교사를 선하게 보고, 또 전문적 능력·수행동기·성취동기에 근거하고 특히 인간자원론을 바탕에 깔고 있다.

임상장학은 이러한 가정을 준수(遵守)하면서 교사에게 직접적으로 도움을 주려고 고안된 교실 내의 지원체제이다. 사실 임상장학은 전통적 장학 방법보다 교사와 장학 담당자와의 밀접한 관계성을 더 요구한다. 우선 장학 전의 동료 의식의 확립 면에서, 그리고 다음으로는 장학의 순환적 과정을 통한 동료 의식의 조정을 통해서 관계의 개선을 필요로 하고 있다. 임상장학의 핵심은 전문성 제고라는 견지에서 교사와 장학자의 밀도 있고 계속적이며 성숙한 상호 관계성을 형성하는 데 있다.

나. 임상장학의 목적

계획협의회, 수업관찰, 피드백협의회는 임상장학의 주요 활동이다. 이 세 가지 활동의 주요 목표는 교사의 교실수업개선이다. 이 점에서 임상장학은 교사의 전문성 발전과 신장을 위한 주요 기술이다.

임상장학의 목적은 다음과 같이 보다 구체적으로 분석할 수 있다.

(1) 교사 수업의 현 상태에 관한 객관적 피드백을 교사에게 제공하는 것이다. 가장 기본적인 형태에 있어서 임상장학은 교사로 하여금 가르치고 있는 동안 실제 무엇을 하고 있는지 볼 수 있도록 하나의 거울을 설치하는 것이다. 교사가 실제 하고 있는 것은 교사가 하고 있다고 생각하는 것과는 아주 다를 수도 있다(예: 교사들로 하여금 자기 수업을 녹음·녹화해서 반복적으로 시청하면서 수업에서 교사의 수업 독점 정도를 발견하게 함). 객관적 피드백을 받으면 교사들이 자기

개선 과정을 주도할 수 있는 충분한 자극이 된다.

(2) 수업의 문제점을 진단하고 해결하는 것이다. 임상장학의 장학사는 교사로 하여금 실제로 하고 있는 것과 해야 하는 것과의 차(差)를 정확히 찾아낼 수 있도록 하기 위하여 협의회 기술과 관찰기록을 이용한다. 이때 교사는 자신의 이상과 현실의 차를 진단할 수 있다. 경우에 따라서는 장학사의 기술적인 개입도 필요하다. 이와 똑같은 상황은 교실수업에서도 있다. 때로는 학생들이 학습 중에 가지고 있는 문제를 자기 진단할 수 있고 이 진단 정보에 따라 처방 단계를 취할 수 있다. 어떤 때는 학생이 어떤 특정 주제를 배울 수 없는 무능으로 방해를 받고 있어 교사가 진단, 처방할 필요가 있다.

(3) 교사로 하여금 수업 전략 사용 기능을 개발할 수 있도록 돕는 것이다. 만일 임상장학사의 유일한 목적이 교사로 하여금 즉각적인 문제나 위기를 해결할 수 있도록 도와주는 것이라면 장학의 가치는 매우 제한된다. 교사가 '발등의 불'을 가질 때마다 장학사가 필요할 것이다. 유능한 장학사는 교사로 하여금 지속적인 행동 양식 – 수업전략을 개발할 수 있도록 하기 위하여 임상적 협의회와 관찰 자료를 사용한다.

(4) 교사의 승진, 임기 보장 또는 다른 어떤 결정을 위하여 교사를 평가하는 것이다. 이것이 임상장학에서 가장 논쟁이 되는 기능이다. 어떤 장학사는 평가를 회피한다. 임상장학은 교사의 전문적 발전을 강조하지만 체계적인 수업관찰을 통해서 수집된 객관적인 자료는 교사의 능력을 평가하기 위한 하나의 근거를 제시해 준다. 임상장학 과정의 한 부분으로서 장학사가 평가보고서에 활용될 기준과 표준을 교사와 함께 결

정한다면 부작용은 훨씬 줄어들 수 있다.

(5) 교사로 하여금 계속적인 전문적 발전에 대한 긍정적 태도를 발전시키는 것이다. 임상장학의 주요 목적은 교사로 하여금 자격증 획득과 함께 교사훈련이 끝나는 것이 아니라는 것을 알도록 하는 것이다. 교사는 자신을 전문가로 볼 필요가 있는데 이것은 부분적으로 직업적 노력으로 자아 발전과 기술 훈련에 종사한다는 것을 의미한다. 임상장학은 자발적으로 새로운 장학 기술을 개발시킴으로써 전문주의(專門主義)의 이러한 측면을 모델로 할 수 있다.

다. 임상장학의 필요성

지난 수십 년 동안 학교에서 장학 활동은 단순한 행정적 통제 및 규제 활동으로 수용되어 왔고 교사를 통제하고 평가하기 위한 도구적인 의미만을 강조해 왔다. 그로 인해 장학의 긍정적인 면보다는 부정적인 면이 더욱 부각되었고, 교사들은 장학사의 학교 방문을 노골적으로 회피하거나 거부 반응을 보였다. 따라서 학교에서 수업을 관찰하더라도 이미 그 수업은 교사와 학생이 각본에 짜인 대로 수업을 진행하였기 때문에 올바른 수업평가를 할 수도 없었고, 그 결과 수업개선도 가져오지 못했다. 수업의 개선은 고사하고 교사들의 장학에 대한 불신만 팽배해 왔다. 그 이유는 장학이 교사를 통제하고 간섭하고 근무평정을 하는 수단으로만 여겨졌기 때문이다. 즉 과거의 장학은 장학의 본질적인 기능이 수행되지 못하였다고 할 수 있다. 최근에 일부에서 시행하고 있는 요청 장학도 그 명칭만

변경된 것이지 아직도 구태에서 벗어나지 못하고 있고 여전히 교사의 장학에 대한 인식은 부정적이다. 장학은 구호로만 외치고 지시만 한다고 해서 그 성과를 거둘 수는 없다. 따라서 장학의 본래의 목적인 수업의 질적 개선을 위해서는 교사의 자율적 참여와 헌신을 가져오도록 하는 것이 시급한 과제가 아닐 수 없다. 학교 현장에서 이와 같은 장학의 문제점을 해결하고 장학 고유의 목적인 수업의 질적 개선을 위해서 하나의 대안으로 제시된 것이 바로 임상장학이다.

교사가 배우고자 하는 내용은 교수의 전문성이다. 교사도 학생과 비슷한 입장이고 교사들도 역시 학습자이다. 교사가 전문성 개발의 여러 면에서 발전하고자 한다면 임상장학자의 기술적인 도움을 필요로 한다. 특히 임상장학은 교사들로 하여금 수업을 개선하고 자신의 전문성을 향상시켜 개인의 자기 성장을 가져올 수 있도록 지원하고 협조할 수 있다는 점에서 장학사와 교사 모두에게 필요한 것이라고 할 수 있다.

라. 임상장학의 방법

교사의 전문적 성장과 교수기술 개선에 초점을 두고 교사와 장학 담당자가 함께 노력하고 결과에 대하여 함께 책임지는 장학의 방법으로 (1) 수업 계획협의회, (2) 수업관찰, (3) 피드백협의회의 단계로 진행된다.

Cogan은 8단계로, Reavis는 5단계로, Acheson & Gall은 3단계로 묶어 설명하고 있다(<표 4-4>). 여기서는 Acheson & Gall의 3단계 순서로 간단히 제시한다.

〈표 4-4〉 임상장학의 단계

	Cogan	Reavis	Acheson & Gall
제1단계	교사 – 장학담당자의 관계성 확립	관찰 전 협의회	계획협의회
제2단계	교사와 함께 집중적으로 단원과 수업 계획하기		
제3단계	교사와 장학담당자 공동으로 수업관찰 계획		
제4단계	교실수업관찰	수업관찰	수업관찰
제5단계	세밀한 교수 – 학습과정 분석	분석과 전략	
제6단계	협의회 전략계획	장학협의회	피드백협의회
제7단계	협의회		
제8단계	후속계획	장학협의회 분석	

1) 계획협의회

교사와 장학담당자가 함께 교수 계획을 확인하고 교사가 특별히 교수 기술을 개선시키려고 관심을 가지는 영역과 자기 자신의 교수상의 문제점을 이야기하고 그것에만 협의회의 초점을 맞춘다. 교사의 필요에 의하여 스스로 교수 기술을 개선시키려고 장학담당자를 찾아오는 것이기 때문에 모두 적극적이다.

이 단계에서는 또 수업관찰에서 무엇을 어떻게 관찰하고 어떤 자료를 수집할 것인가에 대하여 합의를 본다. 과거에는 장학담당자가 수업관찰을 한다 하여도 전반적으로 보게 되고, 교사가 어떤 점에 주력하는지 모르고 반대로 교사도 관찰자가 어떤 관점에 의하여 어느 면을 관찰하고 있는지 모르고 막연히 평가 또는 감독당하고 있다는 사실만 알고 기분 나쁘게 생각하였던 것이다.

그러나 임상장학에서는 무엇을 어떻게 관찰할 것인가가 분명해졌으므로 만일 평가된다 하여도 교사가 불안해할 필요가 없다. 이러한 계획협의회는 약 10분간 허심탄회하게 진행하고 언제 수업참관을 할 것인가를 약속하는 것으로 끝낸다.

2) 수업관찰

이 단계의 가장 중요한 목표는 계획협의회에서 합의를 본 객관적인 정확한 자료를 수집하는 일이다. 대부분의 전문직에서는 직무 수행을 나타내 주는 객관적인 자료를 가지고 있으며 그것을 존중한다. 예를 들면 의학계, 기업계, 법조계 같은 전문직에서는 '치료하여 구(求)한 생명의 수(數)', 의사나 변호사의 '수수료에 근거한 봉급액', '판매액'과 같은 직무 수행의 질을 직접적으로 반영해 주는 많은 지표에 접근할 수 있다(Acheson & Gall.: 1980, 9 - 10). 그러나 교직은 교생실습 때나 수업 연구 등 특별한 경우 이외에는 교실 문을 닫고 나면 거의 수업이 노출되지 않고 또 교수 기술을 나타내 주는 자료나 지표도 없었다. 이제 우리도 직·간접적인 관찰에 의하여 얻은 위의 예와 비슷한 직무 수행 지표를 교사들에게 제공해 줄 필요가 있다. 모든 운동선수들은 정확한 객관적인 기록을 가지고 있을 뿐만 아니라, 비디오테이프를 계속 보면서 자기 또는 상대방의 동작을 연구하는 자세를 우리는 배워야 한다. 그러 한 피나는 노력 없이 말로만 전문직이라고 소리쳐 봐야 다른 사람들이 인정해 줄 리 없다.

여기에서 얻은 자료는 교사와 장학담당자가 같이 분석하지만 어디까지나 임상장학의 주체는 교사이므로 객관적인 자료를 수집·분석하여 교사에게 제공하는 데 주력한다. 수업의 전 과정을 관찰할 수도 있겠지만, Acheson은 30분 정도를 제안하고 있다. 정확한 분석과 연구를 위하여 녹음 또는 녹화를 하는 것도 좋다.

3) 피드백협의회

이 단계에서는 수집된 자료를 놓고 반성, 발전 정도(發展程度) 확인, 보다 나은 발전을 위한 전략을 협의한다. 비디오테이프를 보면서 잘된 점, 잘못된 점을 확인하고 다음 계획협의회로 이어질 수도 있다. 시간은 약 20분을 잡는다.

3. 수업 평가와 임상장학

가. 수업평가와 임상장학의 관계

위와 같은 방법에 입각하여 수업의 질적 개선을 이루고자 하는 임상 장학 활동은 수업평가와 여러 측면에서 밀접한 관계를 맺고 있다. 즉 임상장학은 그 대상 교사의 수업을 평가하는 활동이 주류를 이루고 있다고 할 수 있다. 이것은 교사의 수업개선을 위해서는 그 교사의 수업을 평가하는 것이 필수적이기 때문이다.

임상장학의 핵심은 교사의 수업에서의 문제점 및 개선할 점을 찾아내어 수업개선 방향을 탐색하는 것이며, 교사의 전문성을 개발하고 발전시켜 나아가는 활동이라고 할 수 있다. 이러한 활동은 곧 본질적인 평가 활동이거나 평가 활동의 일환이라고 할 수 있으며, 이런 수업평가 활동이 임상장학의 요체(要諦)를 이루고 있다고 말할 수 있다. 즉 수업평가 활동을 하지 않고서는 임상장학 활동을 할 수가 없다고 말할 수도 있다.

따라서 임상장학 활동과 수업평가 활동은 본질적으로 몇 가지 공통점을 지니고 있다고 할 수 있다. 공통점은 다음과 같다.

첫째, 수업관찰을 준비하는 계획협의회에서 장학사가 교사와 함께 교수 계획을 확인하고 관찰 방법을 결정하는 일은 곧 수업평가의 준비 활동이라고 할 수 있다. 즉 장학사와 교사가 무엇을 어떻게 관찰할 것인가를 결정하는 일은 수업평가를 위하여 평가 준거를 설정하고 그에 따라 어떤 방법으로 자료를 수집할 것인가를 결정하는 일과 같은 업무라고 할 수 있다.

둘째, 수업관찰 활동과 수업평가를 위한 관찰 활동이 같을 수밖에 없는 것이 대상 수업을 객관적으로 관찰·기록·평정하는 일은 평가자가 해야 할 중요한 역할일 뿐만 아니라, 장학담당자에게도 동일하게 요청되는 기능 및 자질이라고도 할 수 있다.

셋째, 수업을 관찰한 후에 수집된 자료를 교사와 함께 토론하고 피드백을 위한 협의를 하는 것은 수업평가에서 결과를 해석하고 거기에 가치를 부여하고 의사 결정의 지침으로 활용하는 것과 같다고 할 수 있다. 수업관찰 결과를 분석하고 처리하는 방법 및 절차와 그 결과를 해석하여 의사 결정을 하는 일은 장학자에게도 상당히 중요할 뿐만 아니라 수업평가의 가장 중요한 업무이기도 하다. 이런 활동을 통하여 관찰 대상 교사의 수업에 어떤 문제점이 있고, 어떻게 개선해야 하고, 무엇을 장려하고, 권장할 것이 무엇이 있는지를 판단할 수 있다.

넷째, 장학담당자는 수업평가자의 역할도 해야 한다. 임상장학이 성공적으로 수행되기 위해서는 장학담당자의 수업평가자로서 업무 수행 정도는 매우 중요하다. 따라서 장학담당자는 수업장학의 성공적인 수행을 위해 수업평가에 대한 전문성을 갖추어야 하고 또 전문적인 자질을 갖추기 위해 노력을 아끼지 말아야 한다.

결론적으로 임상장학의 장학 활동에서 수업평가가 차지하는 비중은 매우 크다고 할 수 있다. 즉 교사의 수업의 질적 개선을 가져오는 것이 임상장학 활동의 궁극적인 목적이라면 수업평가 활동 역시 교사의 수업 질적 개선이 최종 목적이라고 정의할 수 있다. 따라서 장학 담당자를 연수하는 과정에서 수업평가에 대한 전문적 지식과 능력을 갖추고 충분한 경험을 할 수 있도록 프로그램을 기획해야 한다.

나. 임상장학에서의 수업평가 활용

수업평가의 결과는 평가의 목적에 따라 교육과정 목표의 달성 정도 파악, 수업 효과 탐색, 교육과정 개선 및 그 자료 개선의 목적, 교육 연구를 위한 목적, 교원 인사행정, 수업의 질적 개선 등을 위해서 다양하게 활용할 수 있다.

특히, 교원의 인사행정을 위해서 수업평가 결과를 활용할 때, 아직도 국내에서는 평가 결과를 공개하지 못하고 있는 실정인데, 이는 인사행정의 투명성 확보와 공개 행정, 일선 교사들의 요구를 수용한다는 측면에서 평가 결과를 공개하는 것이 바람직할 것이다.

이처럼 수업평가의 활용은 그 목적에 따라 다양하나 그 중에서도 수업의 질적 개선에 필요한 정보를 제공하는 데 그 중요성이 있다는 것은 이미 전술한 바 있다. 따라서 수업평가의 결과가 효율적으로 활용되려면, 평가자는 그 평가에서 얻어지는 정보가 모두 유용하지 않다는 점과 모든 사람이 평가 결과 얻어진 정보를 활용하는 것은 아니라는 점에 유의해야 한다. 수업평가 결과는 그 평가에서 얻어지는 정보를 활용할 줄 아는 사람과 그 정보를 활용하려는 마음이 열려 있는 의사 결정자에게만 유용한 것이 될 수 있다. 그러므로 평가자는 평가를 하기 전에 다음과 같은 몇 가지 중요한 사항들을 충분히 고려해야 한다.

첫째, 평가 결과를 활용할 사람이 누구인가를 명백히 하여야 한다. 이것은 평가의 목적을 설정하는 데 중요한 요인이 되기 때문이다. 예를 들면, 교장이 수업평가에서 궁극적으로 바라는 것이 무엇인지를 아는 것은 중요하다. 그것은 평가의 목표 설정을 분명하게 해 주고 또 효율적으로 평가 결과를 활용할 수 있을 것이다.

둘째, 누가 누구를 평가할 것이며 어떤 목적으로 평가할 것인가를 분명히 할 필요가 있다. 평가 의도나 목적을 분명히 알아야 그에 맞는 적절한 평가 도구를 선정할 수 있다.

셋째, 합리적이고 효율적인 평가를 위해서 무엇을 준비해야 할 것인가(평가자 또는 관찰자의 연수, 교사들의 보고회 등)를 미리 확인해야 한다.

넷째, 어떤 조건하에서 평가를 할 것인가(관찰 횟수, 언제, 어떤 교실 또는 집단에서)를 확인해야 한다.

다섯째, 어떤 평가 도구를 선정하여 평가를 할 것인가(교사 활동 중심, 학생 활동 중심, 수업 방법과 교실 환경 분석, 자유기술법, 체크리스트, 준구조화된 평정표)를 사전에 평가자와 행정가, 교사들이 충분히 협의하여 그에 적절한 평가 도구를 선정하여야 할 것이다.

여섯째, 관찰 후 수집된 자료를 가지고 평가를 한 후에 토론과 보고회는 어떤 형식으로 할 것인가?

일곱째, 수업평가 결과를 수업개선을 추구하는 교사들에게 어떻게 지원할 것인가?

이상에서 살펴본 대로 평가자들은 사전에 이와 같은 사항들을 제대로 확인하고 점검할 필요가 있으며, 평가 후에 평가 결과를 간결하고 명확하게 제시한다면 수업평가 결과를 보다 효율적으로 활용할 수 있을 것이고 이를 수용하는 행정가나 일선 교사들도 쉽게 이해하고 수용할 수 있을 것이다.

V

수업 연구 방법

수업의 질적 향상을 위한 수업개선은 보다 정확한 수업관찰을 통한 피드백 자료를 수집·분석함으로써 가능하다. 수업관찰이 제대로 이루어지지 않는다면 수업개선도 어려운 일이다. 그러므로 수업개선을 위한 수업관찰에 대한 계속적인 연구가 필요하다. 수업관찰에 대한 연구는 연구 문제의 선정과 가설의 설정에서부터 연구 과정 및 결과 분석 또는 보고서 작성 등에 이르기까지 연구에서 사용하는 연구법을 활용해야 할 필요가 있다. 연구법을 활용함으로써 수업관찰 결과에 대한 타당성과 신뢰성을 보다 더 유지할 수 있다. 본 장에서는 수업관찰 연구에 필요한 현장 연구로서의 수업관찰, 연구 문제와 가설, 연구 설계, 측정도구와 분석법 및 통계적 분석 등에 대해서 알아보도록 한다.

1. 현장 연구로서의 수업관찰

수업관찰은 넓은 의미에서 현장 연구의 한 형태라고 볼 수 있다. 수업에 대한 현장 연구의 목적은 수업을 관찰할 뿐만 아니라, 관찰한 것을 근거로 해서 수업개선 방향을 결정하기 위해서이다. 이때 현장의 실제 상황과 관찰된 결과 사이에 차이가 있을 수 있기 때문에 '조정(intervention)'이라는 과정이 등장하게 된다. 조정 과정을 고려하기 위해서 현장 연구는 엄격한 통제를 하면서 실시하여야 한다. 결국 관찰자는 자신들의 조정 계획에 대한 효율성을 고려하여야 하며 이것에 대한 커다란 관심을 가지고 출발해야 한다.

현장 연구에는 2가지 원칙이 있는데, 수업관찰은 이러한 2가지 원칙 중에서 한 가지로 실시된다.

첫째, 합리적인 반응형태(rational – reaction)이다. 관찰자는 보통 한 가지 문제가 발생될 것을 예견하거나 또는 개선의 필요성에 중점을 두고 수업에서 발생된 사태를 파악해서 발견된 사태에 대응할 만한 계획을 세우는 형태이다.

둘째, 직관적인 사전행동형태(intuitive – proactive)이다. 교사와 학생이 활동하는 데에 필요한 것이 무엇인지를 관찰자와 최고 책임자가 사전에 파악한 다음에 조정 계획을 실시한 후, 교실을 방문하여 조정 과정이 효과적으로 실행되었는지를 검토하는 방식이다.

학력검사 성적이 상이한 학급 간의 수업형태 차이에 관한 현장 연구의 예를 들면 다음과 같다.

1단계: 연구 문제 선정

1> 학력검사 성적이 높은 반과 낮은 반의 수업형태를 Flanders
의 모형에 따라 분석할 때 높은 반의 수업형태가 보다 비지
시적일 것인가?

2> 비지시적인 수업이 민주적, 학생 중심적, 통합적, 포용적 수
업과 상통하는 비슷한 수업형태라면, 학력검사 성적이 낮은
반보다 높은 반의 수업에서 학생 발언이 더 많을 것인가?

3> 비지시적인 수업이 민주적, 학생 중심적 수업이라고 하면, 교
사와 학생의 인간관계는 대단히 부드럽고 따뜻하고 원만한 것
이며, 따라서 교사의 영향에 반(反)하는 수업 분위기는 학력검
사 성적이 높은 반에서 보다 적을 것으로 기대할 수 있는가?

4> 수업의 일반적인 형태는 어떠하며, 수업의 주된 흐름을 이루
고 있는 형태는 아동의 학업 성취의 우열에 따라서 다르게
나타날 것인가?

2단계: 가설 설정

1> 학력검사 성적이 높은 반의 수업형태는 성적이 낮은 반의
수업형태보다 비지시적일 것이다.

2> 학생 발언에 있어서도 학력검사 성적이 높은 반이 낮은 반
보다 더 높을 것이다.

3> 악순환의 비율에 있어서도 학력검사 성적이 낮은 반이 높은
반보다 더 높게 나타날 것이다.

4> 학력검사 성적이 높은 반의 수업형태는 낮은 반의 수업형태
에 비해서 보다 다양할 것이다.

3단계: 관찰을 통한 수업 분석

1> 연구 대상 선정: 교과, 학과, 학년, 학급

2> 분석 방법은 Flanders의 분석모형을 적용

3> 분석자의 훈련

4> 교과내용: 비교집단 간에 같은 시간, 같은 내용의 수업을 관찰

5> 관찰횟수 결정

6> 수업관찰 시기 결정 및 관찰 실시

4단계: 결과의 분석 및 논의

1> 결과의 분석: 가설 1, 2, 3, 4에 대한 통계적 분석

2> 논의: 통계적 분석을 근거로 해서 연구 주제별로 논의

① 학력검사 성적이 높은 반의 수업형태가 낮은 반의 수업형태보다 비지시적이라는 것을 전술한 가설 1의 검증에서 의의 있는 차로서 강하게 긍정되었기 때문에, 학습에서는 지시적 수업형태보다는 비지시적 수업형태가 지도형태로서 바람직하다는 것을 인정할 수 있다.

② 학생 발언에 있어서는 일부가 부정되고 일부가 긍정되었으나, 학생 – 교사의 발언과 학생의 발언 비율에 있어서는 학력검사 성적이 높은 반이 낮은 반보다 의의 있는 차를 보여 강하게 긍정되었다.

③ 악순환에 있어 성적이 높은 반보다 낮은 반이 악순환의 비율이 높다는 것이 가설대로 긍정되었다.

④ 성적이 높은 반의 수업형태가 낮은 반보다 다양할 것이라는 가설은 일단 긍정되었다고는 하나, 주형태(主形態)가 없다고 하는 것은 수업 활동이 비조직적이라는 것을 의미하는 것이

며, 산만한 수업 또는 기분적인 수업이라고도 할 수 있다(김
종서: 1973).

5단계: 적용

- 관찰 결과에 의해서 수업개선을 시도한다.

현장 연구는 방법적인 측면보다는 새로운 프로그램을 시행하도
록 권장받은 사람이 갖고 있는 확신감, 추진력, 노력 등을 바탕으
로 해서 실시된다. 그러므로 객관적인 방법을 사용하기보다는 연구
자의 복합적인 주관성이 나타나기 때문에 이를 해소하기 위한 한
가지 방법은 외부 평가자 또는 객관적인 입장을 유지할 수 있는
학교 내 인사를 포함시키는 것이다. 이들 평가자는 수업관찰 방법
을 알고 있어야 하며 계획을 실행한 사람과 면담을 실시하되, 자
신의 감정을 개입시키지 않아야 한다.

연구에 경험이 적은 사람이 연구에 있어서 처음으로 부딪히는 어려움이 연구 문제의 발견이다(김병성, 1996). 수업과 관련하여 연구할 문제들이 많은 것 같으면서도 무엇을 어떻게 시작할지 모르는 사람들이 많다. 그러나 학교 현장에서 있으면서 주의 깊은 관찰, 빠른 정보 다양한 분석을 통해서 의문과 연구 문제를 발견하게 된다. 연구자는 깜짝 놀랄 만한 사실을 기대하기보다는 작으면서도 확실한 지식을 바탕으로 연구 문제를 분명히 서술하는 것이 필요하다. 연구 문제를 분명하게 하기 위해서는 연구자가 그 분야에 대한 지식과 훈련이 있어야 한다. 학교생활의 문제 해결에서 연구나 비판적 탐구를 하지 않고서도 그저 단순한 판단이나 상식 같은 것으로도 충분할 때가 많다. 그러나 연구 문제에서는 그렇지 않다. 연구할 문제에 대해서 비판적으로 검토하고 연구할 것에 대한 준비된 마음이 있어야 한다.

연구 문제를 선정하는 데 교사가 실제적으로 진행하고 있는 수업에서 발견된 여러 가지 주제가 중요하다. 그 이유는 관찰자가 이를 바탕으로 연구 문제를 찾을 수 있기 때문이다. 다만 교사가 관찰자가 되었을 때에는 '내 자신의 수업을 실제적으로 어떻게 개선할 수 있을까?'라는 질문이나 '몇몇 학생들과 학급은 학교교육에서 상대적으로 열등한 대우를 받고 있는가?'와 같은 질문들은 합리적인 질문들이지만, 연구 용어로 쉽게 전환되지 않는다는 사실에 주의해야 한다. 무엇보다도 '개선하다'나 '열등한'과 같은 단어의 의미에 대해서 좀 더 명료성을 나타내어야 하는데, 그 이유는 이들 용어들이 다른 사람들에 의해서 다르게 이해되거나 해석될 수 있기 때문이다.

수업과 관련하여 연구자가 관심을 가질 수 있는 내용을 제시해 보면 다음과 같다.

○ 교사와 학생들은 수업 시간에 어떻게 활동하고 있으며, 시간을 어떻게 활용하고 있는가?

○ 어떤 종류의 상호작용이 일어나며, 누가 누구에게 무엇에 관해서 말하는가?

○ 교사는 수업 시간을 어떻게 운용하며, 수업 방법이 무엇이며, 교구·수업 시간·교실 공간·학생의 행동을 어떻게 관리하며, 교수 전략은 무엇인가?

○ 학습 내용은 무엇이며, 어떤 과업이 부여되었으며, 이러한 과업에 학생이 참여하는 정도와 학생의 개인별 성취도는?

○ 학생의 관점에서 좋아하는 수업 시간은 어떤 것이며, 어떤 학생 또는 어떤 학급이 학교교육에서 상대적으로 열등한 대우를 받고 있는가?

○ 특별한 능력이 있는 학생들이나 학습에 어려움을 겪고 있는 학생들에게 어떠한 사태가 발생되었으며, 교사는 어떠한 조치를 취하였는가?

○ 다양한 주제/화젯거리를 연령이 다른 집단들에게 어떻게 가르칠 것인가?

○ 정책의 변화, 새로운 교육과정, 연구 계획, 교과서 방향, 새로운 형태의 평가방식을 수업에 어떻게 적용하였는가?

○ 수업 시간 운영에 관한 사항은 어떻게 결정되는가? 교사에 의해서인가? 학생에 의해서인가? 아니면 양자의 협의에 의해서인가?

○ 학생들이 수업을 방해하거나 반사회적 태도로 행동할 때 어떤 사태가 발생되는가?

○ 교사는 자신의 교수 방법을 어떻게 개선할 수 있는가?

○ 교육과정은 연속성과 응집성이 있는가?

○ 동일한 학교 교사들의 새로운 수업개선 방법에 대한 실천 의지, 신념, 기대 또는 학생에 대한 보상과 처벌, 규칙 등에 대한 견해가 비슷한가? 또는 차이가 나는가? 학생들은 이러한 사항에 대해서 어떻게 이해하고 있는가?

○ 교사와 학생들은 똑같은 사태에 대해서 다른 방법으로 인식하는가 아니면 비슷한 방법으로 인식하는가?

○ 한 학생이 특정한 내용을 이해하지 못할 때 어떤 사태가 발생되는가?

○ 교사는 새로운 수업 주제를 학생들에게 어떻게 설명하는가?

○ 학생들의 활동이 수업에서 관찰되고 평가되는가?

○ 학생들이 집단별로 연구할 때 어떤 사태가 발생되며, 어떤 종류의 연구 과제가 수행되며, 누가 무엇을 결정하며, 집단 구성원들은 협조적인가?

○ 교과 지식의 내용은 무엇이며, 어떤 지식, 기술, 태도와 행동이 습득되며, 교사가 특정 부분의 교과 문제를 상세하게 알지 못한다면 어떤 사태가 발생되는가?

○ 교사는 수업에 관한 사항을 어떻게 결정하는가?

이상의 여러 가지 주제 중에서 '새로운 문제인가?', '중요한 문제인가?', '연구 가능한 문제인가?'를 파악해서 연구 문제를 선정한다. 연구 문제는 변인들 사이의 관계를 기술하여, 경험적으로 검증할 수 있도록 하며, 의문문 형식으로 분명하고 간결하게 진술한다. 수업 과정에 관한 관찰을 통해서 연구를 실행해야 할 경우에도 연구 문제는 분명히 설정되어야 한다. 결국 연구 문제의 선정과 가설의 설정은 연구의 초기 단계에서 연구자가 해야 할 가장 중요한 사항으로서 연구의 안내도(案內圖) 역할을 한다.

연구 문제가 분명히 설정되면 연구자는 가설(假說)을 설정한다. 모든 연구에 가설이 반드시 필요한 것은 아니다. 연구의 목적과 성격 그리고 접근 방법에 따라서 가설을 명백히 진술해야만 되는 경우도 있고 그렇지 않은 경우도 있다. 연구가 단순히 어떤 현상을 기술하고 사실적 내용을 분석하는 것이라면 가설을 설정하지 않을 수도 있는 것이다. 수업관찰에 관한 연구는 현상을 기술하는 경우가 많기 때문에 가설을 설정하는 경우는 거의 없을 것이다. 그러나 설명이나 예측을 위한 연구에서는 가설을 필요로 한다.

가설이란 변인(變因)들 간의 관계에 대해서 잠정적으로 내린 결론 또는 추측이라고 정의할 수 있다. Kerlinger는 "가설이란 두 개 이상의 변인들 사이의 관계를 추측한 진술"로 정의한다. 또한 가설은 어떤 문제에 대한 예상된 해답이라고도 한다. 가설은 크게 연구가설(研究假說)과 통계적 가설(統計的 假說) 두 가지로 구분된다.

연구 가설이란 어느 한 분야와 관련된 이론으로부터 논리적으로 변인과 변인과의 관계를 추리한 진술이다. 예컨대 지능과 학습이론을 토대로 하여 "개인의 지적 수준과 학업 성취도 간에는 정적 상관이 있을 것이다."라는 연구 가설을 세울 수 있다. 이러한 연구가 실은 교육 분야에서 경험적 사실로 뒷받침되고 있다.

한편, 통계적 가설이란 어떤 조사 대상 전체, 즉 전집(全集)의 특성에 대해서 추측한 것을 말하며, 일반적으로 모 수치(parameter)에 관한 수식 또는 기호로 나타낸다. 예를 들어 "우리나라 초등학교 1학년 아동들의 평균 신장은 120㎝일 것이다."라고 추측하고 H: μ = 120으로 표시하는 것이 하나의 통계적 가설이다. 이러한 통계적 가설은 표집(標集)에서 얻는 정보를 토대로 검증할 수 있다.

통계적 가설은 다시 원가설 또는 영가설(null hypothesis)과 상대적 가설 또는 대립가설(alternative hypothesis)로 구분된다. 영가설(零假說)은 둘 또는 그 이상의 모 수치 간에 '차이가 없다' 혹은 '관계가 없다'고 진술하는 가설 형태를 말한다. 영가설을 귀무가설(歸無假說)이라고도 번역하여 사용한다. 대립가설은 원가설에 상대적으로 대립시켜 설정한 가설로서, 일반적으로 연구자가 표집조사를 통하여 긍정되기를 기대하는 예상이나 주장하려는 내용을 대립가설로 세운다. 따라서 대개 연구 가설을 대립가설로 설정하게 된다. 대립가설이 아닌 통계적 가설을 통칭하여 원가설이라고 부르는 수가 있다. 이러한 경우에 영가설은 원가설에 포함되는 개념이다 (이종승, 1989: 72－91).

교사와 학생들이 매일마다 직면하고 있는 수많은 사태들은 완전한 연구 형태로 체계화하기가 쉽지는 않다. 그러나 수업개선을 위한 적절한 연구의 필요성이 있다면, 수업관찰에 대한 연구의 목적, 중점, 의도를 분명히 하여 연구 문제와 가설을 설정해야 한다.

대부분의 수업관찰에서는 연구 설계법이 거의 적용되지 않는다. 수업관찰에 관한 체계적인 연구 계획으로 대신할 수 있기 때문이다. 이때 관찰자는 관찰 형태, 면담 내용, 태도 측정 내용 또는 관찰을 통한 분석 형태, 분석 대상, 분석 방법 등을 고려하여 연구 계획을 수립한다.

그러나 수업관찰에 있어서도 연구 설계가 필요한 경우가 있다. 예를 들어 두 가지 수업 방법의 효과를 검증하기 위해서 두 가지 방법의 수업을 실시할 경우에 학생의 수업 참여 정도, 학습 내용 이해 정도, 교사의 수업진행 상황 등을 효과적으로 관찰하기 위해서는 연구 설계에 기초한 수업관찰이 필요하다.

Kerlinger(1966: 275)는 "연구 설계란 연구 문제에 대한 해답을 얻고 변량을 통제하기 위한 연구의 계획(plan), 구조(structure) 및 전략(strategy)이다."라고 정의하였다. 여기서 말하는 계획이란, 연구의 전체적인 윤곽을 말하는 것으로서 가설의 설정, 설정된 가설을 검증하기 위한 자료의 수집과 분석에 이르기까지 연구자가 해야할 모든 일의 개요(outline)를 포함한다. 구조란 좀 더 구체적인 것으로서 변인들의 조작에 관한 개요를 말하며, 전략이란 계획보다 더 구체적인 것으로서 자료를 수집하고 분석하는 데 사용되는 방법을 말한다(김병성, 1996: 146).

실험집단과 통제집단으로 구분하는 전형적인 연구 설계는 실험
집단의 구성원을 별도로 취급하기 때문에 관찰을 위주로 하는 수
업 연구에서 자주 사용되지는 않는다. 두 개의 학급이 동일한 특
성을 가지고 있다고 하더라도 실험이 성립될 수 없는 중요한 차이
점이 있을 수 있기 때문이다. 예를 들어 학습 능력과 사회적 배경
이 동일하다고 여겨지는 학생들을 2개의 집단으로 구성하였다 하
더라도, 그 중 한 집단에 특이한 특성을 가진 두 명의 학생이 포
함되었다면, 특이한 행동을 감소시키기 위한 프로그램에 관한 연구
에서는 특이한 특성을 나타내는 두 명의 학생의 영향을 받게 된다.
만약 두 학생이 통제집단에 소속되면, 실험집단 구성은 대단히 성
공적인 것으로 여겨진다. 그러나 실험집단에 소속되면, 실험집단
자체를 구성할 수 없다. 수업관찰에 관한 대부분의 연구는 실험
처치가 되지 않은 자연스러운 상태에서 이루어지며 관찰자들은 학
생이 어떤 수업을 하는지에 대해서 통제를 하지 않는다. 관찰하고
자 하는 집단이 몇 가지의 기준에 합당하다 하더라도 다른 집단에
대해서는 합당하지 않을 수도 있다.

　　Campbell과 Stanley(1963)는 한 가지의 사례연구에서부터 여러 종
류의 집단을 연구하는 복잡한 모형에 이르기까지 여러 가지의 연구
설계법을 제시하였다. 수업관찰을 위한 3가지 종류의 실험설계법을
소개하면 다음과 같다. 각각의 경우에 O는 관찰(Observation) 그리
고/또는 측정을, X는 실험(Experiment)을 의미한다.

가. 이질통제집단 전후검사 설계

이질통제집단 전후검사 설계(nonequivalent control group pretest - post test design)는 전형적인 연구 설계방법 중의 하나로서 실험을 전후로 해서 관찰한다. 다시 말하면 통제집단과 실험집단을 구성한 뒤 실험집단에 처치(X)를 가한 결과가 얼마나 효과가 있는지를 알아보기 위해서 통제집단과 비교한다. 이를 통해서 두 집단 간에 차이가 있는지, 즉 처치(X)의 효과를 검증하게 되는데 도식으로 표현하면 다음과 같다.

	사전관찰(검사)	실험(처치)	사후관찰(검사)
집단 1(실험)	O	X	O
집단 2(통제)	O		O

이 모형은 이론상으로는 실험(X)만 다르다. 그러므로 두 집단이 처치를 가하기 전에는 동일집단이어야 한다. 만약 두 집단이 처음부터 차이가 있었다면, 나중(사후검사) 두 집단 간의 차이가 처치(X)에 의한 효과라고 할 수 없게 된다.

결국 자연 상태에서는 독립변인의 영향을 관찰할 수 없기 때문에 두 집단을 비교하는 것이 완전하지 못하며 실제적으로 두 집단을 분명하게 구분할 수 없다. 이때 연구자는 실험상황을 통해서 효과를 검증해 볼 수 있다. 예를 들면 특정한 한 가지의 교수법이 학습 능력을 향상시킬 수 있는지를 검증해 볼 때에 실시할 수 있는 형태이다.

수업관찰에서는 3장에서 예시된 교사 주도형 수업모형, 개념 수업모형, 집단탐구 수업모형, 집단토의 수업모형 등을 실험집단과 통계집단으로 구성하여 수업모형의 효과를 검증해 볼 수 있다.

나. 시간계열 관찰

시간계열 관찰법은 시간의 경과에 따라서 관찰할 수 있는 형태이다. 일정 시간이 지난 후에 관찰자가 여러 집단들을 관찰할 수 있다. 즉 두 집단을 또는 서로 다른 상황을 동시에 관찰할 수 있는데 이를 도식화하면 다음과 같다.

| 집단 1(실험) | O1 | O2 | O3 | O4 | O5 | O6 | O7 | O8 |
| 집단 2(통제) | | O1 | | O2 | | O3 | | O4 |

집단 1은 8번 관찰하였으나 집단 2는 집단 1의 2번째, 4번째, 6번째, 8번째에서 관찰을 하였다. 이와 같은 방법은 시간이 경과함에 따라서 어떠한 변화가 나타났는지를 관찰자로 하여금 알 수 있게 한다. 집단 1은 자세하게 관찰할 필요가 있을 때에 활용할 수 있으며 4번의 관찰로 충분한 자료를 수집할 수 있을 때에는 집단 2의 형태를 취하여 비교할 수 있다.

이와 같은 형태는 수업관찰에서 시간의 변화에 따른 교사와 학생의 태도 학습 효과 또는 행동의 변화 등을 효과적으로 관찰할 수 있는 가장 단순한 관찰 방법이다.

수업관찰에서는 3장에서 예시된 학생 참여 확인, 학생의 주의집중 분석, 학생별 응답 분석, 언어흐름 관찰, 교사와 학생의 시선을 시간별로 관찰하여 분석의 근거를 마련할 수 있다.

다. Solomon 4집단 설계

Solomon 4집단 설계(Solomon four‒group design)는 피험자를 네 개의 집단에 무선 배치하여 구분한 뒤 서로 비교하는 방법이다. 첫째 집단은 사전검사를 하고 실험처치를 한 후에 다시 사후검사를 실시하고, 둘째 집단은 사전검사를 하고 얼마 있다가 실험처치 없이 사후검사를 실시하며, 셋째 집단은 사전검사 없이 실험처치를 가하고 사후검사만을 실시하고, 넷째 집단은 사후검사만을 실시하는 것을 말한다. 이를 도식화하면 다음과 같다.

집단 1(실험)	O	X	O
집단 2(통제)	O		O
집단 3(실험 2)		X	O
집단 4(통제 2)			O

Solomon 4집단 설계는 그 복잡성이 다소 문제되지만, 실험의 타당성을 확보한다는 입장에서 볼 때 가장 이상적인 형태의 실험설계라고 말할 수 있다. 다시 말해서 실험의 타당도에 영향을 미치는 가외변인들을 거의 통제할 수 있고 그러한 가외변인의 효과가 어느 정도 되느냐까지를 측정해 낼 수 있다. 그러나 피험자의 선발과 실험처치 간의 상호작용에 따른 문제라든지 실험적 상황에 따른 반동효과의 문제는 미해결 상태로 남게 되며, 실험과정과 그 결과의 분석이 약간 복잡하다는 단점을 가지고 있다. 따라서 다음과 같은 경우에는 구태여 복잡한 이 방법을 사용할 필요가 없을 것이다. 즉 사전검사를 실시한 후 오랜 시간이 흐른 다음에 사후

검사를 실시할 경우, 사전검사와 사후검사가 서로 다른 경우, 일상적인 과정에서 검사가 실시되기 때문에 피험자들이 지금 특별한 검사를 받고 있다는 생각을 갖지 않는 경우에는 굳이 이 방법을 사용할 필요가 없다(김병성, 1996: 168).

Solomon 4집단 설계는 이질통제집단 전후검사 설계를 확대한 형태이기 때문에 수업관찰에서도 이와 유사한 형태로 응용될 수 있다. 예를 들면, 집단탐구 수업모형의 효과를 분석해 보기 위해서 4개의 집단을 선정해서 관찰할 수 있다.

수업관찰에 대한 연구 문제(또는 가설까지)가 정해지면 이를 연구하기 위한 측정도구나 분석법이 있어야 한다. 물론 2장에서 수업관찰에 대한 양적이며 질적인 접근법을 이미 알아보았다. 이러한 접근법과 관련하여 수업관찰을 위한 측정도구와 분석법은 여러 가지가 있다. 대표적으로 관찰자들은 면접법, 질문지법, 검사법, 관찰법, 사회성 측정법, 내용분석법, 의미분석법, 문화기술법, 상호작용분석법 등을 통해서 수업을 측정하거나 분석하게 된다.

가. 면접법

피험자의 관점을 명확히 하기 위해서 일반적으로 사용되는 면접법에는 ① 구조화 방법(예 또는 아니오의 양자택일 형태, 여러 가지 선택유형의 아이템 등), ② 반(半)구조화 방법(피면접자에게 서면질문을 하지만, 어느 정도의 자연스런 대화를 장려하기 위해서 자유응답식 질문으로 구성된 형태), ③ 비구조화 방법(자유스런 대화)이 있다.

수업 연구자들이 선호하는 방식 중의 하나인 반구조화 방법은 연구자들이 중요한 질문을 할 때 관찰자와 교사가 사태들에 관해서 어느 정도 자연스러운 대화를 하도록 허용한다. 중요한 사태들을 상세화하기 위해서 사용된 반구조화된 면접내용은 다음과 같다.

① …… 때 어떤 일이 일어났는지 말해 줄 수 있습니까?
② ……로 얘기를 돌리는 것을 어떻게 생각하십니까?
③ ……에 대한 당신의 반응은 무엇입니까?
④ A 학생과 B 학생(관련된 학생)은 발생된 사태에 대해서 어떻게 느낀다고 생각하십니까?

자료 수집 방법으로서의 면접법은 자기 기입식 질문지와는 달리 좀 더 다양하고 심도 있는 자료를 얻는 데 목적이 있다. 또한 면접법은 행동관찰이나 객관적인 검사가 갖고 있지 않는 특성을 가지고 있다. 면접법의 중요한 특성 중의 하나는 질문에 대한 응답을 하게 된 이유나 맥락을 구체적으로 알아볼 수 있다는 점이다. 또한 여러 상황에서 융통성 있게 적용시킬 수 있도록 정교하게 고안된 면접조사표를 사용하면 면접을 통하여 많은 양의 정보를 얻을 수 있으며, 기타 방법을 사용하기가 부적절한 경우에도 면접법을 사용할 수 있다(박도순, 1993: 374).

나. 질문지법

질문지법은 연구에서 가장 많이 사용하는 방법으로서, 어떤 문제에 관해서 작성된 일련의 질문에 대해 연구 대상자가 응답을 기술하도록 하는 방법이다. 질문지법은 원래는 구두질문에서 출발하였다. 우리는 어떤 문제나 사물에 관한 필요한 사항을 알아보기 위해서 만든, 일련의 문항들을 체계적으로 조직하여 작성한 글을 질문지라고 한다.

따라서 질문지는 연구하려는 문제에 대해서 일정한 양식을 만들어서 이것을 선정된 특정인에게 배부해서 회답을 얻고, 그 결과를 연구 자료로 사용하는 도구인 것이다. 사회과학에 있어서는 이러한 방법으로 자료를 수집하는 경우가 매우 많다(김병성, 1996: 201).

질문지법은 교사의 실제적인 수업에 대해서 많은 수의 교사들을 조사하는 데 유리할 수 있다. 또한 질문지법은 교사들에게 질문에 신중한 답변을 할 시간을 제공해 주며 연구자들에게는 자신들이 선택한 방식이 실제적으로 차이가 나거나 또는 비슷한 결과를 나타낼 수 있는 교사를 표본으로 하여 그들의 수업을 관찰할 수 있도록 한다. 질문지법의 가장 큰 단점은 질문지 회수율이 연구자의 의도에 미치지 못할 정도로 저조할 수 있다는 점이다.

다. 검사법

검사란 행동의 표본을 수집하는 것으로, 오늘날의 검사는 교육 실제에서 또는 교육연구에서 대단히 중요한 측정도구로서 활용되고 있다. 이는 그 검사가 제작과정이 가장 엄밀하고 검사가 측정해 주는 인간의 심리적 특성이나 행동이 비교적 명확하게 밝혀지는 측정도구로서 여러 가지 장점이 있기 때문이다.

개인이 지니고 있는 신체적·심리적 특성의 질(質)과 양(量)을 측정할 목적으로 일정한 조건하에 특정한 문제나 작업을 부과하여 피검사자가 나타내는 반응을 체계적으로 관찰하는 절차를 검사라고 정의할 수 있다(이종승, 1989: 246).

넓은 의미에서 볼 때 검사 속에는 질문지, 평정 척도, 교사가 제작한 학력고사 등 두 사람 이상의 특성을 비교하기 위하여 사용하는 거의 모든 체계적 절차가 포함될 것이다. 그러나 좁은 의미로 생각할 때에는 표준화된 측정 절차만을 검사라고 한다.

수업관찰에 사용될 수 있는 검사 방법은 대단히 많기 때문에, 상대적으로 적은 양의 연구 결과를 나타내는 데에 있어서조차도 많은 분량의 측정에 관한 교재와 자료가 요구된다. 수업연구자는 태도, 성격, 교과 지식 또는 자아개념과 같은 요소들을 측정하여 활용할 수 있다. 교사의 특성과 학급 내 행동과의 관계를 연구하는 것도 활용 가능성에 포함된다(예: 내향적인 교사와 외향적인 교사는 서로 다르게 활동하는가? 발전적인 태도와 실제적인 적용 사이에는 어떠한 관계가 있는가?). 검사는 일반적으로 과정과 결과에 관한 연구로서 ① 학생이 무엇을 학습하였는지, ② 학생들의 태도는 어떻게 변화되는지를 파악하기 위해서 활용될 수 있다.

검사법에서는 검사의 신뢰도와 타당도를 높이기 위해서 주로 표준화된 검토 문항을 사용한다. 대표적인 표준화 검사로는 지능검사, 적성검사, 학력검사, 성격검사 등이 있다.

라. 관찰법

관찰법이란 관찰목적에 일치되는 현장에서 유기체에 관련된 일련의 행동과 환경(settings)을 선택(selection), 유발(provocation), 기록

(recording), 기호화(encording)하는 방법이라고 할 수 있다(박도순, 1992: 336).

관찰법은 비언어적인 행동에 대한 데이터를 수집하는 것에 일차적 목표를 두고 있으며, 이를 위해 시각에만 의존하는 것이 아니라 청각, 촉각, 후각 등 가능한 감각 활동을 동원할 필요가 있다. 또 정밀한 관찰을 위해서 필요하다면 모든 관찰도구를 이용하기도 한다.

관찰의 방법은 교육학적 연구에서 가장 오래된 역사를 가진 동시에 연구의 기본적인 수단이라고 말할 수 있다. 특히 어린이를 대상으로 하는 연구는 관찰 방법에 많이 의존하게 되는데, 그 까닭은 아직 유아는 자기의 생각이나 느낌을 제대로 표현할 수 없어서 질문지나 검사 등 다른 방법으로는 필요한 정보를 얻어 내기가 어렵기 때문이다.

모든 관찰이 연구의 방법으로 사용되는 것은 아니다. 관찰이 연구의 도구로 쓰이기 위해서는 갖추어야 할 조건이 있다. 관찰을 통하여 필요한 정보를 수집하려면 타당하고, 신뢰롭고, 객관적으로 관찰이 이루어져야 한다(이종승, 1989: 223).

관찰 방법의 적용 절차는 다음과 같다. ① 연구 목적의 설정, ② 관찰자의 선정 및 훈련, ③ 관찰 유형의 결정 및 기록지 제작(예: 일화기록법, 행동기록 및 체크리스트에 의한 기록, 평정척도에 의한 기록, 시청각 기자재에 의한 기록 등), ④ 관찰의 실제 수행, ⑤ 분석 및 정보 요약이 있다.

교사가 아동에게 제시한 과제가 적합한지를 관찰을 통하여 파악할 수 있다. 다음은 7세 아동의 생활에서 23분 동안에 발생된 사태를 기록한 것이다.

정은이에게 글짓기 과제가 제시되었다. 담임교사는 정은이에게 여러 장의 그림 카드를 보여 주었는데, 사람들이 일하는 모습을 나타낸 것이다. 그리고 그 사람들 중의 한 명에 대해서 글짓기를 하도록 하였다. 정은이는 버스 운전기사를 나타낸 카드를 선정해서 자기의 책상으로 가져갔다. 정은이는 5분 동안 아무것도 하지 않고 있었는데, 분명히 무엇을 쓸 것인지를 생각하고 있었다. 결국 교사가 정은이에게 다가갔으며 첫 번째 문장을 어떤 내용으로 하였는지를 질문하였다. 정은이는 "나는 버스를 타고 학교에 갔다."라고 대답하였다. 정은이는 글짓기를 하기 시작하였으며 잠시 후 '학교'라는 단어를 쓰지 못하고 어떻게 써야 하는지 단어장에서 '학교'라는 말을 찾아보았다. 정은이는 그 단어를 찾지 못하고 교사에게 질문을 하였다. 교사는 정은이에게 '학교'라는 단어의 철자를 적는 것을 도와주었으며 'ㅎ'이라는 정자를 잘못 쓴 것에 대해서 설명을 하였다. 정은이는 자기 자리로 돌아가서 몇 분 동안 글짓기를 계속하였으며 그가 쓴 글을 소리 내어 읽었다. 정은이는 '가끔'이라는 단어에서도 망설였으며 교사에게 가서 철자가 무엇인지를 질문하려고 하였다. 다른 학생들도 교사에게 질문을 하려고 기다리고 있었다. 기다리는 동안 정은이는 자신의 단어 카드 'ㅅ' 항목에서 '시간'이라는 단어를 찾았다. 그리고 교사에게 "제가 빼먹은 것을 찾아냈어요. 여기 있어요."라고 큰 소리로 말했다. 몇 분 후에 정은이는 교사에게 다가가서 '주다'라는 말의 절차가 무엇인지를 계속 질문하였다. 단어카드를 찾아본 후 23분 만에 정은이는 다음과 같은 글짓기를 하였다. "나는 버스를 타고 학교에 갔다. 그리고 나는 버스를 타고 집에 갔다. 가끔 버스 운전기사 아저씨가 나에게 먹을 것을 주신다. 나는 집에 갈 것이다. 나는 내일 아침까지 잠을 잘 것이다."

위와 같은 것은 교사들이 2인 1조가 되어 상대방의 수업을 연구하고자 할 때에 제시될 수 있는 관찰 자료이다. 관찰 결과는 철자가 틀린 것을 지적하려는 것이 아니라, 정은이가 작문수업을 해 가는 과정을 나타내고 있다. 결국 대부분의 교사가 업무에 바쁘다 보면, 학생에게 주어진 과제가 시간 내에 이루어질 수 있도록 모든 학생들을 개별적으로 지도하기가 어렵다는 것을 알게 된다. 위의 관찰 내용과 관련하여 다음과 같은 질문은 수업 효과를 증진시키기 위한 노력에서 관찰자와 피관찰자 모두에게 좋은 주제가 된다.

① 정은이는 문장을 더욱 체계화할 필요가 있는가?

② 주제는 정은이에게 적절한가?

③ 정은이는 자신의 단어장을 어떻게 활용하고 있는가?

④ 정은이가 사전을 사용할 필요가 있을 경우에 줄 수 있는 도움은 무엇인가?

⑤ 교사가 학생들을 더 개별적으로 지도해 줄 수 있는 방법은 무엇인가? 단어를 찾아주는 교사 앞에서 5분 동안 기다리는 것을 줄이거나 기다리지 않게 할 수 있는 방법은 무엇인가? 또한 교사는 실질적인 문제를 가지고 있는 학생들을 도와줄 수 있거나 자신이 해야 할 과제를 모두 끝낸 학생에게 더 높은 수준의 활동을 하도 록 격려해 줄 수 있는 방법은 무엇인가?

⑥ 교사의 역할을 더 효과적으로 수행할 수 있게 하는 다른 형태의 수업과 업무 관리요령은 무엇인가?

마. 사회성 측정법

사람들은 크고 작은 집단 내에서 사람과 사람과의 관계를 형성하면서 생활한다. 어떤 사람은 다른 사람으로부터 좋은 평판을 받고 매력적인 사람으로 관심을 받는가 하면, 또 어떤 사람은 미움을 받거나 질시의 대상이 되기도 하며, 따돌림을 당하고 더러는 다른 사람의 관심 밖에 있을 수도 있다. 이와 같이 집단 내에서의 개인의 사회적 위치와 비형식적인 집단형성의 구조를 알아내는 방법을 사회성 측정(sociometry), 사회성 측정검사(sociometric test) 또는 사회성 측정기술(sociometric technique)이라고 한다(김병성, 1996: 261).

사회성 측정방법으로는 동료지명법(peer nomination)과 동료평정법(peer – rooster and rating method)이 널리 사용되고 있으며, 인기자(star), 고립자(isolato), 격리자(neglectee), 배척자(rejectee), 상호 선택(mutual choice), 사회성 측정 파벌(sociometric clique), 사회성 측정 분열(sociomeric cleavage)이라는 용어들이 사용되고 있다.

사회성 측정법은 수업관찰을 하기 전에 학급 구성원의 형태에 대한 사전 이해를 하는 데에 필요할 것이다. 수업이 진행되는 과정에서 동료에 대한 선호도는 수업 참여와 학업 성취도 및 교사와의 관계에 영향을 미칠 수 있기 때문이다.

바. 내용 분석법

내용 분석은 질문지나 검사 혹은 관찰과 같은 방법을 통해서 필요한 정보를 얻기 어려운 상황, 예컨대 역사적 고찰을 한다든지, 사망했거나 접근하기 힘든 인물에 대한 연구 또는 어떤 정책의 내용이나 교육 프로그램의 내용에 관한 평가 연구를 할 경우에 많이 이용하게 되는 방법으로서, 내용 분석을 위한 내용 출처의 자료는 매우 다양하다. 역사적 기록, 전기, 연설문, 편지, 문학작품, 교과서, 신문사설 등 기존의 갖가지 기록된 자료들이 내용 분석의 대상이 된다.

그러나 어떠한 특수한 목적을 위해서는 새롭게 자료를 개발해서 그 내용을 분석하는 수도 있다. 예를 들면, 어떤 특정한 상황에서의 대화 내용을 녹음한다거나, 어떤 주제에 관해서 글을 쓰도록 해서 얻은 자료를 분석하는 것이 이러한 예에 속한다. 교육 분야에서는 학생들의 작문을 분석하거나 교과서 내용·교육 프로그램의 내용을 분석하는 경우가 많다. 내용분석의 대상이 원자료를 어떻게 표집하느냐 그리고 선정한 자료를 어떻게 분석하느냐에 따라서 내용분석의 신뢰도와 타당도가 좌우된다. 내용분석은 자칫하면 타당도와 신뢰도가 결여된 직관적 사고에 의해서 이루어질 위험성이 있으므로 이 방법을 사용하는 연구자는 분석 대상의 표본 추출과 분석 방법에 각별히 유의해야 할 것이다(이종승, 1989: 163).

내용분석의 절차와 기법은 ① 대상의 모집단 규정, ② 문헌자료의 표본 추출, ③ 내용의 범주 설정, ④ 분석 단위의 설정, ⑤ 수량화의 체계 결정, ⑥ 타당도와 신뢰도 점검이다.

수업관찰에서의 내용분석법의 활용은 교사의 학습지도안 분석, 학생의 작문내용 분석 등을 통하여 수업에 대한 질적인 평가와 학생의 학업 성취도 등을 살펴볼 수 있을 것이다.

사. 의미분석법

의미분석법(semantic differential method)은 어떤 사상(事象)에 관한 개념의 심리적 의미를 분석하여 의미 공간(semantic space)상의 위치로 표현하는 측정법이다. 각 개념의 의미를 양극적인 뜻을 갖는 대비되는 형용사군에 의해 측정하고 그 결과를 방향과 거리 혹은 질과 강도를 갖는 의미 공간에 표시할 수 있다는 가정에서 출발한다. 의미 분석은 개념군과 양극적인 뜻을 갖는 대치되는 형용사군을 이용하여 이루어진다. 이 방법의 전형적인 형태를 살펴보면 각 페이지의 상단에는 개념이 제시되고 그 아래에 양극적인 뜻을 갖는 형용사를 양쪽 끝에 배치하고 이 두 형용사 사이를 5단계나 7단계로 나누어 놓은 척도가 제시된다. 그 다음에 피험자로 하여금 각 개념(하나의 단어, 짧은 구문 등)이 양극적인 형용사의 5단계나 7단계의 척도(예: 좋은 - 나쁜, 시끄러운 - 조용한, 늙은 - 젊은)에서 어디에 속하는가를 표시하게 함으로써 개념에 대한 의미를 측정한다.

의미분석척도는 7단계 혹은 5단계의 평정점수로 표시된다. 그런데 평정점수를 점수로 환산할 때에는 두 가지 방법을 사용할 수 있다. 하나는 단극(monopolar) 체제를 따르는 것이고, 또 하나는 양극(bipolar) 체제를 따르는 것이다. 어느 것을 사용해도 무방하나 양극 체제는 중간 점수가 분명한 데 반해 부(負)의 부호 때문에 혼잡을 가져올 위험이 있다.

단극 - 좋은   7 : 6 : 5 : 4 : 3 : 2 : 1   나쁜
양극 - 좋은   +3 : +2 : +1 : 0 : -1 : -2 : -1   나쁜

(김병성, 1996, 300 - 306)

수업관찰에서의 의미분석법은 교사와 학생의 자아상 분석에 활용할 수 있음으로써 수업의 효과, 수업의 영향, 수업 만족도 등을 파악할 수 있다.

아. 문화기술법

문화기술법(ethnography)은 인류학에서 사용되고 있는 연구방법론의 하나이다. 인류학자들은 교육에 대한 질적인 연구와 이해를

하는 데에 문화기술법을 활용한다. 어떤 특정 집단 구성원들의 생활양식과 문화에 대한 폭넓은 자료를 찾아내기 위하여, 연구자가 현지에서 장기간 동안 머물면서 참여자의 관점에서 상황을 파악한다는 점이 문화기술법의 특징이다.

문화기술법은 민속지, 문화기술지, 기술적 인류학, 민속학, 민속방법론 등으로 다양하게 불리고 있고 또한 질적 연구(qualitative research), 사례 연구(case – research), 현장 연구(field research), 인류학적 연구(anthropological research) 등과 유사한 개념으로 사용되기도 한다. 연구방법론의 하나라는 의미를 강조하기 위해서 문화기술법이라는 용어를 사용하였다.

특히 교육연구에서의 문화기술법을 정의해 보면, 교육의 특수한 상황에서 교육적 체제, 과정, 현상을 과학적으로 서술하는 과정이라고 할 수 있다. 따라서 교육에서 문화기술법을 사용하는 목적은 교육상황에서 그 참여자의 상황, 행동, 신념 등에 대해 풍부하고 기술적인 자료를 제공하여 평가나 기술적 연구, 이론적 탐구를 위해 사용하고자 하는 데 있다(김병성, 1996: 312 – 334).

문화기술법의 연구 절차는 ① 연구과제 선정, ② 질문 및 가설 형성, ③ 자료 수집(예: 관찰 또는 면담), ④ 자료의 기록, ⑤ 자료 분석(예: 영역 분석, 분류 분석, 성분 분석, 주제 분석), ⑥ 자료 목록 정리, ⑦ 보고서 작성이 있다.

문화기술법을 이용하는 수업관찰은 교수 – 학습 자료 활용 실태, 교수 – 학습 방법에 관한 인류학적 연구 등을 통하여 수업에 대한 질적인 연구와 이해를 하기 위해서 활용할 수 있을 것이다.

자. 상호작용분석법

　교실 내에서의 대부분의 교수－학습은 상호작용을 통하여 일어난다. 교사는 한 학생이나 또는 다수의 학생들과 의사소통하고, 아울러 학생들은 교사나 다른 학생들과 의사소통을 한다. 교실에서의 상호작용은 교육적 목적을 달성할 뿐만 아니라, 한 명의 교사와 다수의 학생들이 그들의 개인적 또는 사회적 목적을 이루는 하나의 기제(機制)로서 기능한다. 상호작용은 교실에서의 중요한 사회적 활동의 한 형태이다.

　상호작용을 분석하는 기법에는 여러 가지가 있을 수 있다. 주로 교사와 학생에 의한 상호작용을 분석대상으로 삼는 Flanders의 언어상호작용분석법과 Brophy－Good이 개발한 상호작용을 코딩하는 기법이 있다. 이는 교실에서의 상호작용을 기록하는 데 유용한 도구가 될 것이다.

　그러나 여기에서는 자세히 논의하지 않겠다. 상호작용분석이 수업관찰에서 많이 활용되기 때문에 해당 항목에서 자세히 설명하였다. 제2장에서 논의했던 수업대사분석 또는 Flanders의 언어상호작용분석에 관한 설명을 참조해 주기 바란다.

통계적 기법은 자료를 분석하는 데에 많이 사용되고 있다. 수업관찰 연구에 있어서도 결과를 예측하며 검증하는 데에 필요하기 때문에 적절하게 사용되어야 한다. 예를 들어 관찰자가 교사와 학생들과의 의사교류가 몇 가지 방식에서 중요한 차이가 있는지 또는 A라는 교수법이 B라는 교수법보다 더 효과적인지를 파악하고자 한다면, 여러 가지 통계적 기법을 사용하여 효과적으로 밝혀낼 수 있다.

많은 수업관찰자들은 교사 주변의 불확실한 특성 때문에 통계적 방법을 잘 사용하지 않는 경향이 있다. 또한 비전문가가 이해할 수 없는 정도의 어려움이 있는 통계적 처리과정은 적용상의 어려움 때문에 전문적인 통계적 적용 능력을 가지고 있지 않는 연구자는 이러한 통계적 처리 과정을 긍정적으로 인식하기보다는 바람직하지 않은 것으로 인식할 수도 있다. 그러나 대부분의 일반적인 통계기법은 사칙연산(四則演算), 제곱화 또는 제곱근 이상의 것을 사용하지 않는다. 통계에서 사용되는 수학은 중학교 3학년 정도의 수준이다. 그러나 X(카이) 또는 σ(시그마)와 같은 매우 익숙하지 않은 그리스 문자의 공식이 있으며 의미가 없어 보이는 기호들이 있기 때문에 통계에 익숙하지 않은 사람은 당황하게 된다.

수업관찰 연구에서는 물론 교육학 연구에서 주로 많이 사용되는 통계 기법에는 빈도분포, 집중경향, 변산도, 타당도와 신뢰도, 정상분포

곡선, 상관계수, t - 검증, 변량분석, 카이 자승법, 회귀분석 등이 있다.

가. 빈도분포

빈도는 측정치와는 다른 개념이다. 측정치는 재어서 얻은 수치인 반면에 빈도는 세어서 얻은 수치이기 때문이다. 예를 들면 120, 50 등은 측정치이고 세 개, 한 사람, 두 사람 등은 빈도이다. 통계에서는 일반적으로 빈도나 측정치를 다룬다. 빈도분포표는 양적인 자료를 수치적인 방법으로 기술할 때 쓴다. 그러나 빈도분포표는 다시 자료의 수는 어떠한가, 자료의 빈도들이 어느 정도 광범위하게 분포되어 있는가, 그리고 낮은 곳에서부터 어떻게 누가적으로 변화하고 있느냐 등을 고려함에 따라 단순빈도분포 또 묶음빈도분포표 및 누가빈도분포표 등으로 구분한다.

빈도분포표는 다음과 같은 3가지의 과정을 통해서 작성할 수 있다.

① 점수의 흩어진 상태를 조사하여 점수범위를 발견한다.
② 연구에 합당하게 점수의 급간을 설정한다.
③ 각 급간에 해당되는 빈도를 세어 나가면서 표시한다.

수업관찰의 모든 결과들은 주로 빈도분포를 통해서 분석될 것이다. 즉 수업의 특정한 현상에 대한 빈도를 분석해 봄으로써 일반적인 경향성을 파악할 수 있기 때문이다. 또한 빈도를 백분율로 환산해 봄으로써 관찰자료를 분석해 보는 데에 더욱 효과적일 수 있다. 3장에서 제시하였던 관찰법은 주로 빈도분포에 의해서 분석될 수 있다.

나. 집중경향

1) 최빈치

최빈치는 한 분포에서 가장 많이 나타나는 점수를 말한다. 최빈치는 빈도가 가장 많은 점수이지 그 점수의 빈도수가 아니다. 급간을 이용하는 묶음 자료의 경우 최고의 빈도수가 있는 급간을 최빈 급간이라고 하고 이 급간의 중간치가 최빈치이다.

2) 중앙치

중앙치란 한 분포 안에 포함된 사례 수를 정확하게 2등분하는 척도상의 점에 해당하는 점수를 말한다. 즉 한 분포를 중앙치에 의해서 2등분하면 그 중앙치의 상부에 전체 사례 수의 50%가, 그 중앙치의 하부에 전체 사례 수의 50%가 놓이게 된다. 결국 이 중앙치는 한 분포의 중앙에 위치하고 있는 수치라는 점에서 그 분포의 대표적인 경향을 나타낸다.

3) 평균치

일반적으로 평균치라 함은 산술평균치를 의미하는데, 모든 측정치를 합한 후 전체 사례 수로 나눈 값이다. 이를 M으로 표기한다.

$$M \frac{\sum_{i=1}^{n} Xi}{N} \qquad \begin{array}{l} Xi = 피험자의\ 점수 \\ N = 전체\ 사례\ 수 \end{array}$$

평균치는 다음과 같은 특성을 가지고 있다.

① 평균치로부터 모든 점수 차의 합은 영이 된다.
② 평균을 중심으로 획득된 편차점수 제곱의 합은 어떤 다른 값을 기준으로 하여 획득된 편차점수의 제곱의 합보다 항상 적다. 평균은 편차점수의 자승화가 최소가 되는 값이다.
③ 평균은 측정치 분포의 균형을 이루는 점이다.
④ 다른 집중경향(중앙치, 최빈치)보다 가장 정확하고 신뢰로운 값이다.

3장에서 제시하였던 수업관찰 결과들을 최빈치, 중앙치, 평균치로 분석해 보면 특정한 경향성을 파악할 수 있다. 예를 들면, 교사에 대한 이미지 분석에서 어떠한 방향으로 교사의 이미지가 나타나는지를 효과적으로 파악하기 위해서 관찰 항목들에 대한 최빈치, 중앙치, 평균치를 계산하게 된다.

다. 변산도

변산도란 여러 점수들이 집중경향치로부터 떨어져 있는 정도를 말한다. 한 분포 속에는 여러 점수들이 평균치에서 많이 떨어져 있으면 있을수록 변산도의 값은 크고 반대로 여러 점수들이 조밀하게 모여 있으면 있을수록 변산도의 값은 작아진다. 만약 모든 점수가 같아서 한 점에 모여 있으면 변산도의 값은 0이 된다. 다른 말로 표현하면 변산도의 값이 클수록 분포의 구성원들은 그만큼 이질적이고 변산도가 작을수록 동질적이다.

1) 범위

범위는 집중경향치에 있어서의 최빈치와 마찬가지로 가장 쉽게 빨리 구할 수 있는 변산도이기는 하지만, 신뢰도가 부족하고 자료의 대체적인 예비 검토를 위해서 쓰이는 방법이다. 이 범위는 한 분포의 최고점과 최저점을 말하고 범위＝최고점－최저점＋1로 표시된다.

2) 편차

가) 개념

편차란 한 분포에서 어떤 점수가 평균치 M으로부터 떨어진 정도를 말한다. 떨어진 정도를 편차점수 또는 편차라 하며 d 또는 소문자 x로 표기한다.

$$d = Xi - M$$

편차가 가지고 있는 가장 중요한 성질은 어떤 분포에서도 편차의 합은 언제나 '영(0)'이 된다는 사실이다. 평균(M)이 10인 경우의 예를 들면 다음과 같다.

점수X	15	14	11	10	9	7	4
편차x	＋5	＋4	＋1	0	－1	－3	－6

편차점수의 합($\sum$x)＝0

나) 사분편차

사분편차란 분포의 중앙부에 모여 있는 사례 수 50%가 차지하는 점수범위의 1/2을 말한다. 이것은 어떤 분포의 밑에서부터 25%의 사례가 있는 척도상의 점과 밑에서부터 75%의 사례가 있는 척도상 점과의 거리의 1/2을 의미하는 것이다. 아래에서 25%에 해당하는 점을 Q1, 75%에 해당하는 점을 Q2라고 하면 사분편차(Q)는

$$Q = Q1 - Q2/2$$

로 나타낼 수 있다.

다) 평균편차

한 분포에서 한 점수가 평균치에서부터 상하 어느 쪽으로든지 떨어져 나가면 나갈수록, 그만큼 변산도가 심해지는 것을 발견할 수 있는데 평균편차는 이러한 생각에서 출발한 변산도의 통계치라 할 수 있다.

간단히 말하면, 평균편차란 한 분포의 측정치의 편차(x)의 절대치를 합한 것을 평균한 것이다. 이 정의를 공식으로 표시하면 다음과 같다.

$$AD = \frac{\sum|x|}{N}$$

라) 표준편차

표준편차는 각 점수가 평균치에서 떨어져 나가 있는 편차들에 초점을 두고 생각하는 점은 평균편차와 같다. 그러나 이 편차들을

종합하는 입장이 다르다. 변량은 변산도의 중요한 방법임에는 틀림이 없지만 보다 흔히 쓰이는 것은 표준편차이다. 표준편차는 변량의 제곱근이다. 즉 표준편차는 각 점수가 평균치에서 떨어져 있는 정도인 편차를 각기 자승한 다음 합하고 이 값을 다시 사례 수로 나눈 것의 제곱근으로 취한 값이다. 표준편차는 소문자 s, σ, SD 등의 기호로 나타낸다. σ는 모집단의 표준편차를 나타낼 때 쓰인다. 표준편차의 계산공식은 다음과 같다.

$$S = \frac{\sum (X_i - \mu)^2}{N} = \frac{\sum x^2}{N}$$

표준편차는 편차자승화의 평균 평방근이다. 표준편차의 장점은 정상분포곡선과 관련되어 있어 여러 통계적 방법에서 활용되고 있다는 점이다. 분포가 정상에 가까울 때 우리는 표준편차를 다음과 같이 해석할 수도 있다. 분포의 평균치 M에서 σ를 하나씩 더하고 뺀 점 사이, 즉 M±1σ 사이에 전체 사례 수의 약 68%(정확하게는 68.26%)가 놓여 있다고 짐작할 수 있다. 이 68.26%라는 수치는 정상분포 곡선의 방정식에서 산출된 것이다. 분포의 양극단에 놓인 수치들은 대개 안정성이 적고 표집에 따른 변동이 심하므로 우리는 표준편차의 이런 변동을 통해서 분포의 중앙부에 놓인 약 2/3의 사례들이 차지하는 비교적 안정된 점수 범위를 짐작할 수 있다.

그러나 이런 해석은 비단 M±1σ에만 한정되어 있는 것은 아니며, M±2σ 혹은 M±3σ 등에도 적용된다. 이 경우를 도표로 예시하면 다음과 같다.

예를 들면 N = 100, M = 80, σ = 20인 분포라면 위 그림에서 − 3

σ, −2σ, −1σ, M＋1σ, ＋2σ, ＋3σ는 각각 20, 40, 60, 80, 100, 120, 140이 된다. 그러면, 60～100 사이에는 약 68명, 40～120 사이에는 약 98명, 20～140 사이에는 약 100명(거의 전부)이 있을 것이 짐작된다. 보통의 분포에서는 M에서 ±3σ 사이에 사례 수의 전부가 들어간다.

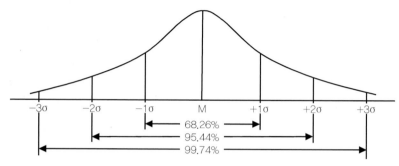

M±1σ, M±2σ, M±3σ간의 사례수 (곡선하면적)의 도시

<그림 5-1> 정상분포도

3) 검사의 점수척도

가) 백분위와 백분점수

백분위는 전체 분포에서 어떤 점수를 기준으로 그 점수 아래에 있는 사례 수에 대한 %를 의미하며, 백분 점수란 분포상의 어떤 위치를 알 때 해당되는 점수를 의미한다. 이들 두 가지 점수는 결국 동일한 척도상의 대응되는 점수이며 백분위와 백분점수가 이루는 척도를 백분척도라고 한다.

이 백분점수는 집단의 사례 수가 다르면 직접적인 비교가 불가능했던 등위점수의 중요한 약점을 우선 해결해 준다는 점에 그 큰 장점이 있다. 백분위나 백분점수를 측정하는 능력의 정도를 그대로 표시해 주지는 못하지만 그 상대적 지위를 명확하게 나타내 준다. 예컨대 50%는 중간 정도이고 85%는 중간보다 그만큼 위라는 것을 즉각적으로 알 수 있다. 또한 이 백분점수는 통계적인 소양이 부족한 사람에게 쉽게 해석될 수 있다는 이점을 갖고 있어 엄격한 점수 표시의 필요가 적은 학력검사나 성격검사와 같은 표준화 검사의 척도로서 많이 쓰이고 있다.

그러나 측정척도로서의 이 백분점수는 역시 서열 척도에 속하고 있어 여러 가지 난점을 가지고 있는 것이 사실이다. 가장 큰 난점은 척도의 단위가 동간적이 아니라는 점이다. 백분척도는 일반적으로 그 척도의 중앙부에서는 적은 개인차를 크게 표시하는 셈이며 척도의 양 극단부에서는 반대로 그 개인차를 적게 표시하게 된다. 이런 백분점수의 약점을 다시 보충하려고 고안된 것이 표준점수다.

나) 표준점수(Z점수)

표준점수가 만들어진 원리는 원점도수는 절대적인 해석을 할 수도 없고 서로 비교하기도 어렵다는 데서 그 원인을 찾을 수 있다. 원점수를 다른 유용한 점수 체제로 바꾸기 위해서는 적당한 의거점을 설정해야 하는데 표준점수 척도는 이 의거점을 평균점에 설정하고 있는 셈이다. 한 원점수를 해석하기 위해서는 우선 그 점수가 평균점보다 상회하는지 하회하는지를 알아야 한다. 또 만약 상회한다 하더라도 평균점으로부터 어느 정도 이탈하여 상회하는지를 알 수 있다면 더욱 의미 있는 해석이 가능해질 것이다. 여기서 편차(X − M)가 Z점수(표준점수)에 도입된 것이다. 그러나 분포의 변산도가 다르면 편차들은 직접 비교할 수 없으므로 이 편차를 그 분포의 표준편차 σ로 나누어 여러 분포에서의 원점수의 위치를 일정한 단위에 의해서 해석할 수 있게 한 것이다. 이렇게 하면 모든 분포에서 $M = 0$, $\sigma = 1$이 되므로 분포 간의 비교 가능성이 나타나게 되는 것이다. 따라서 흔히 표준점수는 다음과 같은 공식으로 계산한다.

$$Z = \frac{X - M}{\sigma}$$

Z점수의 부호는 평균점($M = 0$)을 중심으로 한 상대적 위치를 가르쳐 주며 Z점수의 절대치는 한 점수의 평균점에서부터의 이탈의 거리를 나타내 준다. 따라서 한 분포 안의 상대적인 지위를 즉각적으로 알려 준다는 점에 이 Z점수의 장점이 있는 것을 알 수 있다.

Z점수의 예를 들면, $N = 200$, $M = 60$, $\sigma = 12$인 집단에서, 학생 A, B, C는 각각 81, 57, 40점을 얻었다. 이 학생들의 점수를 Z점수로 환산하면, $ZA = +1.75$이므로 평균점보다 상당히 위이고 분포의 모양이 정상분포에 가깝다고 가정하면 정상 곡선 수표에서 보면 약 96%로 200명 중 A 아래에 약 192명이 있을 정도로 높은 점수이다.

$ZB = -.25$이므로 우선 $-$부호로 보아 평균점 아래인 것을 알 수 있다. 수표로 보면 약 40%가 되므로 200명 중 B 아래에 약 80명이 이 학생보다 낮은 점수를 얻고 있는 셈이다.

$ZC = -1.67$이므로 이 1.67에 해당하는 면적을 찾아보면 .0475가 되므로 $200 \times .0475 = 9.5$이므로 이 학생 C보다 낮은 점수를 얻은 사람이 약 10명이다(김병성, 1996: 393~408).

다) T 점수

한 분포가 정상분포를 이루고 있을 때에는 평균으로부터 ±3σ이면 거의 전 분포를 포함하므로 이러한 정상분포를 표준점수로 환산하였을 때에는 Z점수도 대략 −3부터 +3 사이에 있게 된다. 따라서 Z점수의 단위는 +와 −의 기호 및 소수점을 갖는 불편이 있으므로 이 Z분포를 다시 M = 50, σ = 10인 분포로 전환하여 사용하는데 이를 흔히 T점수라고 한다. T점수로 환산한 공식은 다음과 같다.

$$T = 10\left(\frac{X - M}{\sigma}\right) + 50$$

(임인재, 1976: 81)

T척도에서의 0과 100점 사이에는 ±5σ, 즉 10σ의 거리에 있는데 대개의 분포의 범위는 5σ 내지 6σ밖에 안 되므로 충분히 T척도의 0과 100 사이에 들어갈 수 있다. T점수는 절대 0점과 일정한 단위를 가진 척도이므로 점수가 갖는 의미가 명확하며 비교 가능성이 생기고 동간적인 해석이 가능하다. 따라서 여러 T점수를 가감승제할 수 있고 의미 있는 평균점도 계산해 낼 수 있다.

수업관찰에서의 변산도의 활용은 관찰 결과에 대한 사례 수의 분포를 파악할 때 활용될 수 있다. 예를 들어 교사의 질문에 대한 학생의 응답 태도를 분석할 때, 해당 항목별로 학생들의 응답 형태를 관찰하여 관찰 사례 수에 대한 범위, 편차, 백분위 및 백분점수 등으로 표시할 수 있다.

라. 타당도와 신뢰도

1) 타당도

측정도구의 타당도는 도구가 측정하고자 하는 바를 제대로 측정해 줄 수 있는 정도를 말한다. 도구가 측정하고자 목표하고 있는 바나 측정할 수 있다고 주장하는 바를 얼마나 진실하게 측정해 줄 수 있는가 하는 정도를 판단함으로써 그 타당도를 판정한다.

① 내용 타당도(content validity)는 특정 검사 도구의 문항(내용)이 측정 의도를 어느 정도로 적절하게 측정할 수 있으며, 검사 구성 문항들이 의도한 특성을 어느 정도로 대표할 수 있도록 표집되어 있는가 하는 정도를 나타내 주는 지수이다. 즉 검사 내용의 적절성과 대표성 정도를 나타내는 지표이다.

② 준거 관련 타당도(criterion-related validity)는 두 가지 측면을 동시에 나타내 주고 있는 특정 검사 결과를 이용하여 미래와 현재의 준거 변인을 각기 어느 정도 설명, 진단, 예언해 줄 수 있는가 하는 정도를 의미한다. 준거 관련 타당도에는 공인타당도와 예언타당도 두 가지가 있다.

첫째, 공인타당도(共因妥當度)는 특정 도구의 측정 결과가 유사한 준거 상황의 성취와 어느 정도 일치하고 있고 유사한 목적을 지닌 다른 도구가 측정한 바와 얼마나 일치하고 있으며 어느 정도의 상관을 보이고 있는가를 말한다.

둘째, 예언타당도(豫言妥當度)는 도구의 측정결과가 특정 준거에 관한 성취(또는 행동) 및 그 성패를 어느 정도로 예언할 수 있는가를 나타낸다(배호순, 1990: 279~281).

③ 구인타당도(構因妥當度)는 검사에서 나온 점수의 의미를 심리학적 개념(心理學的 槪念)으로 분석하는 것이다. 따라서 구인타당도는 앞에서 기술한 다른 타당도들에 비하여, 검사에서 측정하는 행동 특성 중에서 보다 넓고 지속적이며 추상적인 것에 초점을 맞추면서 여러 가지 근원을 가진 정보를 점진적으로 측정할 것을 요구한다(이종승, 1989: 215).

2) 신뢰도

타당도가 무엇을 측정하고 있느냐, 측정하려고 하는 속성을 어느 정도 충실히 측정하고 있느냐의 문제에 반해 신뢰도는 얼마나 정확하게 얼마나 오차 없이 측정하고 있느냐는 개념이다. 즉 측정하고 있는 정도에 일관성이 있으나 측정의 오차가 얼마나 적으냐 하는 질문을 하는 셈이 된다. 흔히 신뢰도를 같은 대상에 대해 두 번 측정해서 얻는 두 개의 측정치 사이에 어느 정도 일관성이 있느냐는 뜻으로 해석하기도 한다.

신뢰도의 추정에는 안정성 계수인 재검사 신뢰도, 동형성 계수인 동형 검사 신뢰도, 동질성 계수인 반분검사 신뢰도와 문항 내적 합치도가 있으며 크론바(Cronbach)의 α의 계수가 있다. 여기에서는 문항 내적 합치도와 크론바(Cronbach)의 α의 계수에 대해서 설명한다.

가) 문항내적 합치도

이 방법은 피험자가 각 문항에 반응하는 일관성, 합치성에 그 기초를 두고 있다. 검사 속의 한 문항, 한 문항을 모두 독립된 한 개의 검사단위로 생각하고 그 합치성, 동질성, 일치성을 종합하는 입장이다. 문항내적 합치도는 쿠더와 리차드슨(Kuder and Richardson)이 개발하였기 때문에 쿠더-리차드슨 방법이라고 한다. 쿠더-리차드슨의 신뢰도 추정법의 계산으로 가장 잘 알려져 있는 것은 K-R20과 K-R21이다. K-R20에 관한 공식은 다음과 같다.

$$K-R20 \, ; \, Rxx = \frac{n}{n-1}\left[1 - \frac{\sum pq}{Sx^2}\right]$$

n: 검사 속의 문항 수
p: 각 문항에 정답을 한 학생의 비율
q: 각 문항에 오답을 한 학생의 비율
Sx^2: 전체 검사 점수의 변량(＝검사 점수의 표준오차 자승)

나) Cronbach α 계수

신뢰도의 추정을 상관계수의 방법에 의존한다는 것은 곧 두 번의 검사나 두 개의 검사 혹은 반으로 나누는 절차 속에서 어차피 오차의 원천을 더 많이 끌어들일 가능성이 있다. 그래서 한 개의 검사를 한 집단에게 실시하고 거기에서 오차변량을 제외한 진 점수 변량을 추정해 보려는 노력이 시도되었다. 신뢰도 계수가 회귀계수에 기초를 둔 상관계수에서 출발하고 있는 반면 이 같은 조류는 피셔(Fisher)가 개발시킨 변량 분석에 그 기초를 두고 있다. 이 개념의 가장 기초가 되는 것은 한 검사 속 문항들 사이의 신뢰도 계수는 내적 상관계수로 나타낼 수 있으며 그것은 문항 간의 평균 공변량/문항 간 변량의 비로 나타내려는 개념이다.

Cronbach α 계수는 문항 형식에 구애되지 않고 논문형 문항과 같이 한 개의 문항이 여러 개의 점수로 채점되는 경우에도 사용할 수 있게 그 제약에서 일반화 계수로서 α 계수 방법을 제안하고 있으며 흔히 급간상관이라고도 한다. αk계수의 계산 공식은 다음과 같다.

$$a\mathrm{k} = \frac{\mathrm{n}}{\mathrm{n}-1}\left[1 - \frac{\sum Si^2}{Sx^2}\right]$$

n: 검사 속의 문항 수

Si^2: 각 단일 문항의 변량

Sx^2: 전체 검사 점수의 변량(김병성, 1996: 413−416)

수업관찰에서의 타당도와 신뢰도에 대한 검증은 실험연구나 광범위한 조사연구에서처럼 정확한 체계를 갖추어서 실시하기는 어려울 것이다. 그러나 정확한 수업관찰을 위해서는 타당도와 신뢰도를 유지하여야 한다. 관찰 항목의 타당도를 유지하기 위해서는 내용, 준거, 구인(構因)을 면밀하게 검토해야 한다. 또한 관찰 결과의 신뢰성을 유지하기 위해서는 관찰의 객관성을 유지할 수 있는 방안을 강구해야 한다. 이를 위해서는 여러 명의 전문가에 의한 관찰이나 사전 협의 등이 원만하게 이루어져야 한다.

마. 정상분포곡선

우리가 이론적으로 규정하는 정상분포곡선이라는 것은 경험적으로 발견되는 여러 가지 불규칙성을 띤 분포들을 일반화하여 수학적으로 엄밀히 규정한 것이다. 우리가 얻은 자료에 대하여 정상성을 가정할 것이냐 가정하지 않을 것이냐를 결정할 때는 반드시 다음의 2가지 요인을 고려하지 않으면 안 된다. 그 한 가지는 표집의 문제이고 다른 한 가지는 측정 척도에 관한 문제이다(김병성, 1%, p.416).

수업관찰 자료에서 나타날 수 있는 문제점 중의 하나는 비정상적인 분포가 있을 수 있다는 점이다. 많은 통계적 기법은 정상 분포를 가정하고 있기 때문에 측정 점수의 대부분은 집단의 평균점수 또는 가능점수의 중간 수준에 가깝다고 가정한다. 그러므로 전형적인 표준화 검사에서 대부분의 학생들은 40%에서 60% 정도의 점수를 나타내며 매우 소수의 학생만이 5% 이하 또는 95% 이상의 점수를 나타낸다. 이와는 대조적으로 "학생이 교사에게 반발하였다."와 같은 범주는 많은 수업에서 거의 발생되지 않는다. 정상적인 분포를 나타내는 수업형태가 있다 하더라도 정상 분포를 나타내지 않는 수업이 있을 수 있다는 점이다.

바. 상관계수

두 변인 또는 그 이상의 변인 간의 관계를 측정하고 기술하는 데에 사용되는 통계기법이다. 즉 독립변인을 체계적으로 변화시켜 종속변인의 변화와 인과관계를 규명하거나 독립변인에 조작을 가할 수 없는 현상에 과학적인 법칙을 수립하기 위하여 실험적인 통제 없이 두 변인 간 상호 일치의 정도를 분석하는 방법으로 실험에서 외현적 통제가 불가능한 경우에 사용된다. 따라서 둘 이상의 사건들이 함께 변하는 정도와 그 관계의 형태 및 관계의 방향(정적, 부적)을 제시해 준다(백영균, 1993: 293).

상관계수를 자승해 주면 결정계수가 된다. 이 결정계수는 어느 한 변인이 다른 변인을 설명 또는 예언해 주는 정도를 나타내는 퍼센트(%) 비율이다.

1) 적률상관관계

산포도는 두 변인 간의 관계를 그래프로 보여 주는 것이지만 상관관계를 정확하게 계산할 수도 있어야 한다. 상관계수 중에서 가장 많이 쓰이는 것은 적률상관계수(Pearson product – moment correlation coefficient)라 하는 것이다. 적률상관계수는 정의에 따라서 다음의 공식에 의해서 산출되며 r로 표기한다.

$$r = \frac{\text{설명변량}}{\text{전체변량}} = \frac{\sum xy}{N s_x \ s_y}$$

*r: X와 Y의 상관계수
x: X 점수에서의 편차
y: Y 점수에서의 편차
$\sum xy$: X의 편차와 그에 상응하는 Y의 편차의 곱.
즉 편차의 적의 합이며 이를 적률이라고 한다.
S_x와 S_y: X 점수와 Y 점수 분포의 각기의 표준편차

적률상관계수는 변인 간의 관련성을 기술해 준다. 관계의 방향, 정도, 모양까지 밝힌다. 또 상관계수는 모집단의 관련성을 추론한다.

2) 등위상관계수

적률상관계수 r은 그것이 원점수로 표시되어 있건, z점수로 되어 있건 또는 묶음자료로 되어 있건 간에 원칙적으로 동간척도 이상의 성질을 가진 자료에서 계산해 낼 수 있다. 이에 대해서 등위상관계수는 서열 척도의 자료에서도 쓸 수 있다는 장점이 있다. 즉 각 개인의 점수가 순위, 등수, 서열로 나타나 있을 때도 이용할 수

있는 상관계수다. 등위상관계수를 순위상관계수라고 부른다. 등위
상관계수는 p(rho)로 표기한다. 계산공식은 다음과 같다.

$$\rho = 1 - \frac{6 \sum D^2}{N(N^2 - 1)}$$

D: X에서의 등위와 Y에서의
등위 간의 차이

이 책은 통계학에 관한 전문서적이 아니기 때문에 더 상세하게
설명할 수는 없다. 그러나 통계적 기법 중에는 연구 결과에 나타
난 사태가 우연히 발생될 수 있는 가능성을 근거로 해서 의의도
(意義度)를 나타내는 범위를 0.05, 0.01 또는 0.001로 표시한다.
1.00의 가능성은 100%의 경우를 의미하기 때문에, 이들 3가지 수
치는 하나의 사태가 우연히 5%, 1%, 그리고 0.1%의 경우로 발생
될 수 있다는 것을 의미한다. 다르게 표현하면 20분의 1, 100분의
1, 그리고 1,000분의 1의 경우와 같다. 또한 연구 결과를 나타내는
데에 한 개, 두 개 또는 세 개의 참조 표시(*)가 사용된다. 그러므
로 세 개의 참조 표시는 우연히 발생될 수 있는 결과가 1,000분의
1이라는 것을 의미한다. 상관계수(Pearson상관) .76은 관련된 통계
표에 의해서 1,000번 중에 1번 이하로 우연히 발생될 수 있다는
것을 나타내는 것으로서, r = .76***로 표시한다.

3) 상관관계의 해석

상관계수의 해석은 흔히 상대적으로 하는 것이 보통이다. 그러
나 이러한 것을 고려하지 않고 일반적으로 상관관계의 정도를 기
술할 때에는 대략 다음과 같은 언어적인 해석을 할 수 있다.

.90 – 1.00	상관이 아주 높다
.70 – .90	상관이 높다
.40 – .70	상관이 있다
.20 – .40	상관이 있기는 있으나 얕다.
.00 – .20	상관이 거의 없다

　　수업관찰에서 상관계수는 관찰된 결과를 학생이나 교사의 개인적 특성과 관련시켜 봄으로써 특정한 행동이 나오게 된 원인을 규명하는 데에 활용될 수 있다. 예를 들어, 학생의 주의집중 분석에서 산만한 태도를 보이는 학생에 대한 원인을 학생들의 지능, 학업 성취도 교우관계, 가정환경과의 상관관계를 파악함으로써 어떠한 관계가 있는지를 알아볼 수 있다.

사. t – 검증

　　각 표본의 분산과 두 표본을 합한 전체 집단의 분산을 이용하여 평균의 차이가 어느 정도 유의한가를 검증하는 것이다. 간단히 말하면, 독립된 두 개의 표본 평균 간의 차이가 통계적으로 유의한가를 검증할 때 이용된다. T – test는 동일한 표본에서 두 개의 변수의 평균값을 비교할 때도 이용된다. 두 집단 간의 평균의 차이를 검증할 때 t값을 계산하는 공식은 다음과 같다.

$$t = \frac{\text{표본자료} - \text{가설화된모수치}}{\text{추정된표준오차}}$$

$$= \frac{(M1 - M2) - (\mu1 - \mu2)}{Sx1 - Sx2}$$

수업관찰에서 t‑검증은 두 개의 집단에 대한 관찰 결과를 검증해 봄으로써 유의한 효과가 있는지를 파악할 수 있게 한다. 예를 들면, 특정한 수업 내용에 대해서 교사에 의한 강의식 수업과 집단토의 수업을 실험 설계법에 의해서 실시하였을 때, 어떠한 수업 방법이 더욱 효과적이었는지를 사후검사에 대한 t‑검증을 통해서 파악해 볼 수 있다.

아. 변량분석

1) 의미와 종류

변량분석의 방법은 여러 개의 모집단으로부터 나온 것으로 가정되는 여러 개의 평균치들이 과연 우연 이상의 의의 있는 차를 보이는지를 종합적으로 검증해 주는 방법이다.

두 집단 이상의 평균 간 차이를 검증하는 데 이용되는 방법이다. 변량분석은 크게 일원변량분석과 이원변량분석으로 대별되는데, 일원변량분석이란 독립변수가 한 개일 때이며 다원변량분석은 독립변수가 두 개 이상일 때이다. 간단히 말하면 변량분석은 서로 다른 전집에서 나온 표본 평균치 사이에 의미 있는 차이가 있는지를 검증하기 위해서 사용되는 통계기법이다.

예를 들어 대, 중, 소도시 간의 평균임금의 차이를 검증하고자 할 때 집단 구분이 3개(대, 중, 소도시)이고 종속변수는 비율자료 (임금)이므로 일원변량분석을 사용한다. 그러나 도시의 규모와 도시 특성 두 개를 독립변수로 고려하게 되면 이원변량분석을 실시 하여야 한다. 그러나 독립변수는 두 개이지만 실제로 어느 하나의 효과에 초점을 두고 다른 하나의 변수는 통제변수로 하여 분석을 실시할 수 있는데 이 경우는 다변량분석 중에서도 공변량분석을 실시하여야 한다. 즉 공변량분석을 하나의 변수가 미치는 효과를 제거한 상태에서 나머지 하나가 종속변수에 미치는 순수한 효과만 을 분석하고자 할 때 행하는 방법이다.

공변량분석을 하지 않고 두 개의 변수를 모두 독립변수로 하여 각각의 영향과 두 변수가 결합되어 일어나는 효과를 분석할 때는 상호작용 효과를 고려한 다원변량분석을 실시하여야 한다. 일원변 량분석에는 모든 집단을 두 개의 조합으로 만들어 이들 조합 간의 차이를 비교하는 Scheffe 검증 등의 사후검증을 실시할 수 있다.

2) 변량분석의 검증과정

가) 가설의 설정

변량분석은 한 종속변수의 평균이 실험요소에 따라 차이가 있는 지를 알기 위하여 사용된다. 변량분석에서 차이가 있다고 하는 것 은 각 실험요소에 따른 평균이 다르다는 의미가 아니라 각 실험요 소에 따른 평균이 모두 같은 것은 아니라는 것을 의미한다. 그러 므로 변량분석을 실시할 때의 가설은 다음과 같이 설정된다.

영가설: $\mu_1 = \mu_2 = \mu k$

대립가설: 최소한 한 쌍의 μi가 서로 다르다.

나) 검증 통계량의 계산

이러한 가설을 검증하기 위하여 F값이 계산되는데, F값은 집단 간 평균분산을 집단 내 평균분산으로 나눈 것을 의미하는 것으로서, 다음과 같이 표시된다.

$$\text{검증통계량} : F = \frac{\text{집단간분산/자유도}}{\text{집단내분산/자유도}}$$

다) 가설의 기각

만약 검증통계량 F값이 채택역 안에 있다면 영가설이 채택되고 반대로 기각역 안에 있다면 영가설이 기각되고 대립가설이 채택된다. 변량분석 결과 영가설이 기각되었다고 하더라도 실험요소 집단 전체에 통계적으로 유의한 차이가 있다고 말할 수 없다. 왜냐하면, 여러 실험요소들 중 하나의 실험요소라도 다른 실험요소와 그 평균에 차이가 있다면 영가설은 기각되기 때문이다. 따라서 변량분석 후 어떤 집단 간에 차이가 유의미하게 발생했는가를 Scheffe 검증 등을 통해서 검증하여야 한다.

수업관찰에서 변량분석은 2개 이상의 집단에서 나온 관찰 결과를 검증하는 데 활용될 수 있다. 예를 들면, 교사가 진위형, 단답형, 서술형 또는 사고형으로 질문하였을 때 어떠한 질문 유형이 유의한 효과를 보이는지를 분석하기 위해서 관찰을 통하여 교사의 유형을 구분한 다음에 해당 학생의 성적을 네 집단으로 구분해서 검증해 볼 수 있다.

자. 카이자승법

카이자승법(χ^2)은 여러 가지 응용 면을 가진 통계법이며 특히 빈도비교법이라 불릴 만큼 자료가 명명척도적인 빈도로 주어졌을 때 주로 쓰는 통계법이다. 카이검증법은 t검증법처럼 분포의 정상성이나 동변량성을 요구하지 않으며 기대빈도가 5 이상일 것과 측정치들이 독립적인 것 두 가지 전제만을 요구한다. 이러한 이유로 인하여 카이자승검증법은 광범위하게 쓰이고 있다. 카이자승법은 여러 가지 적용도를 가진 통계적 방법이다. 이 방법은 보통 빈도자료 혹은 빈도로 환산할 수 있는 자료에 적용된다. 즉 몇 가지의 통계치를 병합할 수 있다. 그래서 여러 가지 자료를 동시에 다루어 그 자료에 대한 가설의 유의도를 검증할 수 있다.

카이자승법은 두 집단 또는 여러 집단의 변량이 서로 같은 것인지 분류유목별 빈도가 이론적으로 기대되는 것에 적합한지 그리고 두 가지 분류척도(변인)가 독립적인지 아닌지를 검증하는 데 활용된다.

여기에서의 문제는 표본으로부터 얻은 분포가 예컨대 정상분포를 이룬다고 할 수 있는가 없는가 등을 검증하는 것이다. 다시 말하면 주어진 분포가 어떤 선험적 원리에서 기대하는 분포와 같다고 할 것인지를 따져 보는 것이다. 좀 더 구체적으로 말하면 관찰된 빈도가 이론적으로 기대되는 빈도와는 체계적으로 다른지 또는 그 차이가 우연한 것인지를 시험하는 문제다. 이런 통계적 검증을 하기 위해서는 먼저 이론적으로 기대되는 빈도를 구체화할 줄 알아야 한다.

(x^2)의 계산법은 다음과 같다.

$$\chi^2 = \sum_{i}^{k} \frac{(f_o - f_e)}{f_e}$$

f_o = 관찰된 빈도

f_e = 기대된 빈도

관찰된 빈도와 기대빈도가 클수록(영가설하에서) x^2치는 커진다. 관찰치와 기대치 간의 차이가 꽤 심하여 영가설이 진일 가능성이 5% 이하의 확률로 일어난다면 그 영가설은 거부된다. 기대빈도는 x^2가 결정되기 전에 진술되어야 한다(김병성, 1996, pp.418~443).

수업관찰에서 x^2법은 2개의 집단에서 관찰된 빈도가 유의한 차이를 보이는지를 검증할 때 사용될 수 있다. 예를 들면, 수업에 대한 학습 태도의 여러 항목을 두 집단으로 구분하여 관찰하였을 때, 각 항목에서 나타난 관찰빈도에 대해서 유의한 차이가 있는지를 검증해 볼 수 있다.

차. 회귀분석

회귀분석은 변수들 간의 상호 관계를 분석하고 독립변인(예언에 사용되는 변인)의 변화로부터 종속변인(예언되는 변인)의 변화를 예측하기 위해서 사용된다. 예를 들어 쌀의 수확량에 영향을 미치는 요인들이 무엇인지를 규명하고 이러한 요인들에 의해서 쌀의 수확량은 어떠한 함수관계에 의해서 변동하며 이들 요인 중에서 어떠한 요인이 쌀의 생산량에 가장 영향을 미치는지를 밝혀내는 데 사용할 수 있다. 이때 독립변수가 1개인 경우를 단순회귀분석이라고 하며 독립변수가 여러 개인 경우를 중다회귀분석이라고 한다.

종속변인의 실제 값과 회귀식에 의해 예측된 종속변인의 값 차이를 최소화하는 회귀방정식을 구하는 것이 회귀분식의 긍정적인 목적이다. 이때 회귀선은 Y=bX+a로 표시된다.

직선방정식 Y=bX+a는 자료의 각 X값에 대하여 Y를 가장 잘 예측해 주는 직선상의 점(Y)을 결정해 준다. 여기에서 a는 절편이고 b는 기울기로 이것들은 다음 공식에 의해서 구한다.

$$b = \frac{SP}{SSX} \quad \text{또는} \quad r = \frac{SDY}{SDX}$$

*SP: 교적의 합
SSX: X점수들에 대한 자승합
r: 상관계수
SDY: Y의 표준편차
SDX: X의 표준편차

(백영균, 1993: 322~323)

수업관찰에서 회귀분석은 어떠한 요소가 가장 큰 영향을 끼치는지를 파악할 때 사용할 수 있다. 예를 들면, 문답식 수업관찰에서 학생의 참여를 증가시키는 방법이 비자발적인 학생을 지적하는 경우, 같은 질문을 다시 하는 경우, 학생의 반응을 칭찬하는 경우 또는 학생 주도형 질문을 유도하는 경우에서인지를 회귀분석을 통해서 파악해 볼 수 있다.

참고문헌

강신택. 『사회과학 연구의 논리』. 서울: 박영사, 1981.

강영삼. 『장학론』. 서울: 세영사, 1994.

고홍화 · 김현수 · 백영승 역. 『사회 · 행동과학 연구방법의 기초』. 서울: 성 원사, 1989.

교육법전. "교육공무원승진규정". 서울: 교학사, 1994.

김광웅. 『사회과학연구 방법론』. 서울: 박영사, 1976.

김병성. 『학교의 사회심리학』. 서울: 양서원, 1991.

김병성. 『교육연구방법』. 서울: 학지사, 1996.

김순택. 『수업 모형』. 서울: 배영사, 1981.

김영식 · 주삼환. 『장학론』. 서울: 한국방송통신대학교, 1993.

김영채 외 6인. 『현대교수원론』. 서울: 교육과학사, 1980.

김우철 외. 『현대통계학』. 서울: 영지문화사, 1985.

김정규 · 정종진 역. 『학습심리학 입문』. 서울: 문음사, 1987.

김종서. 『수업과정의 분석』. 서울: 교육출판사, 1973.

김종서. 『교육연구의 방법』. 서울: 배영사, 1980.

김종서 · 김영찬. 『수업형태 분석』. 서울: 교육과학사, 1983.

김해식. 『SPSS – 컴퓨터 분석기법』. 서울: 박영사, 1984.

김호권. 『학교학습의 탐구』. 서울: 교육과학사, 1985.

김호권 외. 『교육통계적 방법』. 서울: 문음사, 1991.

박경숙. "수업의 평가", 장학의 실제. 청주: 한국교원대학교종합교원연수원, 1990.

박도순. 『교육연구방법론』. 서울: 문음사, 1989.

박도순. 『교육평가』. 서울: 배영사, 1986.

배호순. 『평가의 원리』. 서울: 교육과학사, 1990.

배호순. 『수업평가』. 서울: 양서원, 1991.

백영균. 『SPSS PC 활용』. 서울: 학지사, 1993.

백영승 역. 『사회·행동과학 연구방법의 기초』. 서울: 성원사, 1989.

백용덕. 『교육심리·사회연구를 위한 통계적 방법』. 서울: 형설출판사, 1986.

소영일·이종민. 『사회과학 통계패키지 SPSS사용방법』. 서울: 법문사, 1987.

송인섭. 『통계학의 이해』. 서울: 학지사, 1994.

엄정국·문경일. 『통계분석을 위한 SPSS/PC』. 서울: 영진출판사, 1993.

오택섭. 『사회과학 데이타 분석법』. 서울: 나남신서, 1983.

이돈희. 『교육과학의 논리』. 서울: 교육출판사, 1974.

이성호. 『교육과정과 평가』. 서울: 양서원, 1985.

이종성. 『교육심리 통계방법』. 서울: 박영사, 1983.

이종승. 『교육연구법』. 서울: 배영사, 1989.

임인재. 『통계방법』. 서울: 박영사, 1976.

임인재. 『교육, 심리, 사회 연구를 위한 통계 방법』. 서울: 박영사, 1990.

장상호. 『행동과학의 문제와 방법론』. 서울: 교육출판사, 1978.

주삼환 역. 『장학론』. 서울: 학연사, 1994.

한국통계학회 편. 『통계용어 사전』. 서울: 자유아카데미, 1991.

황정규. 『학교학습과 교육평가』. 서울: 교육과학사, 1984.

Acheson, K. A. and Gall, M. D. *Techniques in the Clinical Supervision of teachers*. N. Y.: Longman, 1980.

Adams, R. S. & Biddle, B. J. *Realities of Teaching*. New York: Holt, Rinehart & Winston, 1970.

Allington, R., "Teacher interruption behaviors during primary grade oral reading", *Journal of Educational Psychology*, 72(1980). 371 – 377.

Allington, R., "The reading instruction provided readers of differing reading ability", *Elementary School Journal*, 83(1983). 548 – 559.

Amato, J., "Effect of pupils' social class upon teachers' expectations and behaviar", Paper presented at annual meeting of the American Psychological Association, 1975.

Anderson, L. and Block, J., "The mastery learning model of teaching and learning", in T. Husen and T. Postletwaite. eds., *International Encyclopedia of Education: Research and Studies*: Oxford: Pergamon, 1983.

Anderson, L., Evertson, C. and Brophy, J., "An experimental study of effective teacher in first – grade reading groups", *Elementary School Journal*, 79(1979). 193 – 223.

Arlin, M., "The interaction of locus of control, classroom structure, and pupil satisfaction", *Psychology in the Schools*, 12(1975). 279 – 286.

Arlin, M. and Webster, J., "Time costs of mastey learning", *Journal of Educational Psychology*, 75(1983). 187 – 195.

Arlin, M. and Westbury, I., "The leveling effect of teaching pacing on science content mastery", *Journal of Research in Science Teaching*, 13(1976). 213 – 219.

Artley, A, "Individual differences and reading instruction", *Elementary School Journal*, 82(1981). 143 – 151.

Babad, E., Inbar, J. and Rosenthal, R., "Teachers' judgment of students' potential as a function of teachers' susceptibility to biasing information", *Journal of Personality and Social Psychology*, 42(1982). 541 – 547.

Ballard, K. and Glynn., T., "Behavioral self – management in story writing with elementary school children", *Journal of applied Behavioral Analysis*, 8(1975). 387 – 398.

Ball., S. *Beachside Comprehensive*. Cambridge University Press, 1981.

Beeken, D. and Janzen, H., "Behavioral mapping of student activity in open – area and traditional schools." *American educational Research Journal*, 15(1979). 507 – 517.

Bennett, N., with Jordan, J., Long, G and Wade, B., *Teaching Styles and*

Pupil Progress. Cambridge, Massachusetts: Harvard University Press, 1976.

Blank, M., *Teaching Learning in the Preschool*: *A Dialogue Approach* Columbus, Ohio: Merrill, 1973.

Bloom, B. S., *Taxonomy of Educational Objectives*. New York: Longman, 1956.

Bloom, B. S., "Learning for Mastery", *Evaluation Comment*. Center for the Study of Evaluation, University of California at Losangeles, Vol.1, No.2(1969). 578 – 579.

Borg, W., "Time and school learning", in C. Denham and A. Lieberman, eds., *Time to Learn* Washington, D. C.: National Institute of Education, 1980.

Bozsik, B., "A study of teacher questioning and student response interaction during pre – story and post – story portions of reading comprehension lessons", Paper presented at the annual meeting of the American Educational Research Association, New York City, 1982.

Brookover, W., Schweitzer J., Schneider, J., Beady, C., Flood., P., and Wisenbaker, J., "Elementary school social climate and school achievement", *American Educational Research Journal*, 15(1978). 301 – 318.

Brophy, J., "Reflections on research in elementary schools", *Journal of Teacher Education*, 17(1976). 32 – 34.

Brophy, J., "Teacher behavior and its effects", *Journal of Educational Psychology*, 71(1979). 733 – 750.

Brophy, J., "Teacher praise: A functional analysis", *Review of Educational Research*, 51(1981). 5 – 32.

Brophy, J., "How teachers influence what is taught and learned in classrooms", *Elementary School Journal*, 83(1982). 1 – 13.

Brophy, J., Evertson, C., Anderson, L., Baum M., and Crawford. J., *Student Characteristics and Teaching*. New York: Longman, 1981.

Brophy, J. and Rohrkemper, M., "The influence of problem ownership on teachers' perceptions of and strategies for coping with problem students", *Journal of Educational Psychology*, 73(1981). 295 – 311.

Brophy, J., Rohrkemper, M., Rashid, H., and Gldberger, M., "Relationships between teachers' presentations of classroom tasks and students' engagement in those task", *Journal of Educational Psychology*, 75(1983), 544 – 552.

Bryman, A., *Quantity and Quality in Social Research* London: Unwin Hyman, 1988.

Caldwell, J., Huitt, W., and Graeber, A., "Time spent in learning: Implications from research." *Elementary School Journal*, 82(1982). 471 – 480.

Campbell, D. T. and Stanley, J. C., *Experimental and quasi – experimental designs for research* Chicago: Rand McNally, 1963.

Camp, B., and Bsah, M, *Think Aloud: Increasing Social and Cognitive Skills – A Problem – Solving Program for Children Primary Level.* Champaign, Illinois: Research Press, 1981.

Carter, K., and Doyle, W., "Variations in academic tasks in high and average ability classes", Paper delivered at the annual metting of the American Educational Research Association, New York, April 1982.

Chaikin, A., Sigler, E., and Derlega, V., "Nonverbal mediators of teacher expectation effects", *Journal cf Personality and Social Psychology*, 30(1974). 144 – 149.

Claiborn, W., "Expectancy effects in the classroom A faiure to replicate", *Journal of Educational Psychology*, 60(1969). 377 – 383.

Cobb, J., "Relationship of diserete classroom behavior to fourth – grade academic achievement", *Journal of Educational Psychology*, 63(1972). 74 – 80.

Cohen, R., Kulik, J., and Kulik, C., "Educational outcomes of tutoring: A meta – analysis of findings", *American Educational Research Journal*, 19(1982). 237 – 248. Confrey, J., "Time to learn: Subject – matter specialists", *Elementary School Journal*, 82(1981). 88 – 94.

Cooper, H., *Intervening and Expectatin Communication: A Follow – up Study to* the *"Personal Control" Study.* Hamilton, New York:. Colgate University, 1976.

Cooper, H., "Pygmalion grows up: A model for teacher expectation communication and performance influence." *Review of Educational Research,* 49(1979). 389 − 410.

Cooper, H. and Baron, R., "Academic expectations and attributed responsibility as predictors of professional teachers' reinforcement behavior", *Journal of Educational Psychology,* 69(1977). 409 − 418.

Cooper, H. and Good, T., *Pygmalion Grows Up: Studies in the Expectation Communication Process.* New York: Longman, 1983.

Cornbleth, C., Davis, O., and Button, C., "Teacher − pupil interaction and teacher expectations for pupil achievement in secondary social studies classes", Paper prestnted at the annual meeting of the American Educational Research Association, 1972.

Congton, M, and Beery, R., *Self − Worth and School Learning.* New York: Holt, Rinehart and Winston, 1976.

Cronbach, L. J. and Associates, *Toward Reform of Program Evaluation* San Francisco: Jossey − Bass, 1980.

Delamont, S. *Interaction in the Classroom* London: Methuen, 1976.

Devin − Sheehan, L., Feldman, R., and Allen, V., "Research on children tutoring children: A critical review", *Review of Educational Research* 46(1976). 355 − 385.

Dollar, B., *Humanizing Classroom Discipline* New Yark: Harper & row, 1972.

Doyle, W., *Student Mediationg Responses in Teaching Effectiveness.* Final report of National Institute of Education Grant NIE − G − 76 − 0099. North Texas State University, Denton, Texas 1980.

Duffly, G., and McIntyre, L., "A naturalistic study of instructional assistance in primary − grade reading." *Elementary School Journal,* 83(1982). 14 − 23.

Dunne, E and Bennett, N., *Talking and Learning in Groups.* Basingstoke: Macmillan, 1990.

Dusek, J., "DO teachers bias children's learning?" *Review of Educational Research*, 45(1975). 661 – 684.

Eash, M., and Rasher, S., "Mandated desegregation and improved achievement: Longitudinal study." *Phi Delta Kappan*, 58(1977). 395 – 4 – 397.

Edan, D., "Intrinsic and extrinsic rewards and motives: Replication and extension with Kibbutz workers", *Journal of Applied Social Psychology*, 5(1975). 348 – 361.

Eder, D., "Ability grouping as a self – fulfilling prophecy: A microanalysis of teacher – student interaction", *Sociology of Education*, 54(1981). 151 – 161.

Edmonds, R., "Programs of school improvement: An overview." *Educational Leadership*, 40(1982). 4 – 11.

Edwards, A. D. and Westgate, D. P. G., *Investigating Classroom Talk* Lewes: The Falmer Press, 1987.

Eggleston, J. F., Galton, M. J. and Jones, M, *Final Report of the Schools Council Project for the Evaluation of Science Teaching*. London: Macmillan, 1975.

Ellis, S., and Rogoff, B., "The strategies and efficacy of child versus adult teachers." *Child Development*, 53(1982). 730 – 735.

Emmer, E., Evertson, C., and anderson, L., "Effective classroom management at the beginning of the school year." *Elementary School Journal*, 80(1980). 219 – 231.

Evertson, C., "Differences in instructional activities in higher – and lower achieving junior high English and math classes." *Elementary School Journal*, 82(1982). 329 – 350.

Evertson, C., Anderson, D., An on, L, and Brophy, J., "Relationships between classroom behaviors and student outcomes in junior high mathematiocs and English classes." *American Education Research Journal*, 17(1980). 43 – 60.

Fanelli, G., "Locus of control", in S. Ball, ed., *Motivation in Education*

New York: Academic Press, 1977.

Feiman, S., "Evaluation teacher centers." *School Review*, 85(1977). 395 − 411.

Finn, J., "Expectations and the educational environment." *Review of Educational Research*, 42(1972). 387 − 410.

Firestone, C., and Brody, N., "Longitudinal investigation of teacher − student interactions and their relationship to academic performance." *Journal of Educational Psychology*, 67(1975). 544 − 550.

Flanders, N. A. *Analyzing Teaching Behavior* Reding, Mass: Addison − wesley, 1970.

Florio, S., "The problem of dead letter: Social Perspectives on the teaching of writing." *Elementary School Journal*, 80(1979). 1 − 7.

Fogarty, J., and Wang, M., "An investigation of the cross − age peer tutoring process: Some implications for instructional design and motivation." *Elementary School Journal*, 86(1982). 451 − 469.

Gage, N., and Berliner, D., *Educational Psychology*. 2nd ed. Chicago: Rand MeNally, 1979.

Gambrell, L., Wilson, R, and Gandtt, W., "Classroom observations of task − attending behaviors of good and poor readers." *Journal of Educational Research*, 74(1981). 400 − 405.

Glynn, e., Thomas, J., and Shee, S., "Behavioral self − control of on − task behavior in an elementary classroom." *Journal of Applied Behavior Analysis*, 6(1973). 105 − 113.

Good, T., "Teacher effectiveness in the elementary school: What we know about it now." Journal of Teacher Education, 30(1979). 52 − 64.

Good, T., Biddle, B., and Brophy, J., *Teachers Make a Difference*. New York: Holt, Rinehart and Winston, 1975.

Good, T., *Educational Psychology: A Realistic Approach*, 2nd ed. New Work: Holt, rinehart and Winston, 1980.

Gordon, I., *Studying the Child in School*. New York: Wiley, 1966.

Gordon, T., T. E. T. Teacher Effectiveness Training New York: McKay,

1974.

Gorton, Richard A., *School Adminstration and Supervision: Leadership Challenges and Opportunities.* Dubuque, IA WM. C. Brown Co., Publishers, 1983.

Gump, P., "The school as a social situation, in M. Rosenzweig and L. Porter, eds., *Annual Review of Psychology.* Vol.31. Palo Alto, California: Annual Reviews, Inc., 1980.

Guthrie, James W. and Reed, Rodney J., *Educational Adminstration and Policy: Effective Leadership for American Education* Englewood Cliffs: Prentice − Hall Inc., 1986.

Hambleton, R.,: "Testing and decision − making procedures for selected individualized instructional programs." *Review of Educational Research*, 44(1974). 371 − 400.

Harris, Ben M. *Supervisory Behavior in Education* 3rd ed., Englewood Cliffs: Prentice − Hall Inc., 1985.

Heapy, N., and Siess, T., "Behavioral consequences of impression formation: Effects of teachers' impressions upon essay evaluations." Paper presented at the annual meeting of the Eastern Psychological Association, 1970.

Henry, J., "Attitude organization in elementary school classrooms." *American Journal of Orthopsychiatry*, 27(1957). 117 − 133.

Herbert, J., A System for Analysing Lessons. New York: Teachers College Press, 1967.

Horak, V., "A meta − analysis of research findings on individualized instruction in mathematics." *Journal of Educational Research*, 74(1981). 249 − 253.

Horwitz, R., "Psychological effects of the 'open classroom.'" *Review of Educational Research*, 49(1979). 71 − 86.

Jackson, P. W, *Life in Classrooms*. New York: Holt, Rinehart & Winston, 1968.

Johnson, D., and Hohnson, R., *Learning Together and Alone: Cooperation,*

Competition, and Individualization Englewood Cliffs, New Jersey: Prentice – Hall, 1975.

Johnson, D., "Conflict in the classroom Controversy and learning." *Review of Educational Research*, 49(1979). 51 – 70.

Jorgenson, G., "Relationship of classroom behavior to the accuracy of the match between material difficulty and student ability." *Journal of Educational Psychology*, 69(1977). 24 – 32.

Joyee, B., and Weil M., *Models of Teaching*. 2nd ed. Englewood Cliffs, New Jersey. Prentice – Hall, 1980.

Keeves, J. R. (ed.) *Educational Research, Methodology and Measurement: An International Handbook*. Oxford: Pergamon Press, 1988.

Kepler, K., "Deseriptive feedback: Increasing teacher awareness, adopting research techniques", Paper presented at the annual meeting of the American Educational Research Association, New York, april 1977.

Kerry, T., *Effective Qusetioning*. Basingstoke MaCmillan, 1982.

Koester, L., and Farley, F., "Psychophysiological Characteristics and school performance of children in open and traditional classrooms." *Journal of Educational Psychology*, 74(1982). 245 – 263.

Kohlberg, L., "Moral education: A response to Thomas Sobol." *Educational Leadership*, 38(1980). 19 – 23.

Kounin, J., *Discipline and Group Management in Classrooms*. New York: Holt, Rinehart and Winstioon, 1970.

Leinhardt, G., Seewald, A., and Engel, M, "Learning what's taught: Sex differences in instruction." *Journal of Educational Psychology*, 71(1979). 432 – 439.

Lepper, M., "Extrinsic reward and intrinsic motivation: Implications for the classroom", in J. M Levine and M. C. Wang, eds., *Teacher and Student Perceptions: Implications for Learning* Hinsdale, New Jersey: Erlbaum, 1982.

Linda Darling – Hammond, Arthur E. Wise and Sara R. Pease, "Teacher

Evaluation in Organizational Contest: A Review of the Literature", *Review of Educational Research* Vol.53, No.3: Fall, 1983.

Lorenz, K, On Aggression. New York: Harcourt, Brace & World, 1966.

Lovel, John T. and Kimball Wiles, *Supervision for Better Schools*. 5th ed., Englewood Cliffs: Prentice – Hall Inc., 1983.

Luiten, J., Ames, W., and Ackerson, G., "A rneta – analysis of the effects of advance organizers on learning and retention." *American Educational Research Journal*, 17(1977). 211 – 218.

McCarthy, J., and White, J., "Critical dimensions in evaluation teacher clarity." *Journal of Classroom Interaction*, 15(1980). 27 – 30.

McCarthy, M, "The how and why of learning centers." *Elementary School Journal*, 77(1977). 292 – 299.

McCutcheon, G., "On the interpretation of classroom observations." *Educational Researcher*, 10(1981). 5 – 10.

McDaniel, T., "The supervisors' lot: Dilemmas by the dozen." *Educational Leadership*, 38(1981). 518 – 520.

McLaughlin, T., "Self – control in the classroom." *Review of Educational Research*, 46(1976). 631 – 663.

Marshall, H., "'Open classrooms.' Has the term outlived its usefulness?" *Review of Educational Research*, 51(1981). 181 – 192.

Martin, L., and Pavan, B., "Current research on open space, non – grading, vertical grouping, and team teaching." *Phi Delta Kappan* 57(1976). 310 – 315.

Michaels, J., "Classroom rewards structure and academic performance." *Review of Educational Research*, 47(1977). 87 – 98.

Morris. Cogan, *Clinical Supervision*, N. Y.: Houghton Mifflin, 1973.

Peterson, P., "Direct instruction reconsidered." in P. Peterson and K walberg, eds., *Research on Teaching Concepts, Findings, and Implications*. Berkeley, California: McCutchan, 1979.

Peterson, P. and Swing, S., "Beyond time on task: Students' reports of their thought processes during classroom instruction." *Elementary*

School Journal, 82(1982). 481 – 491.

Philips, S., *The Invisible Culture*. New York: Longman, 1983.

Piaget, J. *The Construction of Reality in the Child*. New York: Basie Books. 1954.

Piaget, J. "Paget's theory", in P. Mussen, ed., Carmichael's Manual of Child Psychology. 3rd ed., Vol.1. New York: Wiley, 1970.

Price, D., *The Effects of Individually Guided Education(IGE) Processes on Achievement and Attitudes of Elementary School Students*. Unpublished doctoral dissertation, University of Missouri, 1977.

Reavis, Charles A., *Teacher Improvement Through Clinical Supervision* Bloomington, Indiana: PM Delta Kappan, 1978.

Rist, R., "Student social class and teacher expectations: The self – fulfilling prophecy in ghetto education." *Harvard Educational Review*, 40(1970). 411 – 451.

Rist, R., "Blitzkreig ethnography: On the transformation of a method into movement." *Educational Researcher*, 9(1980). 8 – 10.

Rogers, C. R, *On Being a Person*, Boston: Houghton – Mifflin, 1970.

Rosen, S., Powell, E., Schubot, D., and Rollins, P., "Competence and tutorial role as status variables affection peer – tutoring outcomes in public school settings." *Journal of Educational Psychology*, 70(1978). 602 – 612.

Rosenholtz, S. and Cohen, E., "Back to basics and the desegregated school." *Elementary School Journal*, 83(1983). 515 – 527.

Rosenshine, B., "Review of teaching styles and pupil progress." *American Educational Research Journal*, 15(1978). 163 – 169.

Rowan, B., Bossert, S., and Dwyer, D., "Research on effective schools: A cautionary note." *Educational Researcher*, 12(1983). 24 – 31.

Ryans, D. G. *Characteristics of Teachers*. Washington: Council on Education, 1960.

Sagotsky, G., Patterson, C., and Lepper, M., "Training children's self – control: A field experiment in self – monitoring and goal – setting in the classroom." *Journal of Experimental Child Psychology*, 25(1978). 242 – 253.

Sanders, N., *Classroom Questions: What Kinds?* New York: Harper & Row, 1966.

Schuck, R., "The impact of set induction on student achievement and retention." *Journal of Educational Research*, 74(1981). 227 – 232.

Sergiovanni, Thomas and Starratt, Robert J., *Supervision: Human Perspectives*, 3th ed., N. Y.: McGraw – Hill Book, 1983.

Sharan, S., "Cooperative learning in small groups: recent methods and effects on achievement, attitudes, and ethnic relations." *Review of Educational Research*, 50(1980). 241 – 271.

Shimron, J., "Learning activities in Individually Prescribed Instruction." *Instructional Science*, 5(1976). 391 – 401.

Simmons, B., "Sex role expectatins of classroom teachers." *Education* 100, No.3(1980). 249 – 253.

Slavin, R, "Cooperative learning." *Review of Educational Research*, 50(1980). 315 – 342.

Slavin, R and Karweit, N., *Student T and Mastery Learning: A Factorial Experiment in Urban Math Nine Classes*. Report No.320, Center for Social Organization of Schools, The Johns Hopkins University, Baltimore, 1982.

Smith, M., "Meta – analysis of research on teacher expectation." Evaluation in Education, 4(1980). 53 – 55.

Solomon, D., and Kendall, A., "Individual characteristics and children's performance in 'open' and traditional classroom settings." *Journal of Educational Psychology*, 68(1976). 613 – 625.

Stubbs, M., *Language Schools and Classrooms*, 2nd Edition, London: Methuen, 1971.

Stufflebeam, D. L., *Educational Evaluation and Decision Making in Education in Education* Itasca, Ⅲ.: Peacok Pub., 1971.

Swing, S., and Peterson, F., "The relationship of student ability and small－group interaction to student achievement." *American Educational Research Journal*, 19(1982). 259－274.

Taba, K et al., A Teacher's Handbook to Elementary Social Studies. 2nd Edition, Reading, Mass: Addison－Wesley, 1971.

Thompson, D., "Evaluation of an individualized instructional program." *Elementary School Journal*, 73(1973). 213－221.

Walberg, H., Schiller, D., and Haertel, G., "The quiet revolution in educational research." Phi Delta Kappan, 61(1979). 179－183.

Ware, B., "What rewards do student want?" *Phi Delta Kappan*, 59(1978). 355－356.

Webb, N., "A process－outcome analysis of learning in group and individual settings." *Educational Psychologist*, 15(1980). 69－83.

Webb, N., "Time to learn: Instructional processes", *Elementary School Journal*, 82(1981). 84－88.

Weber, M., *The Theory of Social and Economic Organization* N. Y.: Free Press, 1947.

Weinstein, C., "The physical environment of the school: A review of the research." *Review of Educational Research*, 49(1979). 577－610.

Willis, B., "The influence of teacher expectation on teachers' classroom interaction with selected children." *Dissertation Abstracts*, 30(1970). 5072a.

Winne, P., "Experiments relating teachers' use for higher cognitive questions to student achievement." *Review of Educational Research*, 49(1979). 13－49.

Winne, P. and Marx, R., "Students' and teachers' views of thinking processes for classroom learning." *Elementary School Journal*, 69(1969). 89－93.

Wragg, E. C., *Teaching Teaching*. Newton Abbot: David & Charles, 1974.

Wragg, E. C., *Class Management and Classroom* Basingstoke: MaCmillan, 1981.

Wragg, E. C., *Review of Research in Teacher Education* Windsor: FER－

Nelson, 1982.

Wragg, E. C., (ed.) *Classroom Teaching Skills*. London Croom Helm, 1984.

Wragg, E. C., *Primary Teaching Skills*. London: Routledge, 1993a.

Wragg, E. C., *Class Management*. London: Routledge, 1993b.

Wragg, E. C., *An introduction to classroom observation* London Loutledge, 1994.

Wragg, E. C. and Brown, G. A., *Explaining*, London. Routledge, 1993.

Wright, C., and Nuthall, G., "The relationships between teacher behaviors and pupil achievement in three experimental elementary science lessons." *American Educational Research Journal*, 7(1970). 477 – 492.

Wyne M, and Stuck, G., "time and learning: Impliecations for the classroom teacher." *Elementary School Journal*, 83(1982). 67 – 75.

········· **색인** ·········

인명색인

내용색인

저자 주삼환(朱三煥)

▌약 력

서울교육대학교, 서울대학교 교육대학원 교육행정전공 석사
미국 미네소타대학교 대학원 교육행정전공 박사, 서울시내 초등교사 약 15년
한국교육행정학회장 역임
미국 오하이오주립대학 객원교수, 한국대학교육협의회 파견교수
인문사회연구회 이사 역임
현) 충남대학교 명예교수

▌저 · 역서

1. 미국의 최우수학교, 블루리본 스쿨(2009, 학지사, 공저)
2. 리더십 패러독스(2009, 시그마프레스, 공역)
3. 도덕적리더십(2008, 역, T. J. Sergiovanni 저, 시그마프레스,)
4. 한국대학행정(2007, 시그마프레스, 문화체육관광부 우수도서)
5. 교육행정사례연구(2007, 학지사, 공저)
6. 교육행정철학(2007, 학지사, 공저)
7. 장학의 이론과 기법(2006, 학지사)
8. 한국교원행정(2006, 태영출판사, 문화체육관광부 우수도서)
9. 미국의 교장(2005, 학지사)
10. 학교경영의 이론과 실제(학지사, 2006, 공저)
11. 교육행정 및 교육경영 4판(학지사, 2009, 공저)

- 한국학술정보(www.kstudy.com) 주삼환 교육행정 및 장학 시리즈 도서 35권 -

Ⅰ. 교육 칼럼 및 비평 시리즈
  Ⅰ-1 우리의 교육, 몸으로 가르치자
  Ⅰ-2 많이 가르치고도 실패하는 한국교육
  Ⅰ-3 위기의 한국교육
  Ⅰ-4 전환시대의 전환적 교육
  Ⅰ-5 교육이 바로 서야 나라가 산다
Ⅱ. 장학 · 리더십론 시리즈
  Ⅱ-1 장학의 이론과 실제:Ⅰ. 이론편
  Ⅱ-2 장학의 이론과 실제:Ⅱ. 실제편
  Ⅱ-3 수업분석과 수업연구(공저)
  Ⅱ-4 전환적 장학과 학교경영
  Ⅱ-5 장학: 장학자와 교사의 상호작용
      (역, A. Blumberg 저)
  Ⅱ-6 임상장학(역, Acheson & Gall 저)
  Ⅱ-7 교육행정 특강
  Ⅱ-8 교장의 리더십과 장학
  Ⅱ-9 교장의 질 관리 장학
  Ⅱ-10 교육개혁과 교장의 리더십
  Ⅱ-11 선택적 장학(역, A. Glatthorn 저)
  Ⅱ-12 장학 연구
  Ⅱ-13 인간자원장학(역, Sergiovanni &
      Starratt 저)

Ⅲ. 교육행정 시리즈
  Ⅲ-1 올바른 교육행정을 지향하여
  Ⅲ-2 한국교육행정강론
  Ⅲ-3 미국의 교육행정
  Ⅲ-4 지방교육자치와 대학자치
  Ⅲ-5 전환기의 교육행정과 학교경영
  Ⅲ-6 고등교육연구
  Ⅲ-7 교육조직 연구
  Ⅲ-8 교육정책의 방향(역, J. Rich 저)
Ⅳ. 교육행정철학 시리즈
  Ⅳ-1 교육행정철학(역, C. Hodgkinson 저)
  Ⅳ-2 리더십의 철학(역, C. Hodgkinson 저)
  Ⅳ-3 대안적 교육행정학(공역, W. Foster 저)
  Ⅳ-4 교육행정사상의 변화
Ⅴ. 교육행정 관련학문 시리즈
  Ⅴ-1 교양인간관계론(역, A. Ellenso 저, e-book)
  Ⅴ-2 입문 비교교육학(역, A. R. Trethwey 저)
  Ⅴ-3 사회과학이론입문(공역, P. D. Reynolds 저)
  Ⅴ-4 허즈버그의 직무동기이론(역, F. Herzberg 저)
  Ⅴ-5 미국의 대학평가(역, Marcus, Leone
      & Goldber 저)

이석열 ─────────────────────────────

▌약 력

　충남대학교대학원 교육행정전공 석사·박사
　한국대학교육협의회 선임연구원
　현) 남서울대학교 교수

▌저 서

『교육 어떻게 할 것인가?』(공저, 서울: 학이당, 2001)
『교육행정 및 교육경영』(공저, 서울: 학지사, 2005)

김홍운 ─────────────────────────────

▌약 력

　충남대학교대학원 교육과정·심리전공 박사
　현) 한마음고등학교 교감

이금화 ─────────────────────────────

▌약 력

　충남대학교대학원 교육행정전공 석사·박사
　현) 온양고등학교 교사

수업관찰분석과 수업연구

초판인쇄 | 2005년 10월 25일
초판발행 | 2005년 10월 25일
개정인쇄 | 2009년 08월 21일
개정발행 | 2009년 08월 21일

지은이 | 주삼환, 이석열, 김홍운, 이금화
펴낸이 | 채종준
펴낸곳 | 한국학술정보㈜
주 소 | 경기도 파주시 교하읍 문발리 파주출판문화정보산업단지 513-5
전 화 | 031) 908-3181(대표)
팩 스 | 031) 908-3189
홈페이지 | http://www.kstudy.com
E-mail | 출판사업부 publish@kstudy.com

등 록 | 제일산-115호(2000. 6. 19)
가 격 | 26,000원

ISBN   978-89-268-0269-4 93370(Paper Book)
        978-89-268-0270-0 98370(e-Book)